四訂版

メディカルサービス法人をめぐる法務と税務

医療法人・MS法人間取引の実務ガイド

税理士　佐々木 克典 著

清文社

四訂版の発刊にあたって

　平成28年に初版を発刊させていただいた本書も改訂を重ね、このたび四訂版を発刊する運びとなりました。

　版を重ねることができたことを著者としてたいへん嬉しく感じるとともに、メディカルサービス法人（以下「ＭＳ法人」といいます。）に関する情報が世の中に求められていることを実感しています。

　また、実態がなく利益を移転させるだけのＭＳ法人は減少し、実業を行い適切な利益を蓄えているＭＳ法人が増えた昨今において、ＭＳ法人の役割が変わってきていることも感じています。

　中小企業経営者の年齢ピークがこの20年間で20歳高齢化し、社長の年齢のボリュームゾーンは70代以上であると言われています（2020年版「中小企業白書」）。

　経営者の高齢化が進むと、年齢を理由に引退を迎える経営者が増えます。この中には企業がこれまで培ってきた事業や貴重な経営資源を次世代の経営者（後継者）に引き継ぐことなく、解散していくケースも見受けられます。

　このような廃業の事例は、医療機関にサービスを提供している中小企業にとっても例外ではありません。医療関連業種の廃業は、医療機関の経営において大問題です。

　そこで、廃業を視野に置いている医療関連業種の事業をＭＳ法人が引き継ぐことで医療機関の経営安定に資する時代がやってきていると感じています。

　初版では、労働力が減少していく時代に多様な働き方に対応できるようＭＳ法人を活用すべきと述べ、改訂増補版（第2版）では「関係事業者との取引の状況に関する報告書」の提出義務化により適切な運営を行うＭＳ法人は増えていくとお伝えし、三訂版ではＭＳ法人を使って職員

が減少していく時代に備えようと述べました。

　現在は、さらにこの考え方を進め、ＭＳ法人において適正な利益の蓄積を行い、医療関連業種の廃業食い止めに一役買う、そんな考えをお持ちの方に、本書をご覧いただき、ご活用いただければ幸いです。

　令和5年9月

　　　　　　　　　ひいらぎパートナーズ　税理士　**佐々木克典**

出版にあたって（初版）

　「医療・介護事業は、このままでは衰退してしまう」これが多数の医療・介護事業のお客様を見てきた、私の実感です。

　同業の税理士、会計士の先生から、これからは高齢者が増えるので、医療・介護事業は成長が望めるのでしょうとよく言われますが、私はそう思っていません。

　確かに、65歳以上の人口は、現在と比較して25年後には1.35倍に増えるというデータがありますので、一面ではそう思えます。

　しかし、その高齢者に対して医療・介護を提供する労働者である15歳から64歳の25年後の人口は現在の0.8倍になると予想されています。

　このような将来の医療・介護職員不足を解決する方法の一つが、メディカルサービス法人（以下「ＭＳ法人」といいます。）を使った職員の雇用です。

　「65歳で定年となったら週２日から３日くらい働きたい」というような希望のある職員に、これまでと同じ病院職員として、週５日働いてもらうことを望むのは困難です。

　そこで、別の雇用形態となるＭＳ法人の職員として、週２日でもこれまでと同じように働いてもらえれば、職員不足の解消策になることは間違いありません。

　その結果、良い医療、良い介護の提供が行われ、病院、患者、職員のみんなが幸せになることができると考えています。

　これこそが、今後のＭＳ法人のあり方の一つの形です。

　これまで、節税やオーナー親族への利益提供を目的としたＭＳ法人の設立が多数行われてきましたが、このような目的だけでは、ＭＳ法人の将来は難しいものになるでしょう。

　また、平成29年度からは、医療法人とＭＳ法人との取引内容の報告制

度が始まり、実体のない取引をＭＳ法人が行うことはいっそう困難になっていきます。

　そこで本書では、ＭＳ法人のあるべき姿を少しでも探っていただき、将来の労働力不足の解決策の一助になるような論点で執筆しました。

　「良い経営は、良い医療を提供できる」との考えのもと、本書が読者の皆様の参考となれば幸いです。

　平成28年10月

　　　　　　　　ひいらぎパートナーズ　税理士　**佐々木克典**

目 次
CONTENTS

第1章　MS法人の概要

1-1　MS法人とはどのような法人ですか ・・・・・・・・・・・・・・・・・ 2
1-2　MS法人は何が問題とされているのですか ・・・・・・・・・・・ 7
1-3　持分のある医療法人が設立できなくなったのはなぜですか ・・ 15
1-4　MS法人はどのように活用されていますか ・・・・・・・・・・・ 21
1-5　MS法人を設立するメリットは何ですか ・・・・・・・・・・・・・ 35
1-6　MS法人を設立するデメリットは何ですか ・・・・・・・・・・・ 42
1-7　MS法人の業務は法令で定められているのですか ・・・・・・・ 46

第2章　MS法人のガバナンス

2-1　MS法人の法人形態には
　　　どのようなものが考えられますか ・・・・・・・・・・・・・・・・・ 80
2-2　医療法人とMS法人の役員は兼務が認められますか ・・・・・・ 86
2-3　株式会社の機関設計はどのように考えますか ・・・・・・・・・・ 96
2-4　一般社団法人の特徴はどのようなものですか ・・・・・・・・・・ 100
2-5　相続税の納税猶予により相続税の負担を軽減できますか ・・ 108
2-6　青色事業専従者とMS法人の取締役は兼務できますか ・・・ 117

(1)

第3章 医療法人の種別ごとのMS法人との関係

3-1 MS法人との取引があっても
特定医療法人の承認は受けられますか ・・・・・・・・・・・・・・・・・ 122

3-2 特定医療法人制度ＦＡＱでは
MS法人との取引をどう定めていますか ・・・・・・・・・・・・・・・ 127

3-3 特定医療法人の申請において
どのような指摘例がありますか ・・・・・・・・・・・・・・・・・・・・・・ 134

3-4 MS法人との取引は持分のない法人への移行時に
特別の利益提供とみなされますか ・・・・・・・・・・・・・・・・・・・ 138

3-5 認定医療法人がMS法人に利益供与をした場合
どうなりますか ・・・・・・・・・・・・・・・・・・・・・・・・・・・・・・・・・・・ 146

3-6 認定医療法人はMS法人と取引ができますか ・・・・・・・・・・・ 156

3-7 MS法人との取引があっても
社会医療法人の認定は受けられますか ・・・・・・・・・・・・・・・ 162

3-8 監査対象法人はMS法人との取引は認められますか ・・・・・・・ 166

第4章 医療法人とMS法人との取引

4-1 医療法人は不動産賃貸業が行えますか ・・・・・・・・・・・・・・・・ 174

4-2 医療法人からMS法人へ
資産を譲渡することはできますか ・・・・・・・・・・・・・・・・・・・ 181

4-3 医療法人がMS法人に寄附をした場合
どのような影響がありますか ・・・・・・・・・・・・・・・・・・・・・・・ 189

4-4 院長個人からMS法人へ
不動産を譲渡することができますか ・・・・・・・・・・・・・・・・・ 196

4－5 事業承継にあたりMS法人を活用する方法がありますか ···· 200

4－6 MS法人は医療法人の持分取得や社員の就任は
できますか ··································· 204

第5章　取引報告書の記載

5－1 MS法人との取引報告制度とはどのようなものですか ····· 210

5－2 関係事業者との取引報告書は
必ず提出しなければなりませんか ················ 223

5－3 関係事業者との取引報告書の記載方法について
教えてください ······························ 240

5－4 関係事業者との取引報告書の様々な記載例について
教えてください ······························ 249

5－5 関係事業者との取引報告書の開示について
教えてください ······························ 259

第6章　MS法人による医療関連業務

6－1 保険薬局を開設するにあたり
どのようなポイントがありますか ················ 268

6－2 コンタクトレンズ販売を開始するにあたり
どのようなポイントがありますか ················ 281

6－3 介護事業を開始する手続きには
どのようなものがありますか ··················· 292

6－4 不動産賃貸業を開始するにあたり
どのようなポイントがありますか ················ 296

6-5 MS法人による医療施設の建築は
メリットがありますか ································· 302

6-6 給食事業を開始するにあたり
どのようなポイントがありますか ················· 306

6-7 医療機器リース業を開始するにあたり
どのようなポイントがありますか ················· 312

6-8 クリーニング業を開始するにあたり
どのようなポイントがありますか ················· 323

6-9 労働者派遣業を開始するにあたり
どのようなポイントがありますか ················· 331

凡　　例

一般社団法……一般社団法人及び一般財団法人に関する法律

円滑化省令……中小企業における経営の承継の円滑化に関する法律施行規則

法法…………法人税法

法令…………法人税法施行令

相法…………相続税法

相令…………相続税法施行令

措法…………租税特別措置法

措令…………租税特別措置法施行令

措規…………租税特別措置法施行規則

法基通………法人税基本通達

※本書は、令和5年9月1日現在の法令等によっています。

第1章

MS法人の概要

1－1

MS法人とは
どのような法人ですか

ポイント

○MS法人という法令上の制度はない。
○MS法人は、大学病院など広く利用されている。

1 MS法人とは

　MS法人とは、メディカル・サービス（Medical Service）法人の略称です。

　法律上に明確な基準や制度はありませんが、厚生労働省の資料でも出てくる一般的な用語で、医療施設を開設する個人や医療法人などと密接な関係がある他の法人をいいます。

　MS法人を広義にとらえると、医業経営に関係する事業を経営する法人を指し、狭義にとらえると医業経営を行う者と関連がある者が主催する法人を指します。

> **広義のMS法人（広く医療関連事業を行う法人）**
>
> 狭義のMS法人
> （特定の者と関連がある法人）

　本書におけるMS法人とは、狭義のMS法人を前提としています。例えば、医療法人の理事長の親族が代表を務める株式会社などをイメージして読んでいただくと、理解しやすいと思われます。また、本書ではできる限り根拠のある表現を使用しますが、あえてわかりやすくするために、医業関連法人をMS法人と表現します。

2 MS法人の事業例

　民間病院の３分の１がMS法人を設立し、節税対策のほか医療以外の事業展開のために利用しているとの報告があります（医療問題研究会報告書　平成13年12月　経済産業省サービス政策課（ＹＲＩ99年全国MS法人実態調査））。

　MS法人が存在している理由の一つに、医療法人の業務範囲の問題があります。

　医療法人は、医療法において業務の範囲が限定されており、これを超える業務、例えば不動産賃貸業を行うことは、原則としてできません。

【医療法　第42条　医療法人の業務範囲】

　第42条　　医療法人は、その開設する病院、診療所又は介護老人保健施設（略）の業務に支障のない限り、定款又は寄附行為の定めるところにより、次に掲げる業務の全部又は一部を行うことができる。

一　医療関係者の養成又は再教育

二　医学又は歯学に関する研究所の設置

三　第39条第１項に規定する診療所以外の診療所の開設

四　疾病予防のために有酸素運動（略）を行わせる施設であって、診療所が附置され、かつ、その職員、設備及び運営方法が厚生労働大臣の定める基準に適合するものの設置

五　疾病予防のために温泉を利用させる施設であって、有酸素運動を行う場所を有し、かつ、その職員、設備及び運営方法が厚生労働大臣の定める基準に適合するものの設置

六　前各号に掲げるもののほか、保健衛生に関する業務

七　社会福祉法（略）第２条第２項及び第３項に掲げる事業のうち厚生労働大臣が定めるものの実施

八　老人福祉法（略）第29条第１項に規定する有料老人ホームの設置

　そこで、医療法人が行えない事業をMS法人が行い、幅広く事業展開を行うことが一般的な活用法です。

　MS法人が行える事業は、法令に反しない範囲で、幅広く実施するこ

第1章　▶ MS法人の概要　　3

とができ、例えば、次のような事業が考えられます。

【実施されている事業の事例】

事業の種類		日本標準産業分類区分
医薬品卸売業	5521	主として医薬品を卸売する事業
医療用機械器具卸売業	5493	主として医療用機械器具を卸売する事業
配達飲食サービス業	7721	病院、施設など特定された多人数に対して食事を客の求める場所に届ける事業
認知症老人グループホーム・老人福祉・介護事業	854	
各種物品賃貸業	701	
不動産賃貸業・管理業	69	
リネンサプライ業	7813	繊維製品を洗濯し、これを使用させるために貸与し、その使用後回収して洗濯し、更にこれを貸与することを繰り返して行う事業
食堂、レストラン	7611	主として主食となる各種の料理品をその場所で飲食させる事業
経営コンサルタント業	7281	
各種商品小売業	56	
清掃業	9921	
一般乗用旅客自動車運送業	43	
労働者派遣業	912	
理容業・美容業	78	
生命保険媒介業、損害保険代理業	674	保険媒介代理業

3 MS法人の問題点

医療法では、営利を目的とした病院、診療所又は助産所の開設や剰余金の分配が禁止されています（医療法7⑦、54）。

これは、医業を投資に対する利益確保の手段としてはならないという意味と、税金から賄われている診療報酬を配当に流用してはならないとの二つの理由が考えられます。

しかし現実には、ＭＳ法人という営利法人を通して、実質的な利益分配が行われており、その結果、医業の非営利性が担保されていないのではないかとの考えがあります。

【医療問題研究会報告書　平成13年12月　経済産業省サービス政策課】

> 医療法人に課せられた制約は、医療は生命にかかわることであるとの理由に基づく非営利原則をベースとしながらも、多額の役員報酬やＭＳ法人による実質的な利益配分が行われており、非営利原則は形骸化している。

4 MS法人の実際の活用例

ＭＳ法人は、同族によって支配されている医療法人だけでなく大学病院などでも幅広く利用されています。

これは、病院経営に関する利益を外部に移転しないという目的のほかに、

①物品販売など、病院自らが実施すべき事業を分離させることができる。

②病院に勤務する職員と別の就業規則・給与規定等が実施できる。

③特例子会社として、障害者雇用に寄与する。

などの点に、ＭＳ法人の存在意義があります。

第1章 ▶MS法人の概要　5

【株式会社慈恵実業の事例】

社名	株式会社　慈恵実業
株主	学校法人　慈恵大学（100％）
主たる事業内容	・医療材料・機器等調達 ・警備・設備等管理 ・リース ・人材派遣 ・ビル事業（寮管理） ・リテール（コンビニエンスストア、売店経営） ・フードサービス（飲食店経営） ・テナント管理 ・旅行代理店 ・損害保険代理店 ・住宅相談窓口

https://www.jikei.co.jp/corporate/profile/

【株式会社ジェイ・アイ　ハートサービスの事例】

社名	株式会社ジェイ・アイ　ハートサービス
主な目的	障がい者の雇用促進を図るために設立された学校法人東京女子医科大学の特例子会社
主な事業内容	・事務補助業務 ・郵便業務 ・物流業務 ・清掃業務 ・園芸業務 ・制作業務

http://jihs.tokyo/jyeiaiha-tosa-bisu_company.html

1-2
MS法人は何が問題とされているのですか

> **ポイント**
> ○診療報酬・介護報酬など公費から賄われている収入が、営利法人の利益となっていることが問題。
> ○MS法人の事業内容を報告する制度が設けられた。

1 MS法人という存在の問題点

　厚生労働省は、公費から給付される診療報酬や介護報酬が、営利法人に移転していることを問題としています。

　MS法人を通じた医業の営利行為を排除しなければ、営利法人たる株式会社による医業経営参入を拒否する理由が立たなくなるからです。

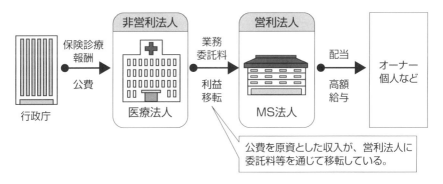

　厚生労働省では、医療法人が健全かつ適切に業務運営を行うために、経営の透明性の確保が必要と考えています。

　そこで、平成28年度医療法改正により、一定規模以上の医療法人に対し、計算書類に関する外部監査の実施とともに、医療法人又はその役員と密接な関係にある事業者である、いわゆるMS法人との取引に関して

都道府県知事への届出等を義務付けることとしました。

報告制度を通じて、ＭＳ法人等への利益移転の状況を把握し、医療法人の経営の透明性の確保を厚生労働省は目指しています。

医療法人の事業展開等に関する検討会（第４回）資料（抄）

②医療法人とＭＳ法人との関係の透明化について

○　ＭＳ法人は、医療法人の業務が限定されている中、その経営の効率化を支えるため、医療法人と密接な関係をもって、医薬品や医療機器など医療機関で使用される物品の共同購入や、不動産の管理、シーツ等のクリーニング、病院内の売店の管理など様々な業務が行われている。

※なお、医療法人とＭＳ法人との取引について市場価格等から見て妥当な価格を超えた取引が行われていた場合には、医療法第54条に定める剰余金の配当の禁止に当たるものとして、当該取引を行った医療法人に対して指導監督がなされる仕組みとなっているところである。

○　個々の医療法人と密接な関係を有するＭＳ法人としてどのようなものがあって、どのような取引を行っているかなどが明確ではないことなどもあり、ＭＳ法人との関係について透明化が必要であると指摘する声もある。

○　ところで、医療法人会計基準においては、関連当事者の範囲や取引の範囲を定めた上で、社会医療法人については関連当事者としてＭＳ会社についても財務諸表に注記されることとなっている。

○　そこで、医療法人とＭＳ法人との関係の透明化を図るため、社会的責任も考慮し、社会医療法人に限らず、一定規模以上の医療法人についても関連当事者に係る注記を記載すべき対象とするなどについて検討すべきではないか。

2 MS法人の存在と非営利の侵食

(1) 非営利の意味

営利を目的として医業を行ってはならないことから（医療法7⑦）、医療法人による配当を禁止させ、非営利性が侵食される行為を排除することが医療法の趣旨です（医療法54）。

営利活動の禁止を明確化させるため、平成18年の医療法改正において、医療法人の出資に対して分配を受ける、いわゆる持分のある医療法人の新規設立が認められなくなったことは、記憶に新しいところです。

この場合の営利とは、利益を求めて経済活動を行うことではなく、出資を行った構成員の投資に対して配当などの果実を分配することを指します。したがって、損益計算書において利益を計上していても、それだけでは営利活動とならず、その利益を出資者等に分配することが営利活動になります（『医療法・医師法（歯科医師法）解』厚生省健康政策局総務課編）。

(2) 非営利性が侵食されている事例

医業において営利性が排除され、営利企業による病院経営が禁止されているにも関わらず、実質的に営利企業による医業の非営利性が侵食されている場合があります。その例として、厚生労働省の資料には、3つのケースが示されています（平成15年度厚生労働科学特別研究事業　医療法人のガバナンスについて）。

① 系列企業の取引を通じて非営利性が侵食されている事例

医療機器メーカー、医薬品会社などと取引する際に、MS法人などを間に介在させ、仲介料を取る場合、あるいは医療法人が行う業務を、形式上MS法人に移管して、そこへ業務委託という形で手数料を支払う場合。

第1章 ▶MS法人の概要 　9

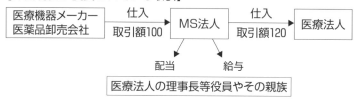

② 金融取引を通じて非営利性が侵食されている事例

　医療機関の建物取得などにおいて、資金調達のために作られた会社が株式で資金調達するということは、医療機関そのものが株式発行しているわけではないものの、実質、医療機関が株式を発行して資金調達したと同じことと解される場合。

③ 内部取引を通じて非営利性が侵食されている事例

　理事長が医療法人の使用する土地・建物を貸し付けるなど、実施的に内部取引を行い、高額な賃料などを支払っている場合。

3　MS法人の規制検討の経緯

(1) 内閣府総合規制改革会議においての指摘

　平成28年医療法改正において関係事業者との取引報告制度を設け、ＭＳ法人との取引について一定の歯止めをかけるようにしたのには、
①内閣府総合規制改革会議においての指摘
②徳洲会事件
の2点が理由として考えられます。

　内閣府の総合規制改革会議では、ＭＳ法人からその出資者である理事長が配当を受けることは、実質的に医療法人が配当を行っているのと同様でないかとの指摘がなされました。

内閣府　総合規制改革会議
アクションプラン実行WG　第6回議事概要（平成15年4月22日）（抄）

株式会社等による医療機関経営の解禁について

鈴木副主査

　幾つか列挙されていますよ。しかし、列挙されている以外にも多くの
ものがMS法人を経由して、医薬品、医療材料、その他の消耗材料、そ
ういうものがMS法人を通じて、あるいは事務・管理に至るまでMS法
人を通じて入ってくる。そのMS法人は株式会社である。

　そしてそのMS法人の出資者はだれかといったら、医療法人の理事長
であるというのが現実の姿で、そこで現実の配当というのがなされてお
るということで、一種のアングラ経済のようなものですよ。アングラ経
済が出てくるということは必要性があるのに法がかたくなにそれを閉じ
るからそういうことが起こってくる側面もあるのですけれどもね。そう
いう実態は御存じですか。あるいは、それは完全に医療法の枠の中のこ
とです、幾つか列挙しておるものの範囲内ですというチェックをしてい
るのですか。

総合規制改革会議宛　資料等提出依頼について（回答）
平成15年5月16日（抄）

株式会社等による医療機関経営の解禁について

1．一部の医療法人では、事務管理部門、経理、薬の調達等について、
株式会社であるいわゆる「メディカルサービス（MS）法人」に行わせ
ているという事実を踏まえ、以下について、具体的かつ詳細にご教示頂
きたい。

①貴省として、こうしたMS法人の実態について、把握しているか。

　御指摘の「メディカルサービス法人」について、当省として定義はし
ていないが、医療関連サービス事業者の概要については、当省所管の(財)
医療関連サービス振興会が平成12年度に行った「医療関連サービス実態
調査」の結果によると、別添5のとおりである。

②ワーキンググループにおいて、「MS法人の出資者が医療法人の理事

第1章　▶MS法人の概要　　11

長であり、そこで現実の配当がなされているのであれば医療法上問題である」、旨の回答があったが、現に医療法人について行政がチェックしているのは役員の兼任条件だけであるため、資金の医療外流出という問題は現実の医療法人でも起きていると考えられる。

Q　こうした点を踏まえれば、株式会社の医療分野への参入を殊更に否定する理由はないのではないかと考えるが、これに対する貴省の見解を、具体的かつ詳細にご教示頂きたい。

A　医療法人が御指摘のような「ＭＳ法人」等に対する各種の支払い等を通じて、事実上の配当を行うことは、医療法で禁止されている剰余金の配当禁止規定の趣旨から不適切であると考えており、また、これまでにも、御指摘の役員の兼務以外に、例えば賃料を収入の一定割合にするものではないこと等の非営利性に関する指導基準を示してきているところ。

　御指摘のような事実があれば、むしろ改善すべきであって、株式会社参入の論拠とするべき理由にはならないものと考えている。

　また、このような事例に対しては、「これからの医業経営の在り方に関する検討会」最終報告を踏まえ、都道府県を通じ、法人の非営利性の確保状況についての点検と実態調査をするとともに、非営利性の徹底に向けた指導のあり方を検討することとしている。

(2) 徳洲会事件の影響

　選挙違反事件に端を発した、日本最大の医療法人グループである徳洲会グループに税務調査がなされ、医薬品や医療機材の納入を行っていた株式会社徳洲会が東京国税局から2014年３月期までの７年間で約20億円の所得隠しを指摘された旨が報道されました（毎日新聞　2015年04月07日ほか）。

　医療法人徳洲会の開設する病院・診療所などは、基本的に保険医療機関であることから、公費である保険診療報酬を受領し、その資金から医

薬品の仕入などを通して、株式会社徳洲会に支払いがなされ、さらにそこから理事長一族への役員報酬の支払や、理事長一族から立候補した国会議員の選挙資金となっていた点が問題となりました。

　厚生労働省がＭＳ法人の管理をしていないことについて国会でも論点となり、平成28年医療法改正により、ＭＳ法人の事業報告制度が創設されました。

第185回国会衆議院厚生労働委員会第11号（平成25年11月29日）（抄）

○足立康史衆議院議員

　しかし、先日も医政局長から伺ったように、例えば、徳洲会という医療法人の周りにどういう有限会社や株式会社が取り巻いているかということについて、やはり厚生省は管理していないんですね。すると、お医者さんの方はわかると思いますけれども、医療法人はいかようにもできるんです。

　医療法人の仕事と、医療法人を取り巻く、いわゆる昔言うところのメディカルサービス法人との仕分けは、いかようにもできますね。これはどうですか。いかようにもできる、経営の裁量でできますね。

○田村憲久厚生労働大臣

　今委員、ＭＳのお話をされました。ＭＳ法人がどういうような形態をやっているか、十分に我々もそれを把握し切れていない部分があることも事実であります。

　ただ、一般論で申し上げれば、医療法人が剰余金を出した。剰余金は使えません。それは、要するに、設備投資等々に使っていただくわけでありますが、その剰余金とは別に、ＭＳ法人を通してそこに利益を上げさせるということ。そこは、株式会社であれば、当然、利益は自由に処分ができるわけでありますよね。それが正当なものであるならば、それは当然、何ら問題がないんだと思います。

　ただ、他のところと比べて、不当に、例えば高い価格でそこから物品等々を購入している、不当にそこに利益が上がるような価格で何らかの取引をしておるということになれば、これは先ほど言いました医療法54

第1章　▶ＭＳ法人の概要　　13

条違反になるわけでありまして、それ自体は、我々としては、実態としては許されない行為であるというような、そういう認識を持って対応するということになろうと思います。

1 - 3

持分のある医療法人が
設立できなくなったのはなぜですか

ポイント

○持分のある医療法人は、剰余金の分配を通じた営利行為を行う
　という指摘があった。
○持分のある医療法人を株式会社化する法律案が国会に提出された。

1 持分のある医療法人の状況

　全国に医療法人は58,005法人あり、そのうちの約63％にあたる36,844法人が、持分のある医療法人です（令和5年3月31日現在）。

　持分のある医療法人の設立が行えた平成28年当時は、約50,000医療法人のうち、約9割にあたる約41,000法人が持分のある医療法人であり、主流の法人形態でした。

　持分のある医療法人は、医業経営により生じた剰余金を持分の払戻しという形式により分配を受ける権利を有し、この持分の払戻しが医療法人の営利行為に類似し、医療法に違反しているのではないかと論じられています。

　医療法人が持分の払戻しという配当類似行為を行った場合、医療法人も営利法人の一つと見なされ、営利法人である株式会社の医業参入を排除する理由がなくなることから、厚生労働省は現状の医療提供体制を守るために、医療法人の営利行為を排除しようとしています。

【医療法人の非営利性を求める国会会議録】（下線筆者）

第193回国会　厚生労働委員会　第21号　平成29年6月1日（木曜日）
○牧山ひろえ君 　次に、持分なし医療法人への移行計画認定制度の延長につきましてお

第1章 ▶ MS法人の概要　15

伺いしたいと思います。

　平成18年の医療法改正によって、新設する医療法人につきましては持分なししか認めないこととされました。また、これまでの持分あり医療法人も持分なし法人への移行を進めることとされました。これは、以前、株式会社による医業経営の是非が議論となったことを受けて医療法人の非営利性を徹底するという考え方に基づいて行われた措置であると、このように承知しています。今回の改正により、役員数あるいは役員の親族、要件、医療計画への記載等の要件を緩和されたり贈与税の非課税対象が大幅に拡大したこと、こういったことに関しては率直に評価できるかと思います。平成に入って、規制改革の流れから株式会社による医業経営の是非が取り沙汰された際など、医療における非営利性について議論が行われてきました。

　そこで、こうした議論を経て、現在、医療と営利性との関係がどのように整理されているのか、御説明をお願いしたいと思います、大臣。

○国務大臣（塩崎恭久君）

　医療と営利行為との関係についての議論の整理をせいと、こういうことでございました。

　医療法では、営利を目的として病院などを開設しようとする者に対しては開設の許可を与えないことができるというふうになっております。これは、医療では、医師の裁量が大きく、また、患者が十分な情報を持っていない、いわゆる情報の非対称性と呼ばれているものですが、こういう中で、株式会社等の営利を目的とした経営主体による医療機関の経営への参入につきましては、まず第一に、患者が必要とする医療と株式会社の利益を最大化するという場合の医療とが一致をしないということがあり得て、適正な医療が提供されないおそれがあるというのがまず第一点にございます。次に、利益が上がらない場合の撤退によって地域などでの医療の確保に支障が起きる、こういうおそれもあるわけであります。それから、利益を上げるために不必要なあるいは不要な診療が行われて、患者さんにとってもプラスにならず、医療費の増大も招くということがおそれとしてある。

こういうような懸念が指摘をされているために、今申し上げた医療法の第7条第6項に、「営利を目的として、病院、診療所又は助産所を開設しようとする者に対しては、第4項の規定にかかわらず、第1項」、これ、医療機関の開設ですが、この「第1項の許可を与えないことができる。」というふうになっているわけでございます。

○牧山ひろえ君

医療法人の非営利性の徹底という今回の方向性は正しいと思います。国民皆保険と医療の非営利性は日本国民の健康を支える車の両輪であり、しっかりと堅持すべきというのが私の意見です。

衆議院の厚生労働委員会におきまして、持分なし医療法人への移行が進まなければ、非営利性の徹底が難しいことを理由に営利目的の法人による医療機関経営を求める検討を始めることになり得るのかという、そういった質問がありました。

これに対して、厚生労働大臣はこのように答弁されています。株式会社等の営利法人の参入について、患者が必要とする医療と株式会社の利益を最大化する医療とが一致せず、必ずしも患者に適正な医療が提供されないおそれがあることなどの懸念が指摘されており、慎重に検討すべき、こうおっしゃっているんですね。

私もそのとおりであると思うんですが、とはいえ、余りにも移行が進まないようでは、営利法人による医業経営を求める議論が再び湧き上がってくるのではないかと思うんですね。医療法人の非営利性を徹底するためにも、政府には更なる移行を促すよう努めていただきたいと思います。

2 持分ある医療法人の株式会社化

厚生労働省は持分のある医療法人による営利類似行為をなくすために、持分のない医療法人への移行計画の認定制度を設けるなどさまざまな施策を講じています（医療法平成18年改正法附則第10条の3ほか）。

平成29年9月までの旧認定制度までは、施策の効果は大きく出ておらず、

平成29年9月までの旧移行計画認定制度を受けた医療法人は、当初300法人を見込んでいたのに対し（厚生労働委員会平成29年5月17日）、移行計画の認定を受けた医療法人は67法人（平成29年3月時点）にすぎませんでした。

【医療法人に関する制度の見直しについて（第37回社会保障審議会医療部会）】

持分のある医療法人から持分のない医療法人への移行数
平成19年度　　18法人
平成20年度　　27法人
平成21年度　　31法人
平成22年度　　49法人
平成23年度　　49法人
平成24年度　　50法人

平成29年10月よりスタートした移行計画の新認定制度は、認定医療法人に対して移行に伴う課税がなされないことから、持分のない法人への移行推進は、一定程度効果がありました（措法70の7の10）。

さらに、日本維新の会は医療事業を経営しようとする法人について、社会経済情勢の変化に対応した適切な経営形態を選択することができるようにするため、持分のある医療法人を株式会社に移行できることとする法律案を提出しました（第197回国会議案番号27）。

【医療・介護・保育における法人制度改革法　施策イメージ】

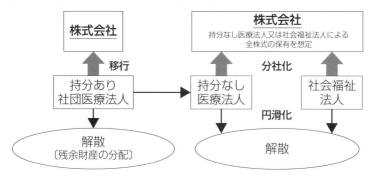

【医療、介護及び保育に係る法人制度改革に関する法律案】

（適切な経営形態の選択のための施策）

第4条　国は、次に掲げる施策その他の医療、介護及び保育に係る事業を経営し、又は経営しようとする法人について社会経済情勢の変化に対応した適切な経営形態を選択することができるようにするための施策を講ずるものとする。

一　医療、介護及び保育に係る事業を経営する法人に係る次に掲げる事項に関する施策

イ　持分の定めのある社団医療法人の株式会社化

3 MS法人への影響

前述のとおり厚生労働省は、株式会社による医業経営参入を阻止し、現在の医療提供体制を維持することを目指しています。そのためには、医業経営において剰余金を出資者に帰属させるという営利的要素をなくす必要がありました。

医業経営者がMS法人と取引を行う場合において、医業経営の営利行為に該当することがないか、慎重に検討すべきです。

例えば、実体のないコンサルティング契約を締結することや、高額な賃料で不動産を賃借するような行為は、医業経営の営利行為に該当すると考えられ、行政の立場においては認めがたい契約です。

このような契約を続けている医療法人は、様々な場面において行政からの厳しい指導を受ける可能性が高いと考えられます。

【医業経営の非営利性等に関する検討会　第6回資料】

医療法人の剰余金の使途の明確化について

①医療法人の剰余金の使途に関する現状

◇医療法第54条（剰余金の配当禁止）

○　医療法人の非営利の位置付けとして、医療機関等の運営により生じた利益（剰余金）の社員等へ分配を禁止。

第1章　▶MS法人の概要　19

○　剰余金の具体的な使途の例は、次のとおり。

　・設備整備に要する費用。

　・医療機関の医療従事者を含めた法人職員に対する給与改善費用。

　・将来の施設整備に係る積立金（医療法人に留保）

○　また、配当ではないが、事実上利益の分配とみなされる行為として、次のような事例については、配当類似行為として禁止。

　・近隣の土地建物の賃借料と比較して、著しく高額な賃借料の設定

　・病院等の収入等に応じた定率賃借料の設定

　・病院等の本来業務や附帯業務以外の不動産賃貸業

　・役員等への不当な利益の供与　　　　等

　ただし、医療法人MS法人との取引で問題となるのは、正当な取引契約を締結せずに、医療法人の利益を流出させる場合であり、適切な取引まで制約を受けるものではありません。

第186回国会　衆議院　厚生労働委員会　第15号　平成26年4月25日（金曜日）

○田村憲久厚生労働大臣 答弁（略）

　正当な価格以外で利益を流出した場合、これは、やられている場合は、やはり我々はしっかりとこれに対して厳正に対処していかなきゃならぬわけでありますから、対処しますが、これも以前から申し上げておりますとおり、別にそのＭＳ法人じゃなくても必要な商取引はやるわけでありまして、そのときには利益というものは乗せて支払う。つまり、こちらからいえばコストでしょうし、こっちは利益でありますけれども、そういう形で取引がある。そこがたまたまＭＳ法人であった。

　必要ないものをいっぱい買っていれば、これは問題でありますから適切に対応しますが、ですから、これをどう考えるかというのは、必ず必要なものに支出をしているわけですから、これは利益の流出とは言わないのではないかというのが私の基本的な考え方であります。

（下線著者）

1-4

MS法人は
どのように活用されていますか

ポイント

○厚生労働省は、MS法人の事業実態を調査している。
○MS法人の事業が否認されないためには、実態ある事業が必要。

1 MS法人の活用例

(1) 厚生労働省によるMS法人の研究

　MS法人を活用するにあたり、厚生労働省はどのようにMS法人を捉えているか理解する必要があります。

　そこで、一つの資料として、厚生労働省の「病院におけるアウトソーシング等の活用について」報告書（平成14年3月　委託先：株式会社安田総合研究所）（以下『報告書』といいます。）（28ページ以下参照）や、大学におけるアウトソーシング先進事例調査（総務省　平成21年3月25日）（以下『事例調査』といいます。）が参考になります。

(2) 活用事例の多い業態

　報告書では民間病院がどのような事業について、関連法人に委託を行っているか集計がなされました。報告書では、実施している事業として考えられるものとして次の事業が明示されています。

第1章　▶MS法人の概要　　21

【活用事例】

医薬品・医療機器の販売	患者給食	訪問介護・訪問入浴介護
医療機器リース・レンタル	リネンサービス	福祉用具販売・レンタル
医療情報提供サービス	院内清掃	健康増進のための運動施設
院内情報システム	患者移送サービス	健康増進のための温泉施設
医業経営コンサルティング	売店・食堂	会員制健康・医療サービス
医療事務	理容・美容業	不動産の賃貸（駐車場等）
経理事務	広報・出版	保険代理店
臨床検査	有料老人ホームの提供	

　報告書によると、ＭＳ法人の活用事例として多いのは、①売店、食堂（20.1％）、②不動産の賃貸（15.3％）、③訪問介護・訪問入浴介護（14.7％）などです（30ページ《表15》参照）。

2　活用事例の分析

(1) 売店、食堂

　ＭＳ法人が売店や食堂を経営していることには、次のような理由が考えられます。

> ○物品販売業である売店や、飲食業である食堂を医療法人が自ら行うことは、目的外行為のため認められない時代があった。
> ○外部の利用者を想定した売店や食堂は、医療法人が行うことができない。

　なお、患者やその家族などが利用する売店や食堂は、医療法人の附随業務として医療法人が開設することは可能です。

【医療法人の業務範囲】

> Ⅳ. 附随業務（抄）
> 　病院等の施設内で当該病院等に入院若しくは通院する患者及びその家

族を対象として行われる業務又は病院等の職員の福利厚生のために行われる業務であって、医療提供又は療養の向上の一環として行われるもの。

したがって、病院等の建物内で行われる売店、敷地内で行われる駐車場業等は、病院等の業務に附随して行われるものとされ、敷地外に有する法人所有の遊休資産を用いて行われる駐車場業は附随する業務に含まれないものとして取り扱います。

(2) 不動産賃貸業

ＭＳ法人が不動産賃貸業を経営していることには、次のような理由が考えられます。

○医療法人が自ら不動産賃貸業を行うことは、どのような場合でも認められない時代があった。

○将来の業務予定地等以外の不動産賃貸は、医療法人が行うことができない。

○有料老人ホームを開設している建物を医療法人が所有した場合、将来、一般的な賃貸マンションとして貸し出すことができない。

なお、医療法人の業務の用に供する可能性のある資産は遊休財産の管理手段として事業として行われない程度において、医療法人は賃貸することが可能です。

【医療法人運営管理指導要綱】

Ⅲ　管理

2　調査内容

8　現在、使用していない土地・建物等については、長期的な観点から医療法人の業務の用に使用する可能性のない資産は、例えば売却するなど、適正に管理又は整理することを原則とする。

その上で、長期的な観点から医療法人の業務の用に使用する可能性のある資産、又は土地の区画若しくは建物の構造上処分することが困難な資産については、その限りにおいて、遊休資産の管理手段として事業として行われていないと判断される程度において賃貸しても差し

第1章 ▶ＭＳ法人の概要　23

支えないこと。

　ただし、当該賃貸が医療法人の社会的信用を傷つけるおそれがない
こと、また、当該賃貸を行うことにより、当該医療法人が開設する病
院等の業務の円滑な遂行を妨げるおそれがないこと。

〔備考〕

・長期的な観点から医療法人の業務の用に使用する可能性のある資産
　とは、例えば、病院等の建て替え用地であることなどが考えられる
　こと。

・土地を賃貸する場合に、賃貸契約が終了した際は、原則、更地で返
　却されることを前提とすること。

・新たな資産の取得は医療法人の業務の用に使用することを目的とし
　たものであり、遊休資産としてこれを賃貸することは認められない
　こと。

・事業として行われていないと判断される程度とは、賃貸による収入
　の状況や貸付資産の管理の状況などを勘案して判断するものである
　こと。

・遊休資産の賃貸による収入は損益計算書においては、事業外収益と
　して計上するものであること。

(3) 介護事業

　訪問介護・訪問入浴介護などの介護事業については、医療法人で開設
することもできますが、定款変更手続きが煩雑であることや、従業員の
就業形態が病院と異なることなどからＭＳ法人で開設しているケースが
考えられます。

(4) ＭＳ法人への活用実績が低い事業

　活用実績が低い業務として、①保険代理店（9.6％）、②医療事務（9.4％）、
③福祉用具販売・レンタル（9.4％）、④経理事務（9.1％）、⑤院内清掃
（9.1％）などが挙げられます。

①保険代理店については、資格のある職員を関連法人で雇用すること
が難しいことから、外部業者に委託していることが容易に想像できます。

②医療事務、④経理事務については、医業経営の根幹に関する部分で
すので、内部の職員に経験を積ませるために、外部委託しないことが想
像できます。

(5) 業務数の事例

幅広く事業を開設しているＭＳ法人は稀で、約40％の法人がＭＳ法人
を設けておらず、またＭＳ法人を開設している法人でも、実施している
業務が一つの病院は46.3％にとどまり、平均でも２事業程度です（30ペー
ジ(2) 参照）。

(6) 病院の規模

関連法人で実施している業務数を、グループ全体の許可病床数で分類
すると、100床未満の病院グループで1.4であるのに対し、300〜399床で
は3.3、400〜499床では2.7と読み取れます（33ページ《図38》参照）。

病院の規模が大きい法人ほど、ＭＳ法人の実施事業数が多いことが見
受けられます。

3　アウトソーシングによる成功事例

『事例調査』において、国立大学病院の管理運営に関して次の分野の
アウトソーシングが進んでいるとされています。

（ａ）病院事務（窓口業務、レセプト作成）
（ｂ）病院給食
（ｃ）SPD（Supply Processing and Distribution／医療材料物流管理シ
　　　ステム）

これらアウトソーシングのメリット及びデメリットは、調査報告にお
いて次のようにまとめられていますが、このメリット及びデメリットは
そのまま民間医療法人に当てはめられるかどうかは疑問があります。

第1章　▶ＭＳ法人の概要　25

例えば、窓口業務のアウトソーシング化により数千万円から700万円弱に費用が抑制されたとされていますが、これはもともとの給与設定に無理があったためであり、民間医療法人がＭＳ法人に窓口業務を移管しても、すべての場合において窓口業務の人件費が減少するとは限らず、また「窓口収納業務は、基本は治療費のやりとりだけの業務」という考えで窓口職員が患者対応を行っていたならば、患者の満足度は下がることが想定できます。

【アウトソーシングのメリット】

（ａ）病院事務

①窓口業務・レセプト作成において人員削減・人件費削減に効果

　秋田大学では、以前は窓口収納業務を正職員３～４名で行ない、給与水準からすると数千万円かかっていたが、現状では700万円弱に費用が抑制された。

　鳥取大学は、窓口業務では４名、レセプト作成では３名から１名へ人員削減ができた。

②保険点数の改定情報を教えてくれる

　レセプト作成において委託先が保険点数の改定情報も教えてくれるので、職員のチェックが不要となった。

（ｂ）病院給食

①病院給食の品質が向上

　委託後は栄養素だけでなく、味にもこだわるようになり、患者からの評判が良くなった。

（ｃ）ＳＰＤ

①購入先の一本化及び必要最低限を仕入れることでコスト削減

　ＳＰＤ導入によって、購入先を一本化することで単価抑制に成功し、また、必要最低限だけ購入することで、年間で5,200万円のコスト削減に成功した。（千葉大学）

②看護士・職員の負担軽減

　以前は医療材料の管理を看護士が兼務していたが、ＳＰＤにより現状

では委託先が行うので、看護業務に専念できるようになった。

【アウトソーシングのデメリット】

（a）病院事務

①窓口業務は品質の向上がわかりにくい

　窓口収納業務は、基本は治療費のやりとりだけの業務なのでサービス品質の向上を感じにくい。

（b）病院給食

①導入後の職員処遇に苦慮

　病院給食の中でも調理担当職員の人員は多く、アウトソーシング導入後の職員の処遇に苦慮する。秋田大学ではアウトソーシング導入後、30名の職員を委託先で再雇用することで解決。

（c）ＳＰＤ

①職員の交渉能力が低下

　職員は商品の相場感や知識が希薄になり、価格交渉能力も低下する。その結果、コスト削減効果を継続して得られなくなるという恐れがある。

https://www.soumu.go.jp/main_content/000446563.pdf

| 1－4の資料 |

平成13年度　厚生労働省医政局委託

医療施設経営安定化推進事業

「病院におけるアウトソーシング等の活用について」報告書

平成14年3月　委託先　株式会社安田総合研究所

第Ⅴ章　関連法人の活用状況

1．調査内容

　調査内容は以下のとおりである。なお、アンケート対象病院、標本抽出方法、実施時期等については、「第Ⅰ章　調査研究の概要、4．調査研究方法、(1) アンケート調査」を、また具体的な質問内容や回答選択肢等については「第Ⅵ章　資料編、資料1　アンケート調査票」を、本章に掲載していない調査結果については「第Ⅵ章　資料編、資料2　アンケート調査データ集」をそれぞれ参照されたい。

(1) 対象とした業務種類

　民間病院の関連法人において実施されていると考えられる業務として、以下のものを対象とした。

医薬品・医療機器の販売	患者給食	訪問介護・訪問入浴介護
医療機器リース・レンタル	リネンサービス	福祉用具販売・レンタル
医療情報提供サービス	院内清掃	健康増進のための運動施設
院内情報システム	患者移送サービス	健康増進のための温泉施設
医業経営コンサルティング	売店・食堂	会員制健康・医療サービス
医療事務	理容・美容業	不動産の賃貸（駐車場等）
経理事務	広報・出版	保険代理店
臨床検査	有料老人ホームの提供	

(2) アンケート調査項目

　上記のそれぞれの業務の実施状況について、「関連法人（営利）で実施」「関連法人（非営利）で実施」、「実施していない」の３つに分けて質問した。なお、関連の営利法人、非営利法人の両方で同じ業務を実施している可能性があることから、本設問は複数回答可とした。

２．アンケート調査結果
(1) 業務種類別

　表15は、それぞれの業務について、関連の営利法人、非営利法人別、および合計（営利、非営利のいずれか、または両方で実施している）の実施率を示したものである。

　実施率が高い業務は、①売店、食堂（20.1％）、②不動産の賃貸（15.3％）、③訪問介護・訪問入浴介護（14.7％）、④医療機器リース・レンタル（11.7％）、⑤医薬品・医療機器の販売（11.6％）、⑥患者給食（10.4％）であり、ここまでが10％以上であった。以下、保険代理店（9.6％）、医療事務（9.4％）、福祉用具販売・レンタル（9.4％）、経理事務（9.1％）、院内清掃（9.1％）が９％台でこれに続いている。

　営利・非営利別で見た場合、関連の営利法人で実施している業務については、①売店・食堂（16.5％）、②不動産の賃貸（駐車場等）（13.3％）、③医薬品・医療機器の販売、医療機器リース・レンタル（ともに10.7％）、⑤保険代理店（8.7％）、⑥訪問介護・訪問入浴介護（8.1％）の順で実施率が高かった。

　一方、非営利の関連法人で実施されている業務では、①訪問介護・訪問入浴介護（6.6％）が最も多く、以下、②売店・食堂（3.7％）、③患者給食（3.4％）、④経理事務（3.3％）、⑤医療事務（3.0％）と続いている。

　なお、関連法人の活用状況についての設問では、各業務種類とも未回答等の不明分が２割程度であった。

第1章　▶ＭＳ法人の概要　　29

《表15》問15　関連法人の活用状況（単位％、複数回答）（N=701）

業務種類　　　　　　　回答状況	営利・非営利合計	関連法人（営利）で実施	関連法人（非営利）で実施	実施していない	不明
医薬品・医療機器の販売	11.6	10.7	0.9	69.9	18.5
医療機器リース・レンタル	11.7	10.7	1.0	69.5	18.8
医療情報提供サービス	3.3	1.6	1.7	76.7	20.0
院内情報システム	4.4	2.3	2.1	75.5	20.1
医業経営コンサルティング	2.0	2.0	0.0	77.6	20.4
医療事務	9.4	6.6	3.0	71.0	19.5
経理事務	9.1	6.0	3.3	71.2	19.7
臨床検査	7.0	3.9	3.1	72.8	20.3
患者給食	10.4	7.1	3.4	69.9	19.7
リネンサービス	4.6	3.3	1.3	75.6	19.8
院内清掃	9.1	6.7	2.6	71.8	19.1
患者移送サービス	5.1	2.7	2.4	74.9	20.0
売店・食堂	20.1	16.5	3.7	62.8	17.1
理容・美容業	4.1	2.7	1.4	76.7	19.1
広報・出版	3.1	2.3	0.9	77.3	19.5
有料老人ホームの提供	3.0	1.7	1.3	77.5	19.5
訪問介護・訪問入浴介護	14.7	8.1	6.6	65.9	19.4
福祉用具販売・レンタル	9.4	6.7	2.7	71.3	19.3
健康増進のための運動施設	3.1	1.7	1.4	77.6	19.3
健康増進のための温泉施設	1.4	0.9	0.6	79.2	19.4
会員制健康・医療サービス	2.3	1.0	1.3	78.5	19.3
不動産の賃貸（駐車場等）	15.3	13.3	2.1	65.9	18.8
保険代理店	9.6	8.7	0.9	71.6	18.8

（注1）　▨＝実施率が5％以上の業務、以下　▨＝10％以上　■＝15％以上

（注2）「営利・非営利合計」欄は、「関連法人（営利）で実施」、「関連法人（非営利）で実施」のいずれか、あるいは両方を選択した割合を示す。このため、営利、非営利別の実施率の合計とは合致しない場合がある。

(2) 関連法人で実施している業務数

　関連法人で実施している業務の数について、「０」、「１〜５」、「６以上」に分類すると、「０（38.5％）」が最も多く、平均では2.0であった。また、今回対象とした業務のうち、１つでも実施している病院の割合は、46.3％であった（図34）。

営利法人のみで見た場合、平均の実施業務数は1.5であり、今回対象とした業務のうち、1つでも実施している病院の割合は、36.4%であった（図35）。

《図34》関連法人で実施している業務数（単位%）

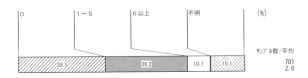

（注）平均値の計算においては「不明」を除いている。

《図35》関連法人（営利）で実施している業務数（単位%）

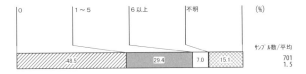

（注）平均値の計算においては「不明」を除いている。

(3) 病院属性別の実施業務数
①所在地別

関連法人で実施している業務数を地方別に見ると、1病院あたりの平均の実施業務数が多いのは、①甲信越（2.7）、②東北、中国（ともに2.5）であり、逆に少ないのは①関東（1.6）、②北海道（1.7）、③北陸（1.8）であった（図36）（ただし、地方によってサンプル数が少ないところもあるので、この結果については注意を要する）。

なお、都市規模別では、東京23区、政令指定都市及びさいたま市、特例市、その他については差異がなかったが、中核市においては、今回対象とした業務を全く実施していない病院の割合が目だって少なかった（図37）。

第1章 ▶ MS法人の概要　31

《図36》関連法人で実施している業務数（地方別）（単位%）

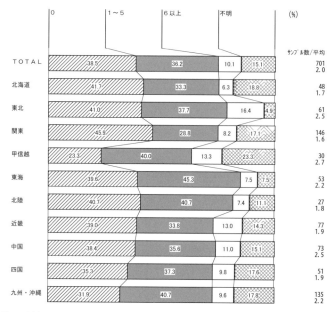

（注）平均値の計算においては「不明」を除いている。

《図37》関連法人で実施している業務数（都市規模別）（単位%）

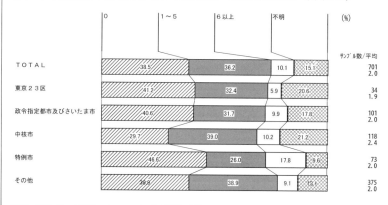

（注）平均値の計算においては「不明」を除いている。

②グループ全体の許可病床数別

　図38は関連法人で実施している業務数を、グループ全体の許可病床数別に見たものである。これによると、平均の実施業務数は、100床未満の病院グループで1.4、以下100床ごとに区分して、100～199床では1.9、200～299床では2.3、300～399床では3.3、400～499床では2.7、500床以上では3.4であり、規模が大きい病院の方が、関連法人での実施業務数が多い傾向が読み取れる（ただし、300床以上の各区分についてはサンプル数が少ないため、実施業務数の割合では一部逆の結果になっている）。

《図38》関連法人で実施している業務数（グループ全体の許可病床数別）（単位％）

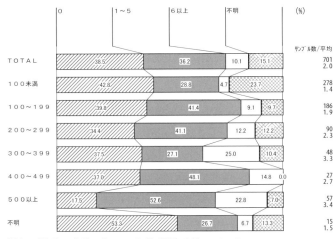

（注）平均値の計算においては「不明」を除いている。

③開設主体別

　サンプル数が非常に少ない「会社」、「その他の法人」および「不明」を除くと、関連法人で実施している業務数は、平均で2程度である（図39）。1つ以上の業務を実施している割合は、「個人」が40.0％であるのに対し、「医療法人」、「公益法人・社会福祉法人」ではそれぞれ47.4％、47.6％であり、法人形態の病院の方が、関連法人で業務を実施している割合が若干高

い（ただし、個人病院では、未回答等の不明分が34.3％と目だって多いため注意を要する）。

《図39》関連法人での実施業務数（開設主体別）（単位％）

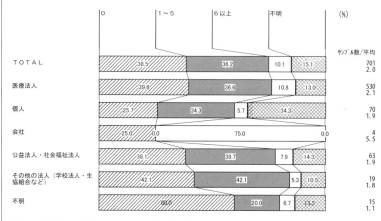

1-5

MS法人を
設立するメリットは何ですか

ポイント

○MS法人を利用すれば、医療法人で行えない事業が行える。
○限度額の増加など、税務上のメリットも大きい。

1 事業面からみたMS法人設立のメリット

　MS法人を設立するメリットを事業面からみた場合、次のような点が
考えられます。

(1) 医療法人で実施できない事業を行える

　医療法人は、病院、診療所、介護老人保健施設及び介護医療院を開設
するほか、これらの業務に支障のない限り、定款又は寄附行為の定める
ところにより、次に限定された附帯事業を実施することができます（医
療法42）。

---

①看護学校など、医療関係者の養成又は再教育に関する事業

②疾病の研究などを行う医学又は歯学に関する研究所に関する事業

③巡回診療所、常勤医師がいない診療所などの開設

④いわゆる42条施設と言われるメディカルフィットネスなど、厚生労働
　大臣の定める基準に適合する、疾病予防のために有酸素運動を行われ
　る施設の開設

⑤いわゆる42条施設と言われる、厚生労働大臣の定める基準に適合する、
　疾病予防のために温泉を利用させる施設の開設

⑥薬局、歯科技工所、介護職員養成所、一定の労働者派遣など保健衛生
　に関する業務

第1章 ▶ MS法人の概要　35

⑦保育所、老人デイサービスなど社会福祉法に定める一定の事業
⑧有料老人ホームの設置

　ここに定められていない事業を行う場合、医療法人では行えないため、他の組織であるMS法人を設立する必要があります。
　例えば、コンビニエンスストアなど物品販売業を行う場合、その販売所が病院等の建物内にあるなど、患者若しくは職員のための施設であれば、医業付随行為となり医療法人で開設できます。
　しかし、その販売所が外部から出入りできるなど、患者若しくは職員以外の利用も一般的に見込まれる場合は、MS法人で開設せざるを得ません。

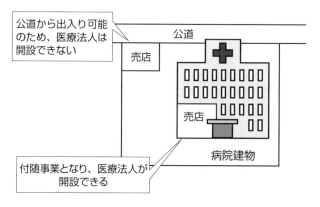

(2) 経営負担の分散が行える

　一般的に、医療施設の院長や医療法人の理事長の業務は、多忙を極めます。
　そこで業務の一部をMS法人に移転させ、医療法人の理事長などの業務を軽減させることが可能です。
　例えば、医療法人が実施している介護事業をMS法人に移転させることによって、当該介護事業に関する、雇用・介護報酬の請求・業者との折衝・職員教育などの業務をMS法人の役員に移転させることができま

す。

(3) 転用可能な不動産を取得できる

医療法人は、原則として不動産賃貸業を行うことはできません。そのため、賃貸する可能性のある不動産をMS法人で取得すれば、外部に貸し付けることができます。

例えば、従業員社宅としてマンションを取得した場合、福利厚生施設として医療法人の役職員のみが利用するものでなければなりません。

しかし、MS法人がマンションを取得した場合、医療法人の従業員社宅として医療法人に貸し付け、さらに従業員社宅として利用しない部分は、外部への貸し付けることが可能です。

(4) 就業規則を分けることができる

医療施設には、医師・看護師・薬剤師などのほかに、介護職員・清掃員・警備員・給食職員・営繕員などたくさんの職種の人が働いています。

また、常時10人以上の労働者を雇用している場合、就業規則を作成し、労働基準監督署に届けなければなりません（労働基準法89）。

就業規則には、始業および終業の時刻、休憩時間、休日、休暇、交替勤務制の場合の就業時転換（交替制）に関する事項、賞与の有無など賃金に関する事項、退職に関する事項などが定められています。

例えば、看護師には賞与の支給が就業規則に定められているのに対し、清掃員には賞与を支給しないことは就業規則が同一ならば認められません。

また、同一労働同一賃金（働き方改革を推進するための関係法律の整備に関する法律）の施行により、正規雇用従業員と非正規雇用従業員の待遇差も認められません。

そこで、病院とMS法人の就業規則を変え、それが安定的な経営につながる場合、MS法人が清掃員を雇用し、清掃業務を提供すれば、清掃員の雇用条件は、医療法人の就業規則に影響されることはありません。

第1章 ▶MS法人の概要 37

2　税務面からみたMS法人設立のメリット

　MS法人を設立するメリットを税務面からみた場合、次のような点が考えられます。

(1) 役員報酬の支給を通じた所得分散

　MS法人の役員に、医療法人の理事長の配偶者や子供が就任し、その役員に報酬を支払うことにより所得の分散と、所得税の節税が行えます。

　例えば、理事長の所得がすでに4,000万円超の場合、それ以上役員報酬を受領しても45％の所得税率が課されますが、配偶者や子供に一定の役員報酬を支払った場合、これらの者が他に所得を有さなければ5％や10％といった、低い所得税率を適用できます。

【所得税の速算表】

課税される所得金額	税率	控除額
195万円以下	5％	0円
195万円を超え　330万円以下	10％	97,500円
330万円を超え　695万円以下	20％	427,500円
695万円を超え　900万円以下	23％	636,000円
900万円を超え　1,800万円以下	33％	1,536,000円
1,800万円を超え4,000万円以下	40％	2,796,000円
4,000万円超	45％	4,796,000円

(2) 交際費の損金算入限度額の増加

　出資金の額が1億円以下の医療法人が交際費を支出した場合、年間800万円の定額控除限度額までは損金算入できますが、これを超える額は損金に算入することができません。

　しかし、MS法人があれば、医療法人の交際費の定額控除限度額のほかにMS法人の定額控除限度額がありますので、法人グループ全体では交際費の損金算入額を増やすことができます。

(3) 役員社宅の取得

個人で自宅を取得しても、住宅ローンの金利や、固定資産税、減価償却費などは必要経費にできません。

しかし、法人が役員社宅を取得した場合、これらの費用を法人の損金とすることができます。

医療法人でも、役員社宅を取得することは可能ですが、一部の都道府県では、理事長への社宅賃貸は改善指導がなされています。

そこで、ＭＳ法人が役員社宅を取得し、役員に社宅を貸し付ける方法が有効になります。

ただし、社宅を借り受けた役員は、次の算式で計算した家賃を支払わなければ、家賃相当額の給与課税がなされます。

【役員社宅の賃料相当額の計算】

1　役員に貸与する社宅が小規模な住宅の場合

①（その年度の建物の固定資産税の課税標準額）×0.2％＋②12円×（その建物の総床面積（㎡）／（3.3㎡））＋③（その年度の敷地の固定資産税の課税標準額）×0.22％

(注)「小規模な住宅」とは

　　建物の耐用年数が30年以下⇒床面積が132㎡以下
　　建物の耐用年数が30年超⇒床面積が99㎡以下

2　役員に貸与する社宅が小規模な住宅でない場合

①自社所有の社宅の場合

　｛(その年度の建物の固定資産税の課税標準額)×12％（建物の耐用年数が30年を超える場合は10％）＋（その年度の敷地の固定資産税の課税標準額）×6％｝÷12

②他から借り受けた住宅等を貸与する場合

　法人が家主に支払う家賃の50％の金額と、上記①で算出した賃貸料相当額とのいずれか多い金額

(4) 軽課法人税率適用額の増加

基本的な法人税率は23.2％ですが、資本金１億円以下の法人の800万円以下の所得に対する税率は15％の軽減税率が適用されます。

医療法人とＭＳ法人の二つの法人に所得を分散することができる場合、医療法人とＭＳ法人のそれぞれの法人で15％の税率を適用することができ、グループ全体では負担すべき法人税が低くなります。

(5) 共同利用設備の少額資産化

30万円未満の少額減価償却資産を取得した場合には、その全額を損金にできます（措法67の５）。この金額の判定は、減価償却資産ごとではなく、取得した法人の取得した資産ごとに判定します。

例えば、医療法人とＭＳ法人が共同して利用するサーバーを50万円で取得した場合、それぞれの法人の取得価額は、30万円未満の25万円ですので、その全額を損金算入することができます。

(6) 消費税の計算

基準期間の課税売上高が1,000万円未満の場合、消費税の納税義務は生じません。

例えば、消費税課税事業者である医療法人が入居する医療施設（ＭＳ法人所有）の家賃が年間1,000万円未満の場合、その家賃を医療法人は仕入税額控除できるのに対し（課税売上げ対応部分）、免税事業者であるＭＳ法人は消費税の納税義務を有しませんので消費税を納める必要はありません。

ただし、令和５年10月１日から導入された適格請求書等保存方式（インボイス制度）により、医療法人が免税事業者のＭＳ法人に支払う家賃等については、原則として医療法人において仕入税額控除を行うことができなくなりました（注）。

(注) インボイス制度導入後は、免税事業者等から行った課税仕入れは原則として仕入税額控除の適用を受けることができません。ただし、制度開始後６年間は、免税事業者等からの課税仕入れについても仕入税額相当額の一定割合を仕入税額として控除できる経過

措置が設けられています。

令和 5 年10月 1 日〜令和 8 年 9 月30日：免税事業者等からの課税仕入れにつき80％控除可能

令和 8 年10月 1 日〜令和11年 9 月30日：免税事業者等からの課税仕入れにつき50％控除可能

　また、医療法人や個人医師は売上げに占める社会保険診療割合が高いため、消費税の課税売上割合が低く、導入した医療機器などにかかる消費税を控除することができない「控除対象外消費税」が生じます。

　控除対象外消費税は、消費税の申告において影響させることはできず、法人税や所得税の計算において、損金や費用とするしかできません。

　しかし、ＭＳ法人が医療機器を取得し、医療法人などにリースによる貸付けを行った場合、ＭＳ法人は課税売上割合が高いことが一般的であることから、控除対象外消費税は生じず、医療機器等にかかる消費税額を、消費税の申告において控除し、消費税申告が有利となる場合があります。

第 1 章 ▶ ＭＳ法人の概要　41

1-6

MS法人を設立する デメリットは何ですか

ポイント
○実体のないMS法人の事業は、そもそも認められない。
○MS法人との取引は同族間取引のため適正性が求められる。

1 MS法人設立のデメリット

MS法人を設立するデメリットには、次のような点が考えられます。

(1) 運営費用の増加

MS法人には、設立に伴う登録免許税などの設立費用や、その後に生じる役員重任登記費用などが必要になります。

また、税務申告に要する税理士の費用や、社会保険手続きに伴う社会保険労務士の費用が生じます。

(2) 従業員への説明

節税を目的としたMS法人と医療法人等が取引をする場合、医療法人等の職員に説明が付きにくい場合がります。

例えば、MS法人への利益移転をするためだけに、職員を転籍させることは、職員の不信感を招き、医業経営上マイナスになることは容易に想定できます。

したがって、昨今では節税目的だけのMS法人を設立している事例は稀であるといえます。

(3) 取引内容の報告

平成29年4月2日以降に開始する医療法人の事業年度から、一定のMS法人との取引は、その内容を主務官庁に報告しなければなりません。

報告により取引内容が適切でない取引が判明した場合、主務官庁から

契約内容の改善を求められることが考えられます。

2　MS法人との取引の適正性

(1) 委託費や管理費を支払っている場合

　医療法人がMS法人に委託費や管理費を支払っている場合、契約内容や対価が適切でなければ、損金に算入することはできないとともに、主務官庁から改善指導を受けることになります。

　委託契約が適切かどうかは、次のような点によりチェックされます。

【委託業務の適正性のチェックリスト】
- □　委託業務の範囲は明確になっているか。
- □　委託業務を行う役職員が、MS法人の役職員として存在しているか。
- □　医療法人にとって、業務を委託する必然性はあるか。
- □　委託料は業務範囲からみて適切で、特別に高い利益を移転させていないか。
- □　委託業務を履行した報告書等は存在しているか。

　例えば、次の図のように、直接医療法人と清掃業者が契約できるところ、伝票だけMS法人を経由するような取引は認められません。

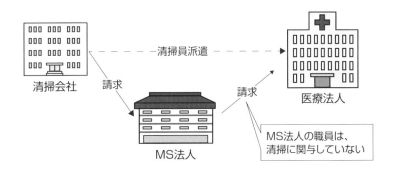

　また、委託費や管理費の額は、同業他社の取引内容と同程度の金額であることが重要です。仮に同業者の取引金額を調べることができない場合は、原価相当額から適正な委託費を算出することが求められます。

【同業者との取引内容との比較を求められた事例（平4.2.20福岡地裁判決）】

　　同業者比準方式により、適正な委託料を算定する場合、原則として、業種、業態、規模等が原告と類似する同業者を選定する必要があることはいうまでもない。

　　しかし、現実にはＡ社のような業務を一括して受託している適切な比準同業者は稀であり、実際、被告の調査した福岡、博多税務署管内には存在しなかったことが認められる。

　　そうすると、このような場合には、次善の方策として、Ａ社の業務実態に着目し、建物管理、給食管理の各取次業及び人材派遣業を営んでいる者について、それらの業務を個別に受託している同業者（以下「個別受託同業者」という。）が、その者の同族関係にない委託者から当該業務の対価として受け取った手数料の額とその原価相当額との割合に比準させる方法により、個々の委託業務ごとに正常な委託料を算出し、これを積算して総体としての適正委託料の額を算定するという個別受託同業者倍率比準方式に依らざるを得ない。

(2) 薬品などを仕入れている場合

　医療法人が、ＭＳ法人から医薬品や医療消耗品を購入している場合、契約内容や対価が適切でなければ、損金に算入することはできないとともに、主務官庁から改善指導を受けることになります。

　購入契約が適切かどうかは、次のような点によりチェックされます。

【購入契約の適正性のチェックリスト】

　□　ＭＳ法人は薬品や医療消耗品を販売する法的資格を有しているか。

　□　問屋からでなくＭＳ法人から仕入れる必然性はあるか。

　□　問屋から納品された際の検品は、ＭＳ法人が行っているか。

　□　ＭＳ法人の役職員は存在しているか。

　□　取引金額は適正で、特別高い利益を移転させていないか。

　□　取引に関する契約書、納品書、請求書が存在しているか。

　例えば次の図のように、薬品問屋が直接医療法人に納入しているとこ

ろ、伝票だけMS法人を経由し、MS法人が納品状況を管理することがないような取引は、MS法人を経由する理由がないため、認められません。

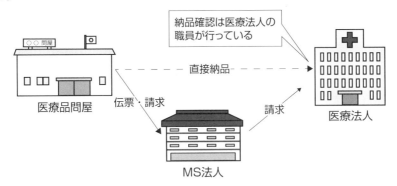

MS法人を経由する理由がある取引とは、次のようなケースが考えられます。

○複数の医療法人グループで医薬品を購入することなどにより購入数量を増やし、購入単価を引き下げている場合。
○定年退職した職員を再雇用するなど、勤務形態が異なる職員に業務を行わせることによって、人件費の抑制を図っている場合。

1－7

MS法人の業務は
法令で定められているのですか

ポイント

○医療法施行令に定める7業種を委託する場合は、基準を満たす確認義務が医療施設管理者にある。
○非常時にも委託業務が遂行できるよう代行保証を求めるべきである。

1 医療法の規定

(1) 法令制限の概要

病院などが、MS法人に業務を委託する場合、医療法に定める基準を順守していることを確認しなければなりません。

これは、医療行為の質が求められるようになった平成4年医療法改正により導入された制度で、病院、診療所又は助産所の管理者は、一定の業務を委託する場合には、医療法施行令に定める基準に適合する者に委託しなければならないものとされました。

具体的には病院、診療所又は助産所の管理者は、医療法施行令に業務を委託しようとする場合には、標準作業書、業務案内書等により当該受託者が基準に適合する者であることを確認した上で、受託者を選定しなければなりません（医療法15の3②）。

(2) 対象となる事業

医療法施行令において、MS法人が基準を満たしているか否かを確認しなければならない事業は、医師若しくは歯科医師の診療若しくは助産師の業務又は患者、妊婦、産婦若しくはじょく婦の入院若しくは入所に著しい影響を与える次の7業種です（医療法施行令4の7）。

46

> ①滅菌消毒、②患者等給食、③患者搬送、④医療機器の保守点検、⑤医療用ガス供給設備の保守点検、⑥寝具類洗濯、⑦院内清掃

　病院を科学的で、かつ、適正な医療を行う場にふさわしいものとすることを目的に、医療法をはじめとする関係法令への適合状況や、法令・通知に基づいた適正な管理を行っているか否かに関して、定期的に立入検査が実施されます。

　主務官庁が実施する医療法に基づく立入検査では、「病院自主管理チェックリスト」を用いることにより、円滑な立入検査の準備が行われています。

　業務委託については、次の点において適切に運営されているかの確認が必要です。

【令和5年度病院自主管理チェックリスト】（抜粋）

3　委託先の監督
委託先に対し必要かつ適切な監督を行っている。
□　個人情報を適切に取り扱っている事業者の選定
□　委託契約書への個人情報の適切な取扱いに関する内容の明示
□　委託終了後の個人データの取扱い
□　再委託先事業者の個人情報の適切な取扱いを確認できるような契約上の配慮
□　受託者が個人情報を適切に取り扱っていることの定期的な確認（再委託先への監督を含む）
□　再委託先が安全管理措置を講じていることの確認

2　清掃業務委託業務の事例

(1) 業務委託の基準

　業務を委託する場合に求められる基準は、その委託業務ごとに医療法施行規則により詳細に定められています。

第1章　▶MS法人の概要　47

ここではその代表例として、清掃業務の委託を説明します。

清掃業務職員は、病院等の職員と勤務形態や昇給テーブルが異なることが多く、病院が直接清掃員を雇用することが労務管理上難しいことも、ＭＳ法人に清掃を委託する理由の一つです。

医療施設の管理者は業務を適正に行える能力のある者に委託しなければならず（医療法15の3②）、清掃業務の委託に関して求められる具体的能力は次のとおりです（医療法施行規則9の15）。

①受託業務の責任者として、施設の清掃に関し相当の知識及び経験を有する者が受託業務を行う場所に置かれていること。

②従事者として、受託業務を行うために必要な知識を有する者が受託業務を行う場所に置かれていること。

③真空掃除機（清潔区域（手術室、集中強化治療室その他の特に清潔を保持する必要のある場所をいう。）の清掃を行う場合にあっては、高性能エアフィルター付き真空掃除機又はこれに代替する機能を有する機器とする。）、床磨き機その他清掃用具一式を有すること。

④次に掲げる事項を記載した標準作業書を常備し、従事者に周知していること。

　　イ　区域ごとの作業方法

　　ロ　清掃用具、消毒薬等の使用及び管理の方法

　　ハ　感染の予防

⑤次に掲げる事項を記載した業務案内書を常備していること。

　　イ　業務内容及び作業方法

　　ロ　清掃用具

　　ハ　業務の管理体制

⑥従事者に対して、適切な研修を実施していること。

なお、通知が想定している清掃は、診察室・手術室・処置室・臨床検査施設・調剤所・消毒施設・給食施設・洗濯施設・分娩室・新生児の入浴施設・病室など、医師若しくは歯科医師の診療若しくは助産師の業務の用又は患者の入院の用に供する施設の清掃を指し、医師などの診療や

患者の入院に供さない施設である、事務室・通所介護施設・空調設備などの清掃はこの規定の対象外です。

(2) 委託者との契約内容

さらに、業務の委託を行うにあたり、厚生労働省の通知を満たす業務及び契約を行う必要があります。具体的な契約の要件は、「病院、診療所等の業務委託について（平成5年2月15日指第14号　厚生省健康政策局指導課長通知）最終改正令和2年8月5日」に定められています。

3　委託業務の代行保証

(1) 代行保証とは

病院などから業務の委託を受けている業者が、地震や水害など不測の事態が発生した場合、他社の援助などを受け、滞りなく受託業務を継続することを確約することが、代行保証です。

委託をしている給食業務が滞ると、患者の療養に影響があり、また委託している清掃やリネン業務が滞ると、医療現場が不衛生になり危険にさらされることになります。そこで、厚生労働省通知では代行保証の確保が望ましいとしています。

また、公的病院の業務委託の仕様書などでも、代行保証は契約の条件とされているケースが多くなっています。

三重県立一志病院患者給食業務委託仕様書
（代行保証）
28　乙は、火災、労働争議、業務停止等の事情によりその業務の全部又は一部の遂行が困難となった場合の保証のためあらかじめ代行者を指定しておくものとする。

代行保証を担保するために、同業他社と相互に非常時の業務援助契約を締結するケースや、同業者団体が加盟している会員の相互扶助として代行保証を行っているケースなどがあります。

第1章　▶ MS法人の概要　　49

【代行保証を求める通知】

> 指　第　14　号
> 平成 5 年 2 月15日
> 【最終改正】医政地発0805第 1 号
> 令和 2 年 8 月 5 日
>
> 各都道府県衛生主管部（局）長 殿
>
> 　　　　　　　　厚生省健康政策局指導課長
>
> 　　　　　病院、診療所等の業務委託について
> 　　　　　　　　　　（中略）
> 4　代行保証
> 　　契約者は、何らかの事情により、受託業務の遂行が困難となった場
> 　合の業務の継続性・安定性を担保することができる体制を整備してお
> 　くこと。

4　委託先の監督

(1) 監督義務

　医療法人は、個人情報を含むデータの取扱い委託する場合は、委託された個人データの安全管理が図られるよう、委託を受けた者に対する必要かつ適切な監督を行わなければなりません（個人情報の保護に関する法律25）。

(2) 業務を委託する場合の留意事項

　業務委託を行う医療法人は、個人情報を適切に取り扱っている事業者を委託先として選定することが望まれます。

　この場合、委託業務内容に応じて個人データの安全管理が確実に実施されることについて、受託者の体制、規程等の確認をすることが推奨されています。

　また、委託契約に個人情報の適切な取扱いに関する内容を盛り込むことが一般的です。

1－7の資料

病院、診療所等の業務委託について

（平成 5 年 2 月15日指第14号　各都道府県衛生主管部（局）長宛　厚生省健康政策局指導課長通知〔最終改正〕医政地発0921第 1 号 令和 4 年 9 月21日）

第一　受託者の選定について
　　　法第15条の 3 第 1 項及び令第 4 条の 7 の各号に掲げられた業務については、一般財団法人医療関連サービス振興会が医療関連サービスマーク制度を設け、一般財団法人医療関連サービス振興会が定める認定基準を満たした者に対して、医療関連サービスマークを交付することとしているところであるが、厚生労働省令で定める基準に適合している者であれば、医療機関等が同サービスマークの交付を受けていないものに委託することは差し支えないものであること。

第二　病院、診療所、保健所、検疫所又は犯罪鑑識施設で行う検体検査の業務について（法第15条の 3 第 1 項第 2 号関係）
　1　受託者の業務の実施方法等
　（1）関係法規の遵守
　　　　受託者は、医療法、医師法及び臨床検査技師等に関する法律を遵守すること。
　（2）受託責任者の業務
　　　　受託責任者は、検査業務を行う施設において常勤し、日常的に行う精度管理を含む検査業務の指導監督及び従事者の労務管理、研修・訓練、健康管理等を行うこと。
　（3）作業日誌及び台帳の作成と保存
　　　　受託者は、規則第 9 条の 8 第 1 項第 8 号及び第 9 号に掲げる各作業日誌及び台帳を作成し、委託元である医療機関から開示の求めがあった場合には、速やかに提示できるように整備しておくとともに、各作業日誌及び台帳は少なくとも 2 年間保存すること。
　　　　なお、電子媒体を利用した保存に当たっては、「民間事業者等が

第1章　▶MS法人の概要　51

行う書面の保存等における情報通信の技術の利用に関する法律等の施行等について」（平成17年3月31日付け医政発第0331009号・薬食発第0331020号・保発第0331005号厚生労働省医政局長・医薬食品局長・保険局長連名通知）を踏まえるとともに、次の①〜③の事項を確保していること。

① 記載事項の故意又は過失による虚偽入力、書き換え、消去及び混同を防止するための措置

② 都道府県知事の請求があった場合等必要に応じて、容易に帳票の出力等、見読可能な状態にできること

③ 保存期間内における復元可能な状態

また、電子媒体を利用して保存することについては、あらかじめ委託元と契約等で同意していることが望ましいこと。

（4）精度管理

受託者は、受託責任者の下に精度管理責任者を中心とした精度管理のための体制を整備すること等により、検査に係る全ての作業を通じて十分な精度管理が行われるよう配慮し、衛生検査所指導要領に準じて内部精度管理を実施すること。

また、施設内の検査業務について、都道府県、公益社団法人日本医師会、一般社団法人日本臨床衛生検査技師会、一般社団法人日本衛生検査所協会等が行う外部精度管理調査に年1回以上参加すること。

なお、検査業務を行う施設において、遺伝子関連・染色体検査の業務を行う場合は、遺伝子関連・染色体検査の精度の確保のため、外部精度管理調査を受け、又は当該施設以外の1以上の遺伝子関連・染色体検査の業務を行う病院、衛生検査所等と連携してそれぞれ保管し、若しくは保有する検体を用いるなどして、遺伝子関連・染色体検査の精度について相互に確認を行うよう努めること。

ただし、血清分離のみを請負う場合にあっては、外部精度管理調査に必ずしも参加する必要はないこと。

（5）再委託

受託者は、受託者が自ら行い得る範囲の検査業務を請負うことが望ましいが、病院又は診療所内の受託施設から検査業務の一部を外部に委託する場合にあっては、当該業務の受託者の名称を契約上明示すること。

2　医療機関の対応
　(1)　医療機関の管理体制
　　　医療機関は、当該業務が適切に行われているか否かの確認及び内部精度管理の実施が適切に行われているか否かの確認を行う必要があるので、業務責任者を選任し、委託した業務の改善等に関して受託責任者と定期的に、また、必要な場合には随時、協議を行わせることが望ましいこと。
　　　なお、業務責任者は、医療機関内で行われる検査業務が適切かつ効率的に実施されるよう統括管理する者とし、検査業務に関して相当の知識及び経験を有する医師、臨床検査技師であること。
　(2)　医療機関と受託者との連携
　　　医療機関は、業務遂行上必要な注意を果たし得るよう、定期的に、また、必要な場合には随時、医療機関と受託者による委託業務の運営のための会合を開催するなど、受託者と十分な連携を図ること。
　(3)　休日・夜間等における検体検査の業務の体制
　　　医療機関は、休日・夜間等の緊急を要する場合には、自ら検体検査の業務を実施できる体制をとる必要があるので、受託者が検査用機械器具・試薬等を所有している場合にあっては、医療機関も使用できるよう、契約により担保すること。

　3　委託契約
　　契約文書については、別紙1のモデル契約書を参考にされたいこと。

　4　代行保証
　　契約者は、何らかの事情により、受託業務の遂行が困難となった場

合の業務の継続性・安定性を担保することができる体制を整備しておくこと。

第三　医療機器等の滅菌消毒の業務について（令第4条の7第1号関係）
　1　受託者の業務の実施方法等
　　(1)　管理体制
　　　　受託責任者は、従事者の資質を向上させ、受託業務を的確かつ安全に行うため、従事者の研修計画を立てるとともに、新規採用の職員については、講習及び実習により、次に掲げる事項を含む十分な研修を行った後で業務を行わせること。
　　　ア　滅菌消毒の意義と効果
　　　イ　感染の予防と主な感染症
　　　ウ　取扱う医療機器等の名称と機能
　　　エ　滅菌消毒機器の名称と使用目的
　　(2)　医療機器等の消毒、洗浄及び包装
　　　ア　消毒が行われる前の医療機器等を仕分する作業に従事する者は、ゴム手袋、マスク、帽子及びガウンなど適切な防護用具を着用するなど、医療機器等からの感染に十分に注意すること。
　　　イ　消毒薬によっては、冷暗所に密封などを行って適切に保存するとともに、開封年月日及び有効期限を確認すること。
　　　ウ　医療機器等の材質ごとに分別して洗浄を行い、すすぎの際は、純水、水道水等の清浄な水で行うこと。
　　　エ　医療機器等は適切に包装してから滅菌すること。
　　(3)　医療機器等の滅菌
　　　ア　滅菌機器が正常に作動していることを確認するため、滅菌時には、滅菌機器内の温度、ガス濃度、圧力等をチェックすること。
　　　イ　滅菌機器内には乾燥させた医療機器等を入れ、滅菌機器の容積一杯に詰め込まないこと。
　　　ウ　エチレンオキシドガス滅菌の実施に当たっては、エアレーションを十分行うなど、医療機器等の安全性の確保及び作業環境の汚

染防止に留意すること。

(4) 滅菌済の確認と表示

ア　化学的又は理学的インジケーターによる滅菌済の確認は、包装ごとにインジケーターを貼付・挿入し、滅菌を実施するごとに行うこと。さらに、インジケーターを包装したモニターパックを作成し、滅菌機器内の蒸気及びガスが通りにくい位置に置くことにより、滅菌機器内での滅菌条件を確認し記録すること。なお、当該インジケーターの変色条件を十分把握した上で確認すること。

イ　生物学的インジケーターによる滅菌済の確認は、滅菌機器ごとに少なくとも週の最初の機器使用時に行うこと。その際は、インジケーターを包装したモニターパックを滅菌器内の蒸気、ガスが通りにくいと考えられる所に数か所置くこと。

ウ　滅菌済の医療機器等には、包装ごとに、滅菌を行った施設の名称、滅菌を行った年月日、滅菌を行った機器及び機器ごとの実施順序が判別できるよう表示すること。

(5) 滅菌済の医療機器等の整理・保管

保管室にみだりに立ち入らないようにするため、その旨を表示すること。また、保管室で作業に当たる者は、専用のガウン、帽子及び靴を着用した上で保管室に入ること。

(6) 運搬

ア　医療機器等の運搬に用いる車両は、月2回以上消毒するなど車内の清潔を確保すること。

ただし、医療機関において使用済の医療機器等の運搬に用いる運搬台車等は、使用の都度消毒を行うなど清潔を確保すること。

イ　医療機器等の運搬は、専用の密閉性、防水性及び耐貫通性の容器（以下「運搬容器」という。）により運搬すること。

ただし、医療機関において滅菌消毒済の医療機器等を運搬する場合であって、滅菌バッグ等を使用することにより医療機器等が清潔に運搬されると認められる場合は、この限りでないこと。

ウ　使用済の医療機器等と滅菌消毒済の医療機器等は別の運搬容器

第1章　▶MS法人の概要　55

に入れ、使用済か滅菌消毒済かを容易に識別できるように運搬容器に表示すること。

エ　感染症患者に使用した医療機器等は、消毒処理が施されていても他のものとは別の運搬容器に入れ、その旨を表示すること。

オ　運搬容器は、使用の都度消毒するなど清潔に保つこと。

カ　医療機関において滅菌消毒業務を行う場合は、交叉感染防止の配慮がなされた回収ルート、運搬ルート及びスケジュール等が確立されていること。

　　また、使用済の医療機器等を回収する作業に従事する者は、ゴム手袋、マスク、帽子及びガウンなど適切な防護用具を着用すること。

(7) 作業日誌等

ア　受取・引渡記録

　　受取・引渡記録には、作業年月日、委託元の名称、取扱い医療機器等の品目と数量及び作業担当者名が記載されていること。

　　ただし、医療機関において滅菌消毒業務を行う場合は、委託元の名称を省略して差し支えないこと。

イ　滅菌業務作業日誌

　　滅菌業務作業日誌には、作業年月日、使用滅菌機器、滅菌開始時刻、委託元別の医療機器等の品目と数量及び作業担当者名が滅菌を行うごとに記載されていること。併せて、滅菌機器内の時間、温度、ガス濃度、圧力等の記録が貼付され、滅菌の確認記録としては、モニターパック内の化学的又は理学的インジケーターが貼付され、生物学的インジケーターによる判定が記載されていること。

　　ただし、医療機関において滅菌消毒業務を行う場合は、委託元の名称を省略して差し支えないこと。

ウ　滅菌消毒機器保守点検作業記録

　　滅菌消毒機器保守点検作業記録には、滅菌消毒機器ごとに、常時及び定期的に行う保守点検作業について、保守点検項目、作業

年月日及び点検開始・終了時刻並びに点検作業者名が記載されているとともに、保守点検業者による保守点検結果が記録されていること。

(8) 従事者の健康管理

労働安全衛生法（昭和47年法律第57号）に基づき定期健康診断を実施するとともに、Ｂ型肝炎ウイルスの検査を新規採用時及び年１回以上行うこと。また、エチレンオキシドガス濃度の作業環境測定は６月以内に１回定期的に行うこと。

2　医療機関の対応

医療機関は、委託する業務に関する最終的責任は医療機関にあるとの認識の下に、滅菌消毒現場の課題を認識し、業務を委託する目的を明確にするとともに、受託者との必要な調整及び受託者に対する必要な指示を行うこと。

3　感染のおそれのある医療機器等の処理

感染症の予防及び感染症の患者に対する医療に関する法律（平成10年法律第114号）第６条第２項から第７項までに規定する感染症の病原体により汚染されている医療機器等（汚染されているおそれのある医療機器等を含む。）以外の感染のおそれがある医療機器等は、医療機関内において感染予防のために必要な処理を行った上で、委託すること。

ただし、医療機関において滅菌消毒業務を行う場合であって、運搬容器による運搬体制及び防護服の着用等による作業体制を確立している場合は、この限りでないこと。

4　委託契約

医療機関が滅菌消毒業務を委託する場合には、その契約内容、医療機関と受託者との業務分担、経費負担及び次に掲げる事項を明確にした契約書を取り交わすこと。

① 受託者に対して、医療機関側から必要な資料の提出を求めること
ができること。

② 受託者が契約書で定めた事項を誠実に履行しないと医療機関が認
めたときその他受託者が適正な滅菌消毒処理を確保する上で支障と
なる行為を行ったときは、契約期間中であっても医療機関側におい
て契約を解除できること。

　なお、契約文書については、別紙２－１又は２－２のモデル契約
書を参考にされたいこと。

第四　患者等の食事の提供の業務について（令第４条の７第３号関係）
１　受託者の業務の一般的な実施方法
　(1)　受託責任者
　　　備えるべき帳票
　　　受託責任者が業務を行う場所に備え、開示できるように整えてお
　くべき帳票は、以下のとおりであること。
　　① 業務の標準作業計画書
　　② 受託業務従事者名簿及び勤務表
　　③ 受託業務日誌
　　④ 受託している業務に関して行政による病院への立入検査の際、
　　　病院が提出を求められる帳票
　　⑤ 調理等の機器の取り扱い要領及び緊急修理案内書
　　⑥ 病院からの指示と、その指示への対応結果を示す帳票
　(2)　従事者の研修
　　　従事者の研修として実施すべき事項である「食中毒と感染症の予
　防に関する基礎知識」の中には、ＨＡＣＣＰに関する基礎知識も含
　まれるものであること。
　　　また、「従事者の日常的な健康の自己管理」の中には、Ａ型肝炎、
　腸管出血性大腸菌等比較的最近見られるようになった食品に起因す
　る疾病の予防方法に関する知識も含まれるものであること。

2　院外調理における衛生管理
（1）衛生面での安全確保

　　食事の運搬方式について、原則として、冷蔵（3℃以下）若しく
　は冷凍（マイナス18℃以下）状態を保つこととされているのは、食
　中毒等、食品に起因する危害の発生を防止するためであること。し
　たがって、運搬時に限らず、調理時から喫食時まで衛生管理には万
　全を期すべく努める必要があること。

（2）調理方式

　　患者等の食事の提供の業務（以下「患者給食業務」という。）を
　病院外の調理加工施設を使用して行う場合の調理方式としては、
　クックチル、クックフリーズ、クックサーブ及び真空調理（真空パッ
　ク）の4方式があること。

　　なお、院外調理による患者給食業務を行う場合にあっては、常温
　（10℃以上、60℃未満）での運搬は衛生面での不安が払拭できない
　ことから、クックチル、クックフリーズ又は真空調理（真空パック）
　が原則であり、クックサーブを行う場合には、調理加工施設が病院
　に近接していることが原則であるが、この場合にあってもＨＡＣＣ
　Ｐの考え方を取り入れた適切な衛生管理が行われている必要がある
　こと。

　ア　クックチル

　　　クックチルとは、食材を加熱調理後、冷水又は冷風により急速
　　冷却（90分以内に中心温度3℃以下まで冷却）を行い、冷蔵（3℃
　　以下）により運搬、保管し、提供時に再加熱（中心温度75℃以上
　　で1分間以上）して提供することを前提とした調理方法又はこれ
　　と同等以上の衛生管理の配慮がされた調理方法であること。

　イ　クックフリーズ

　　　クックフリーズとは、食材を加熱調理後、急速に冷凍し、冷凍
　　（マイナス18℃以下）により運搬、保管のうえ、提供時に再加熱（中
　　心温度75℃以上で1分間以上）して提供することを前提とした調
　　理方法又はこれと同等以上の衛生管理の配慮がなされた調理方法

第1章　▶ＭＳ法人の概要　｜　59

であること。

　ウ　クックサーブ

　　クックサーブとは、食材を加熱調理後、冷凍又は冷蔵せずに運搬し、速やかに提供することを前提とした調理方法であること。

　エ　真空調理（真空パック）

　　真空調理（真空パック）とは、食材を真空包装のうえ低温にて加熱調理後、急速に冷却又は冷凍して、冷蔵又は冷凍により運搬、保管し、提供時に再加熱（中心温度75℃以上で１分間以上）して提供することを前提とした調理方法又はこれと同等以上の衛生管理の配慮がなされた調理方法であること。

(3)　ＨＡＣＣＰの概念に基づく衛生管理

　ア　ＨＡＣＣＰ

　　ＨＡＣＣＰ（危害要因分析重要管理点）とは、衛生管理を行うための手法であり、事業者自らが食品の製造（調理）工程で衛生上の危害の発生するおそれのあるすべての工程を特定し、必要な安全対策を重点的に講じることをいうものであること。

　イ　ＨＡＣＣＰによる適切な衛生管理の実施

　　患者給食業務においては、院外調理に限らず、常に適切な衛生管理が行われている必要があるが、患者給食の特殊性に鑑み、特に大量調理を行う場合については、食中毒の大量発生等を危惧されることから、より厳密な衛生管理が求められるものであること。このため、院外調理においては、ＨＡＣＣＰの考え方を取り入れた衛生管理の徹底が重要であること。

　　ＨＡＣＣＰの考え方を取り入れた衛生管理を行うに当たっては、「大規模食中毒対策等について」（平成９年３月24日付け衛食第85号生活衛生局長通知）が従来示されているところであり、これに留意する必要があるが、前記通知に定められた重要管理事項以外に、危害要因分析の結果、重要管理点を必要に応じて定め、必要な衛生管理を行うこと。

　　なお、院外調理に限らず、病院内の給食施設を用いて調理を行

う従前の業務形態においても、ＨＡＣＣＰの考え方を取り入れた衛生管理を実施する必要があることに留意されたいこと。

ウ　標準作業書

　適切な衛生管理の実施を図るためには、標準作業書はＨＡＣＣＰの考え方を取り入れて作成されたものであること。

(4) 食事の運搬及び保管方法

ア　食品の保存

　運搬及び保管中の食品については、次の①から④の基準により保存すること。

① 　生鮮品、解凍品及び調理加工後に冷蔵した食品については、中心温度３℃以下で保存すること。

② 　冷凍された食品については、中心温度マイナス18℃以下の均一な温度で保存すること。なお、運搬途中における３℃以内の変動は差し支えないものとすること。

③ 　調理加工された食品は、冷蔵（３℃以下）又は冷凍（マイナス18℃以下）状態で保存することが原則であるが、中心温度が65℃以上に保たれている場合には、この限りではないこと。ただし、この場合には調理終了後から喫食までの時間が２時間を超えてはならないこと。

④ 　常温での保存が可能な食品については、製造者はあらかじめ保存すべき温度を定め、その温度で保存すること。

イ　包装

　十分に保護するような包装がなされていない限り、食品を汚染させる可能性があるもの又は衛生上影響を与える可能性があるものと共に食品を保管又は運搬してはならないこと。

ウ　容器及び器具

　食品の運搬に用いる容器及び器具は清潔なものを用いること。容器の内面は、食品に悪影響を与えないよう仕上げられており、平滑かつ洗浄消毒が容易な構造であること。

　また、食品を損傷又は汚染するおそれのあるものの運搬に使用

した容器及び器具は、十分に洗浄消毒しない限り用いてはならないこと。

　　エ　車両

　　　食品の運搬に用いる車両は、清潔なものであって、運搬中の全期間を通じて各食品ごとに規定された温度で維持できる設備が備えられていること。また、冷却に氷を使用している場合にあっては、その氷から解けた水が食品に接触しないよう排水装置が設けられていること。

3　病院の対応

　(1)　担当者

　　　病院は、患者等の食事の提供が治療の一環であり、患者の栄養管理が医学的管理の基礎であることを踏まえた上で、当該業務の重要性を認識し、かつ専門技術を備えた者を担当者に選定し、業務の円滑な運営のために受託責任者と随時協議させる必要があること。

　(2)　献立表の確認

　　　献立表の作成を委託する場合にあっては、病院の担当者は、受託責任者に献立表作成基準を明示するとともに、作成された献立表が基準を満たしていることを確認すること。

4　病院との契約

　(1)　契約書

　　　契約書に記載すべき事項については、各病院における個別の事情に応じて、最も適切な内容とすることとし、全国あるいは都道府県ごとに一律に契約事項を定める必要はないことに留意すること。

　(2)　業務案内書の提示

　　　患者給食業務を行う者は業務案内書を整備し、患者給食業務に関して、病院に対して、契約を締結する前に提示するものとすること。

第五　患者等の搬送の業務について（令第4条の7第4号関係）

1　受託者の業務の実施方法等

(1) 主治医との連携

　　主治医に対して、搬送用自動車の構造及び積載資器材、従事者の資質等業務の内容を十分に説明し、主治医の判断に基づき患者等の状態に応じた適切な搬送用自動車及び積載資器材並びに同乗者により業務を行うこと。また、搬送途上において、患者等の容態が悪化した場合は主治医に適切に報告し、主治医の判断にしたがって最寄りの医療機関に搬送するなど、患者等に対して適切な医療上の処置がなされるよう努めること。

(2) 消防機関との連携

　　受託者は、必要に応じ、消防機関と連携を図ること。

(3) 緊急性の高い重篤患者の搬送について

　　受託者については、従事者の知識・技能やその医療関係法上の制限、搬送車の積載資器材等により対応が限定されていること。また、現行制度下では道路交通法上の緊急自動車として認められていないことなどから、重篤な患者であって緊急の医学的処置又は手術が必要と主治医により判断された患者の搬送を行うことは好ましくなく、病院が自ら行うなど適切に対処すること。

(4) 長距離搬送のための体制整備

　　長距離の搬送を請負う場合には、搬送途上での緊急事態に対応できるよう、出発地の医師の同乗を求めること。また、医師が同乗しない場合には、事前に搬送経路に立地する医療機関との間で、搬送車への医師の同乗や患者の受入れ等についての連携体制を確立した上で業務を行うこと。また、長距離の搬送を請負う場合の搬送用自動車及びこれに積載する資器材は、出発地からの医師の同乗の有無にかかわらず医師の同乗を前提としたものとすること。

(5) 作業記録

　　受託者は、次に掲げる作業記録を作成すること。

① 搬送記録

第1章　▶MS法人の概要　63

② 搬送用自動車・積載資器材の保守点検記録

(6) 人員に関する事項

消防機関から「患者等搬送乗務員適任証」の交付を受けている者は、規則第9条の11第2号の「受託業務を行うために必要な知識及び技能を有する者」に該当すること。

(7) 構造・設備に関する事項

ア 規則第9条の11 第4号イに規定する積載資器材は、搬送用自動車ごとに積載されていること。

イ 医師が同乗する場合には、主治医の判断に基づいて患者の状態に応じた積載資器材を積載すること。このため、受託者は、規則第9条の11 第4号ロに規定する積載資器材を少なくとも一組有すること。

ウ 消防機関から「患者等搬送用自動車認定マーク」の交付を受けている自動車は、規則第9条の11 第3号のうち、イ、ロ、ニ及びホの要件を満たすこと。

(8) 従事者の研修に関する事項

「患者等搬送事業指導基準等の作成について」（平成元年10 月4日付け消防救第116 号消防庁救急救助課長通知）に定める定期講習は、規則第9条の11 第7号の「適切な研修」に該当すること。

2 医療機関の対応

医療機関は、当該業務を委託するに際しては、受託者の有する搬送用自動車、積載資器材等について確認するとともに、患者の状態に応じた適切な搬送車、積載資器材及び付き添いのために同乗する者並びに医師の同乗の必要性について、受託者に指示すること。

また、感染のおそれのある患者の搬送を委託する場合にあっては、受託者の業務終了後の消毒の方法等について指示すること。

第六 医療機器の保守点検について（令第4条の7第5号関係）

1 研修について

(1) 研修の対象者

　　規則第9条の12第5号に規定される従事者に対する研修の対象者には、受託責任者も含まれるものであること。ただし、受託責任者ではない従事者に対する研修と受託責任者に対する研修とは、その内容は異なるものであることに留意すること。

(2) 研修の内容

　　従事者に対する研修は、医療機器の保守点検の業務を適切に行うために必要な知識及び技能の修得又は向上を目的として行われるものであり、次に掲げる事項を含むものであること。

① 医療機関の社会的役割と組織

② 医療機器の保守点検に関する保健、医療、福祉及び保険の制度

③ 医療機器の原理及び構造（危険物又は有害物を使用する医療機器については、当該危険物又は有害物の取扱方法を含む。）

④ 高圧ガス保安法（昭和26年法律第204号）、放射性同位元素等による放射線障害の防止に関する法律（昭和32年法律第167号）等安全管理関係法規

⑤ 保守点検の方法

⑥ 緊急時の対応

　　また、患者の居宅等において、当該業務を行う場合には、次に掲げる事項に関する知識及び技能も含む研修であること。

① 在宅酸素療法等在宅医療に関する保健、医療、福祉及び保険の制度

② 患者、家族等との対応の方法

③ 在宅酸素療法等在宅療法の意義

(3) 医療機器の区分による研修の実施

　　従事者に対する研修は、医薬品、医療機器等の品質、有効性及び安全性の確保に関する法律施行規則（昭和36年厚生省令第1号）第181条及び同規則別表第2に基づき、「薬事法及び採血及び供血あっせん業取締法の一部を改正する法律等の施行に伴う医療機器修理業に係る運用等について（通知)」（平成17年3月31日付薬食機発第

0331004号厚生労働省医薬食品局審査管理課医療機器審査管理室長通知）によって示された修理区分の例にならい、第1区分から第9区分の区分ごとに行うものとすること。ただし、患者の居宅等においてのみ当該業務を行う場合には、この限りではないこと。

なお、第5区分（光学機器関連）のうち歯科用レーザー治療器については、保守点検に限り、第7区分（歯科用機器関連）に分類して取り扱って差し支えないものとすること。

2　医療機関との契約
（1）契約書
契約書に記載すべき事項については、各医療機関における個別の事情に応じて、最も適切な内容とすることとし、全国あるいは各都道府県毎に一律に契約事項を定める必要はないことに留意すること。
（2）業務案内書の提示
保守点検業者は業務案内書を整備し、医療機器の保守点検業務に関して、医療機関等に対して、契約を締結する前に提示するものとすること。

第七　医療の用に供するガスの供給設備の保守点検の業務について（令第4条の7第6号関係）
1　受託者の業務の実施方法等
（1）受託者の業務の実施方法
受託者は、「医療ガスの安全管理について」（平成29年9月6日付け医政発0906第3号厚生労働省医政局長通知）の別添2「医療ガス設備の保守点検指針」にしたがって、保守点検の業務を行うこと。
（2）従事者の研修に関する事項
公益財団法人医療機器センターが行う医療ガス安全管理者講習会は、規則第9条の13第6号の「適切な研修」に該当すること。

2　委託契約

　　契約文書については、別紙3のモデル契約書を参考にされたいこと。

第八　患者等の寝具類の洗濯の業務について（令第4条の7第6号関係）
　1　受託者の業務の実施方法

　　　受託者の洗濯施設は、規則第9条の14等に定めるところによるほか、別添1に定める衛生基準を満たすものであること。

　2　医療機関の対応
　　(1) 病院は、医療法第21条に規定する洗濯施設として少なくとも感染症の予防及び感染症の患者に対する医療に関する法律第6条第2項から第5項まで又は第7項に規定する感染症の病原体（以下「一類感染症等の病原体」という。）により汚染されているもの（汚染されているおそれのあるものを含む。以下同じ。）を処理することができる施設を有しなければならないこと。
　　(2) なお、診療用放射性同位元素により汚染されているものについては、規則に規定する診療用放射性同位元素により汚染されたものに関する規定により取り扱うこと。

　3　感染の危険のある寝具類の取扱い
　　(1) 感染の危険のある寝具類に係る消毒方法については、次によること。
　　　ア　一類感染症等の病原体により汚染されているものについては、感染症の予防及び感染症の患者に対する医療に関する法律第29条の規定に基づいて定められた消毒方法によること。
　　　イ　ア以外の感染の危険のある寝具類については、別添2に定める消毒方法によること。
　　(2) 感染の危険のある寝具類については、その洗濯を外部委託することができるものであっても、やむを得ない場合を除き、これに係る消毒は病院内の施設で行うこと（例外的に消毒前の寝具類の洗濯を

第1章　▶MS法人の概要　　67

外部委託する場合には、感染の危険のある旨を表示した上で、密閉した容器に収めて持ち出すなど他へ感染するおそれのないよう取り扱うこと。）。

4　委託契約

病院が受託洗濯施設との間で寝具類の洗濯の外部委託に関する契約を締結する場合には、その契約内容を明確にした契約文書を取り交わすこと。なお、契約文書については、別紙4のモデル契約書を参考にされたいこと。

5　継続的な業務の遂行

受託洗濯施設が天災等により一時的にその業務の遂行が困難となる事態に備え、寝具類の洗濯の業務が滞ることのないよう必要な措置を講じておくことが望ましいこと。なお、この措置としては、複数の事業者又は複数の洗濯施設を有する事業者と業務委託契約を結ぶこと、あらかじめ代行業者を定めて代行契約を結ぶこと等が考えられること。

第九　施設の清掃の業務について（令第4条の7第7号関係）
1　受託者の業務の実施方法等
（1）受託責任者の職務

受託責任者は、業務が円滑に行われるよう従事者に対する指導監督を行うとともに、定期的な点検を行い、その結果を医療機関に報告すること。また、医療機関側の責任者と随時協議を行うこと。
（2）作業計画の作成

受託責任者は、業務が円滑に実施されるよう、契約内容に基づき、医療機関の指示に対応した作業計画を作成すること。
（3）清掃の方法

従事者は、清掃用具や消毒薬等の薬液を適切に使用・管理し、業務を行うこと。なお、清掃用具は区域ごとに区別して使用すること

が望ましいこと。また、消毒に使用するタオル、モップ等は清掃用のものと区別し、適切に使用・管理すること。

(4) 清潔区域の清掃及び消毒の方法

清潔区域の清掃業務に当たっては、入室時の手洗い、入退室時のガウンテクニックの適切な実施、無影燈、空調吹き出し口及び吸い込み口の清掃並びに消毒、高性能エアフィルター付き真空掃除機を使用した業務の実施等、区域の特性に留意した方法により行うこと。

(5) 特定感染症患者の病室の清掃の方法

感染症の予防及び感染症の患者に対する医療に関する法律等により定められた特定の感染症患者の病室の清掃及び消毒業務を行う場合には、退室時の手洗い、入退室時のガウンテクニック、汚物などの適切な取り扱いなどにより、感染源の拡散を防止すること。

(6) 感染性廃棄物の取扱い

廃棄物の処理及び清掃に関する法律（昭和45 年法律第137号）に基づいて感染性廃棄物を取り扱うこと。

(7) 作業記録等の業務関係帳票

受託者は、作業の実施状況を記録し、また、医療機関から開示の求めがあった場合には提示することができるよう、作業記録などの業務関係帳票を備え、2 年間保管すること。

(8) 再委託

受託業務のうち、日常的な清掃業務は再委託してはならないこと。日常的な清掃業務以外の業務を再委託する場合には、医療機関から直接業務を受託した者が、医療機関との関係において当該業務に対する最終的責任を負うものであること。また、再委託先の名称、業務内容について、医療機関に対して事前に十分な説明を行い、その了解を得ること。

2 　医療機関の対応

(1) 業務責任者の選任

医療機関は、業務が円滑に実施されるよう管理するために必要な

第1章 ▶MS法人の概要 　69

知識と経験を有する責任者（以下「業務責任者」という。）を選任すること。また、委託契約に当たっては、業務責任者の意見を反映させること。

(2) 業務責任者の職務

業務責任者は、業務が適切に実施されるために必要な事項や受託業務に従事する者の安全を確保するために必要な事項などを受託者側の受託責任者に指示するとともに、事故発生時には適切に対応すること。

また、業務責任者は、業務が円滑に実施されるよう、受託責任者と随時協議すること。さらに、医療機関の職員が従事者に対して指示をする場合は、原則として業務責任者を介して行うこと。

(3) 連携体制

医療機関は、業務改善のための方策などを検討するため、受託責任者を含めた会合を定期的に開催するなど、受託者との連携を図ること。

(4) 業務環境の整備

医療機関は、従事者の控室、清掃用具の保管場所、従事者の作業衣や清掃用具の洗濯場所を確保するなどにより、従事者が業務を適切に実施するための環境を整備することが望ましいこと。

3　委託契約

契約文書については、別紙5のモデル契約書を参考にされたいこと。

4　代行保証

医療機関の特殊性から、業務が継続的に実施される必要があるため、日常的な業務を受託する場合、受託者は不測の事態に備えた代行保証を確保することが望ましいこと。

第十　その他

次に掲げる通知は、平成5年3月31日付けをもって廃止する。

① 医療機関における消毒・滅菌業務の委託について（平成2年8月13日付け指第39号厚生省健康政策局指導課長通知）

② 在宅酸素療法における酸素供給装置の保守点検業務の委託について（平成3年4月22日付け指第32号厚生省健康政策局指導課長通知）

（別添1）

病院寝具類の受託洗濯施設に関する衛生基準

第1　目的

　　この基準は、病院における寝具類（以下「寝具類」という。）の洗濯を受託する洗濯施設たるクリーニング所（以下「クリーニング所」という。）が遵守すべき管理のあり方等を定め、もって寝具類の洗濯における衛生の確保及び向上を図ることを目的とする。

第2　管理

1　クリーニング師の役割

　(1)　クリーニング業法に基づき必ず設置することとされているクリーニング師は、公衆衛生及び寝具類の洗濯処理に関する専門知識等を有する者であり、クリーニング所の衛生管理を行う上での実質的な責任者となるものであること。

　(2)　クリーニング師は、前記の趣旨を十分認識し、以下に掲げる施設、設備及び器具の衛生管理、寝具類の消毒、洗濯等の適正な処理等について常に指導的な立場からこれに関与し、クリーニングに関する衛生の確保、改善及び向上に努めること。

2　施設、設備及び器具の管理

　(1)　クリーニング所内は、毎日清掃し、その清潔保持に努め、必要に応じ補修を行い、衛生上支障のないようにすること。

　(2)　クリーニング所内は、細菌の汚染程度により、①汚染作業区域（受取場、選別場、消毒場）、②準汚染作業区域（洗い場、乾燥場等）、

第1章　▶MS法人の概要　71

③清潔作業区域（仕上場、引渡場等）に分け、従業員が各区域を認識しうるようにすること。

(3) クリーニング所内は、ねずみ、昆虫が生息しないようにすること。

(4) クリーニング所内は、採光及び照明を十分にすること（照明器具は、少なくとも年2回以上清掃するとともに、常に適正な照度が維持されるようにすること。）。

(5) クリーニング所内は、換気を十分にすること。

(6) クリーニング所内外は、常に排水が良く行われるようにすること。

(7) 消毒、洗濯、脱水、乾燥、プレス及び給湯に係る機械又は器具類は、常に保守点検を行い、適正に使用できるように整備しておくこと。

(8) 消毒、洗濯、脱水、乾燥及びプレスに係る機械又は器具類、作業台、運搬・集配容器等で寝具類が接触する部分（仕上の終わった寝具類の格納設備又は容器を除く。）については、毎日業務終了後に洗浄又は清掃し、仕上の終わった寝具類の格納設備又は容器については、少なくとも一週間に1回以上清掃すること。また、これらについては、適宜消毒を行うこと。

(9) ドライクリーニング処理用の洗濯機等は、有機溶剤の漏出がないよう常に点検し、使用中もその漏出の有無について十分留意すること。

(10) プレス機、馬（アイロン仕上げに用いる下ごて）等の被布は、清潔な白布を使用し適宜取り替えること。

(11) 作業に伴って生じる繊維くず等の廃棄物は、専用容器に入れ、適正に処理すること。

(12) 清掃用具は、専用の場所に保管すること。

(13) 消毒前の寝具類を受け取る場合には、消毒を行うまでの間、感染の危険のある旨を表示した容器に密閉して収納しておくこと。この場合において、当該容器は、消毒前の寝具類のみを収納する専用の容器であること。

(14) 営業者（管理人を含む。以下同じ。）又はクリーニング師は、毎

日クリーニング所の施設、設備及び器具の衛生全般について点検管理すること。

3 寝具類の管理及び処理
(1) 寝具類は、病院における消毒の有無及び感染の危険度に応じ適正に選別すること。
(2) 寝具類は、病院において消毒されたものを除き、以下の方法により適切に消毒を行うこと。
　① 　感染の危険のある寝具類については、(1) による選別後速やかに他の物と区分の上、本通知別添2の消毒方法により消毒を行うこと。
　② 　①以外のものについては、次のいずれかの方法によること。
　　ア 　本通知別添2に定める消毒方法（ただし、洗濯がこれと同様の効果を有する方法によって行われる場合は、消毒しなくてもよい。）
　　イ 　洗濯において消毒効果のある塩素剤を使用する方法
　　（ア）洗濯は、適量の洗剤を使用して、60℃～70℃の適量の温湯中で10分間以上本洗を行い、換水後、遊離塩素が約250ppm を保つよう塩素剤を添加の上、同様の方法で再度本洗を行うこと。
　　（イ）すすぎは、清浄な水を用いて、初回は約60℃の温湯中で約5分間行い、2回目以降常温水中で約3分間4回以上繰返して行うこと。この場合各回ごとに換水すること。
　　ウ 　洗濯において消毒効果のある四塩化（パークロル）エチレンを使用する方法
　　　四塩化（パークロル）エチレンに5分間以上浸し洗濯した後四塩化エチレンを含む状態で50℃以上に保たせ10分間以上乾燥させるか、又は、四塩化（パークロル）エチレンで12分間以上洗濯すること。
(3) 寝具類の洗濯にあたっては、①感染の危険度の低い物から順に洗

濯するなど適切な配慮を行うこと、②繊維の種類及び汚れの程度等に応じた適切な洗濯方法により行うこと、③ランドリー処理を行う場合には、適切に洗剤及び薬剤（漂白剤、酸素剤、助剤等）を選定して適量使用し、処理工程及び処理時間を適正に調整すること、④ドライクリーニング処理を行う場合には、適切に選定した有機溶剤に水、洗剤等を適量に混合したものを使用し、処理時間及び温度等を適正に調整すること。

(4) ランドリー処理における寝具類のすすぎは、清浄な水を使用して少なくとも3回以上行うこと。また、この場合、すすぎの水の入替えは、完全排水を行った後に行うこと。

(5) 寝具類のしみ抜き作業は、繊維の種類、しみの種類・程度等に応じた適当な薬剤を選定し、しみ抜き場等所定の場所で行うこと。

(6) 寝具類の処理に使用した消毒剤、有機溶剤、洗剤等が仕上げの終わった寝具類に残留することがないようにすること。

(7) 仕上げの終わった寝具類は、包装するか、又は格納設備に収納し、汚染することのないよう衛生的に取り扱うこと。

(8) 営業者又はクリーニング師は、クリーニング所における寝具類の処理及び取扱いが衛生上適切に行われているかどうかを常に確認し、その衛生確保に努めること。

4　消毒剤及び洗剤等の管理

(1) 消毒剤、洗剤、有機溶剤、しみ抜き薬剤等は、それぞれ分類して表示し、所定の保管庫又は戸棚等に保管すること。

(2) ランドリー処理において使用する水は、清浄なものであること。

(3) ドライクリーニング処理において使用する有機溶剤は、清浄なものとし、有機溶剤の清浄化のために使用されているフィルター等については、適宜新しいものに交換し、常に清浄な溶剤が得られるようにすること。

　また、ドライクリーニング処理を行う場合には、洗浄効果を高めるため、溶剤中の洗剤濃度及び溶剤相対湿度を常に点検し、適正な

濃度及び湿度の維持に努めること。
　(4) 営業者又はクリーニング師は、各種の消毒剤、洗剤、有機溶剤、しみ抜き薬剤等の特性及び適正な使用方法について従事者に十分理解させ、その保管及び取扱いを適正にさせること。

5　従事者の管理
　(1) 受託者は、常に従事者の健康管理に注意し、従事者が感染の危険のある疾患に感染したときは、当該従事者を作業に従事させないこと。
　(2) 受託者は、従事者又はその同居者が一類感染症等患者又はその疑いのある者である場合は、当該従事者が治癒又はり患していないことが判明するまでは、作業に従事させないこと。
　(3) 従事者は、感染の危険のある疾患に感染し、又はその疑いがある場合には、受託者又はクリーニング師にその旨を報告し、指示に従うこと。
　(4) 受託者又はクリーニング師は、施設、設備及び器具の衛生管理、寝具類の消毒、洗濯物の適正な処理並びに消毒剤、洗剤、有機溶剤、しみ抜き薬剤等の適正な使用等について常に従事者の教育及び指導に努めること。
　(5) 従事者は、移動による感染を予防するため、第二の2の(2)に掲げる各作業区域間移動に際しては、手洗い及び消毒を確実に行い、また、その移動回数は必要最小限にとどめること。

第3　自主管理体制
　1　受託者は、施設設備及び寝具類の管理等に係る具体的な衛生管理要領を作成し、従事者に周知徹底させること。

　2　受託者は、営業施設ごとに施設、設備及び寝具類を管理し、寝具類の処理及び取扱いを適正に行うための自主管理体制を整備し、クリーニング師及びその他の適当な者にこれらの衛生管理を行わせること。

3　クリーニング師等は、受託者の指示に従い、責任をもって衛生管理に努めること。

（別添2）

感染症の予防及び感染症の患者に対する医療に関する法律第6条第2項から第5項まで又は第7項に規定する感染症の病原体により汚染されているもの以外の感染の危険のある寝具類に関する消毒方法

◎　次に示す方法のうち、各寝具類の汚染状況及び材質等からみて適切な消毒効果のあるものを選択して用いること。

1　理学的方法
（1）蒸気による消毒
　　蒸気滅菌器等を使用し、100℃以上の湿熱に10分間以上作用させること。
　　ただし、肝炎ウイルス及び有芽胞菌（破傷風菌、ガス壊疽菌等）により汚染されているもの（汚染されているおそれのあるものを含む。）については、120℃以上の湿熱に20分間以上作用させること。
（注）1　温度計により器内の温度を確認すること。
　　　2　大量の洗濯物を同時に消毒する場合は、すべての洗濯物が湿熱に十分触れないことがあるので留意すること。
（2）熱湯による消毒
　　80℃以上の熱湯に10分間以上浸すこと。
（注）1　温度計により温度を確認すること。
　　　2　熱湯に大量の洗濯物を浸す場合は、湯の温度が低下することがあるので留意すること。

2　化学的方法
（1）塩素剤による消毒

さらし粉、次亜塩素酸ナトリウム等を使用し、その遊離塩素250ppm以上の水溶液中に、30℃で5分間以上浸すこと（この場合、終末遊離塩素が100ppmを下らないこと。）。

(注)　汚れの程度の著しい洗濯物の場合は、終末遊離塩素濃度が極端に低下することがあるので留意すること。

(2) 界面活性剤による消毒

逆性石けん液、両性界面活性剤等の殺菌効果のある界面活性剤を使用し、その適正希釈水溶液中に30℃以上で30分間以上浸すこと。

(注)　洗濯したものを消毒する場合は、十分すすぎを行ってからでないと消毒効果がないことがあるので留意すること。

(3) クロールヘキシジンによる消毒

クロールヘキシジンの適正希釈水溶液中に30℃以上で30分間以上浸すこと。

(注) 塩素剤とクロールヘキシジンを併用すると、褐染することがあるので留意すること。

(4) ガスによる消毒

① ホルムアルデヒドガスによる消毒

あらかじめ真空にした装置に容積1立方メートルにつきホルムアルデヒド6g以上及び水40g以上を同時に蒸発させ、密閉したまま60℃以上で7時間以上触れさせること。

② エチレンオキシドガスによる消毒

あらかじめ真空にした装置にエチレンオキシドガスと不活化ガス（炭酸ガス、フロンガス等）を混合したものを注入し、大気圧下で50℃以上で4時間以上作用させるか、又は1kg／㎠まで加圧し50℃以上で1時間30分以上作用させること。

③ オゾンガスによる消毒

あらかじめ真空にした装置にオゾンガスを注入し、ＣＴ値6000pm・min以上作用させること。

また、「感染の危険のある寝具類におけるオゾンガス消毒について」（平成19年3月30日付医政経発第0330002号厚生労働省医政

第1章 ▶ MS法人の概要　77

局経済課長通知）を遵守すること。

（注）1　ガスによる消毒を行う場合には、ガスが寝具類に残留した
り、作業所内の空気を汚染することがないよう換気に細心の
注意を払うとともに、引火性があるので火気に注意すること。

2　大量の洗濯物を同時に消毒する場合は、すべての洗濯物が
ガスに十分触れないことがあるので注意すること。

（5）過酢酸による消毒

過酢酸濃度150ppm以上の水溶液中に60℃以上で10分間以上、又
は過酢酸濃度250ppm以上の水溶液中に50℃以上で10分間以上浸す
こと。

（注）過酢酸の原液は強い刺激臭や腐食性があるので留意すること。

第2章

MS法人の
ガバナンス

2 - 1

MS法人の法人形態には
どのようなものが考えられますか

ポイント

○株式会社が一般的だが、一般社団法人も検討すべきである。
○NPO法人は、事業内容が限定される。

1 法人格の種別の概要

MS法人の法人格としては株式会社が一般的ですが、そのほか一般社団法人、特定非営利活動法人（NPO法人）なども考えられます。

【法人格の違い一覧表】

	株式会社	一般社団法人	NPO法人
根拠法	会社法	一般社団法人及び一般財団法人に関する法律	特定非営利活動促進法
事業目的	原則として自由		特定非営利活動が主目的
法人税課税	全所得法人税課税	全所得法人税課税（非営利型法人は収益事業課税）	収益事業のみ法人税課税
最低数役員	取締役1名以上	理事1名以上	理事3人以上監事1人以上
最高意思決定機関	株主総会	社員総会	総会

2　株式会社を選択する場合

　ＭＳ法人の法人格は、株式会社を選択するケースが一般的です。

　株式会社は、法人税や相続税について原則として特別の軽減がない代わりに、簡単に設立することができます。

　また、非同族者を代表取締役を就任させることによって、オーナーは法人の登記事項証明書に出てこないことから、実質経営者の秘匿性が高いという面もあります。

　この場合、オーナーは役員に就任しませんので原則として役員報酬を受けることはできませんが、株主として配当を受けることによって利益の分配を受けられます。

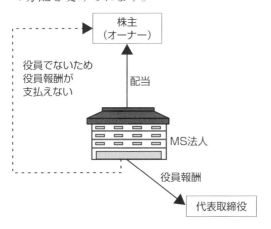

3　一般社団法人を選択する場合

　ＭＳ法人の法人格に、一般社団法人を選択するケースもあります。

　同族の一般社団法人は、株式会社とほぼ同様の法人税課税を受けますが、役員構成や決議方法を、同族の株式会社と同様に運用することがで

第2章　▶ＭＳ法人のガバナンス　｜　81

きます。

　一般社団法人は、株式会社と同様に、定款認証を経て簡単に設立することができ、公益的な事業の実施などは求められません。

　これまで、一般社団法人の組織体を使ってMS法人を運営する理由の一つに、一般社団法人の財産に対して、相続税が課されないという点がありました。

　しかし、平成30年4月以後の理事の相続から、同族の一般社団法人の理事を、相続などにより親族に承継させた場合は、一般社団法人の財産に対して相続税が課される場合があります。

　具体的には、一般社団法人のうち、特定一般社団法人等に該当する法人の理事である者が死亡した場合に、特定一般社団法人が、被相続人から遺贈により財産を取得したとみなされ相続税が課されます。

　また、相続開始の時のみでなく、相続開始前5年以内のいずれかの時において、特定一般社団法人の理事であった者の相続の際にも、相続税が課されます。

　遺贈により取得した財産と見なされる額は、「特定一般社団法人純資産額÷同族理事数（被相続人を含む）」です。

【特定一般社団法人の要件】

> 　次のいずれかに該当する、一般社団法人
> (1) 相続開始の直前における同族理事数の総理事数に占める割合が2分の1を超えること。
> (2) 相続開始前5年以内において、同族理事数の総理事数に占める割合が2分の1を超える期間の合計が3年以上であること。

　親族の理事が複数いる一般社団法人の場合、法人の純資産額を超える

額に相続税が課される可能性はありますが、持分のない一般社団法人の特性から、親族間で簡単に法人の経営者を変更できる優位性は変わりませんので、相続税が課される可能性があっても、MS法人の組織体として利用する選択肢に引き続きなり得ることに変わりはないでしょう。

なお、株式会社はオーナーが役員報酬や配当を通じて、MS法人の利益の移転を受けることが可能であるのに対し、一般社団法人は持分がないため配当を行えず、役員報酬のほかにはMS法人の利益を受けることは困難です。

また、複数のMS法人を経営していた場合において、それらの法人が株式会社の場合ならば、合併により法人を集約させることができますが、一般社団法人と株式会社を合併させることはできません。

4　NPO法人を選択する場合

MS法人の法人格に、特定非営利活動法人（NPO法人）を選択するケースがまれにあります。

非営利活動法人（NPO法人）は利益を計上してはならないのではなく、配当などを通じて利益を分配してはならないだけですので、MS法人としても使える法人格といえます。

NPO法人を選択する理由は、公益的な法人のイメージが作りやすい点と、出資が存在していないことから、NPO法人の財産に相続税が課されない点でしょう。

NPO法人を設立するには、所轄庁から設立の「認証」を受けることが必要です。

NPO法人は、20分野に該当する活動に関して、不特定かつ多数のも

のの利益に寄与することを目的とします。

MS法人の場合、保健、医療又は福祉の増進を図る活動を目的として、NPO法人格を使ったMS法人を設立することが一般的です。

ただし、株式会社や一般社団法人は、1〜2名をもって設立できるのに対し、10人以上の社員（議決権を持つ会員）が必要になります。

【特定非営利活動の種類】

① 保健、医療又は福祉の増進を図る活動
② 社会教育の推進を図る活動
③ まちづくりの推進を図る活動
④ 観光の振興を図る活動
⑤ 農山漁村又は中山間地域の振興を図る活動
⑥ 学術、文化、芸術又はスポーツの振興を図る活動
⑦ 環境の保全を図る活動
⑧ 災害救援活動
⑨ 地域安全活動
⑩ 人権の擁護又は平和の推進を図る活動
⑪ 国際協力の活動
⑫ 男女共同参画社会の形成の促進を図る活動
⑬ 子どもの健全育成を図る活動
⑭ 情報化社会の発展を図る活動
⑮ 科学技術の振興を図る活動
⑯ 経済活動の活性化を図る活動
⑰ 職業能力の開発又は雇用機会の拡充を支援する活動
⑱ 消費者の保護を図る活動
⑲ 前各号に掲げる活動を行う団体の運営又は活動に関する連絡、助言又は援助の活動
⑳ 前各号に掲げる活動に準ずる活動として都道府県又は指定都市の条例で定める活動

【介護事業を行うＮＰＯ法人定款例】

（目的）

第●条　この法人は、要介護状態の者が尊厳を保持し、その有する能力に応じ自立した日常生活を営むことができるよう、必要な福祉を提供することを目的とする。

（特定非営利活動の種類）

第●条　この法人は、前条の目的を達成するため、次に挙げる種類の特定非営利活動を行う。

(1) 保健、医療又は福祉の増進を図る活動

(2) 職業能力の開発又は雇用機会の拡充を支援する活動

(3) これらの活動を行う団体の運営又は活動に関する連絡、助言又は援助の活動

（事業）

第●条　この法人は、第３条の目的を達成するため、次の事業を行う。

(1) 介護保険法に基づく居宅サービス事業

(2) 介護保険法に基づく介護予防サービス事業

(3) 介護保険法に基づく居宅介護支援事業

2－2

医療法人とMS法人の
役員は兼務が認められますか

ポイント

○医療法人の役員とMS法人の役職員の兼務は、原則として認められない。
○MS法人の規模が小さい場合は兼務に関する例外規定がある。

1 役員兼務の禁止の原則

(1) 概要

　営利を目的として診療所、病院などを開設することは認められず（医療法7⑥）、また医療法人が配当という営利行為を行うことも禁止されています（医療法54）。

　さらに医療法人の役員が、当該医療機関の開設・経営上利害関係のある営利法人等の役職員を兼務している場合は、医療機関の開設・経営に影響を与えることがないことが求められます（「医療機関の開設者の確認及び非営利性の確認について」（平成5年2月3日付厚生省健康政策局総務課長・指導課長連名通知、最終改正平成24年3月30日））。

　以前は、医療法人と営利法人の役職員の兼務は都道府県により運用が異なり、兼務を全く認めない例や、商取引がある場合は認めない、取引が適正であれば兼務を認めるなど、兼務が禁止されている範囲は明確ではありませんでした。

　例えば、営利法人の代表取締役と医療法人の理事長の兼務を禁止する指導を行う県があったのに対し、営利法人の役員全員が、医療法人の役員の親族であってはならないと指導する県があるなど、地域によってローカルルールが存在していましたが、厚生労働省は統一的な基準を示

してきませんでした。

そこで、平成23年4月8日に閣議決定された「規制・制度改革に係る方針」で医療法人と他の法人の役職員の兼務について、問題ないと考えられる範囲の明確化を図ることとされ、役員の兼務適否についての統一的な基準の制定が待ったなしとされたところです。

厚生労働省は、各都道府県と政令指定都市に役員の兼務禁止の指導状況を確認する手続きを経た後、統一的な基準を作成しました。

【厚生労働省　第21回社会保障審議会資料（平成23年9月22日）】

医療法人の役員と営利法人の役職員の兼務について

現状と課題

【現状】
- ○ 兼務に当たっては、医療機関の開設・経営に影響を与えることがないものとしている。
- ○ 都道府県における運用例として、「商取引がある場合は兼務を認めない」、「取引内容が適正であれば兼務を認める」などがある。
- ○ また、営利法人から出資を受けている場合は、「兼務を認めない」とする例が多い。
- ○ 兼務を認める場合であっても、「全役員の過半数を超えない」との要件を定めている例がある。

【課題】
- ○ 開設時に確認しても、継続的に確認することが難しい。
- ○ 医療法人の役員変更の場合、事後に届け出る仕組みがあるが、法人の内部手続を経て変更されているため、問題が判明しても指導が難しい。

今後の取扱いについて

地域によるバラツキの是正や指導の透明性を確保するため、医療法人の役員と営利法人の役職員との兼務について、例えば以下のとおりとすることについてどう考えるか。
- ○ 取引関係がある場合は、原則として認めないが、やむを得ない場合などにあっては、その取引が適正であることを条件として兼務を認める。
- ○ 医療法人が出資を受けている場合にあっては、兼務を認めない。
- ○ 医療法人が融資を受けている場合にあっては、事業再生の場合などに限り、兼務を認める。その場合、全役員の過半数を超えないなどの条件を付ける。

(2) 兼務禁止の原則

医療法人の役員等と営利法人の役職員の兼務は、次の場合認められません。

○個人開設している医療施設の開設者と営利法人の役員の兼務

○個人開設している医療施設の開設者と営利法人の職員の兼務

第2章　▶MS法人のガバナンス　87

○医療施設の管理者（一般的に院長）と営利法人の役員の兼務

○医療施設の管理者（一般的に院長）と営利法人の職員の兼務

○医療法人の役員と、営利法人の役員の兼務

○医療法人の役員と、営利法人の職員の兼務

医療法人の役員と営利法人の役職員の兼務について
（医政総発0330第4号　ほか平成24年3月30日）（抄）

③　開設者である個人及び当該医療機関の管理者については、原則として当該医療機関の開設・経営上利害関係にある営利法人等の役職員を兼務していないこと。

④　開設者である法人の役員については、原則として当該医療機関の開設・経営上利害関係にある営利法人等の役職員を兼務していないこと。

---

2 役員兼務の禁止の例外

医療法人の役員と営利法人の役職員の兼務が禁止されているのは、営利法人が実質的に医療機関を支配するなどにより、営利を目的として医療施設を開設するのと同様の状況を回避するためです。

したがって、その取引が少額であるなど、医療法人などの非営利性が担保されているならば、役員等の兼務を認めてもいいのではないかとの考え方から、次の場合には、医療法人の役員と営利法人の役職員の兼務は認められます。

（1）少額取引等の例外

医療法人等と営利法人の取引が少額な場合は、医療法人の役員と、営利法人の役職員の兼務は認められます。

少額な取引とは例えば、新聞店との新聞定期購読料などが例示されています（医療法人の役員と営利法人の役職員の兼務に関するQ＆A）。

そのほか、どの代理店で加入しても保険料に大きく差異がない損害保険契約の代理店を営むMS法人と医療法人の取引なども、少額取引の範囲に入る場合があると考えられます。

(2) 個人病院の院長と営利法人とが不動産を賃貸する場合の例外

　医療機関の非営利性に影響を与えることがなく、次のいずれにも該当する取引を締結している場合ならば、個人病院の院長と営利法人の役職員は兼務することができます。

ア　営利法人等から医療機関が必要とする土地又は建物を賃借する取引

イ　営利法人等の規模が小さいことにより役職員を第三者に変更することが直ちには困難であること

ウ　契約の内容が妥当であると認められること

(3) 医療法人と営利法人等が適切な取引を行う場合の例外

　医療機関の非営利性に影響を与えることがなく、医療法人の理事の過半数が、営利法人の役職員でない次のいずれかの場合には、医療法人の役員と営利法人の役職員の兼務が認められます。

① 　物品購入・賃貸・役務提供の場合

ア　営利法人等から物品の購入若しくは賃貸又は役務提供に関する取引であること

イ　医療法人の理事長が、営利法人の役職員でないこと

ウ　営利法人等の規模が小さいことにより役職員を第三者に変更することが直ちには困難であること

エ　契約の内容が妥当であると認められること

② 　不動産賃借の場合

ア　営利法人等から法人が必要とする土地又は建物を賃借する取引であること

イ　営利法人等の規模が小さいことにより役職員を第三者に変更することが直ちには困難であること

ウ　契約の内容が妥当であると認められること

③ 　再生手続き中の場合

ア　株式会社企業再生支援機構法又は株式会社東日本大震災事業者再生支援機構法に基づき支援を受ける場合

イ　両機構等から事業の再生に関する専門家の派遣を受ける場合であること

ウ　医療法人の理事長が、営利法人の役職員でないこと

3　兼務において注意すべき点

(1) 営利法人の規模

前述 2 (2) (3) において、営利法人等の規模が小さいことにより役職員を第三者に変更することが直ちには困難な場合には、医療法人の役員等と営利法人の役職員の兼務を認められます。

営利法人の規模が小さいことの具体的な水準については、おおむね常時使用する従業員の数が20人以下（商業又はサービス業を主たる事業とする場合には5人以下）が該当すると例示されています。

(2) 社員との兼務

社団形式の医療法人の機関には、理事・監事のほか、社員がいます。医療法人の役員には社員は含まれませんので、ＭＳ法人の役員と社員の兼務であれば可能でないかとの考えがあります。

しかし、社員やその親族が営利法人等の役職員を兼務することにより、開設者が実質的に医療機関の開設・経営の責任主体でなくなるおそれがある場合、営利を目的とした医療と認定されますので、程度の過ぎる契約は問題があると考えます。

(3) 主務官庁の指導

前述 2 (2) (3) において、医療法人の役員と営利法人の役職員の兼務が認められる場合を例示しました。

しかし、一部の主務官庁においては、引き続き医療法人の役員と営利法人の役職員の兼務をすべて認めないという指導が行われています。

これは、医療法人は非営利性を追求しなければならないという理由からであり、「医療法人運営管理指導要綱」に、医療法人と関係のある特定の営利法人の役員が理事長に就任したり、役員として参画していること

とは、適当でないとされていることが、指導の根拠として用いられているようです。

２－２の資料

【 改 正 後 全 文 】

平 成 5 年 2 月 3 日

総 第 5 号

指 第 9 号

最終改正 医政総発0330第 4 号

医政指発0330第 4 号

平 成 24 年 3 月 30 日

各都道府県衛生主管部（局）長 殿

厚生省健康政策局総務課長

厚生省健康政策局指導課長

医療機関の開設者の確認及び非営利性の確認について

医療法第 7 条及び第 8 条の規定に基づく医療機関の開設手続きについては、特に、開設者が実質的に医療機関の運営の責任主体たり得ること及び営利を目的とするものでないことを十分確認する必要があり、これまでも昭和62年 6 月26日総第26号指第20号健康政策局総務課長・指導課長連名通知（以下「昭和62年通知」という。）により、ご配意いただいているところであるが、今般、医療法に基づく病院の開設・経営に当たって、開設者が実質的に病院の開設・経営の責任主体でなくなっていたにもかかわらず病院の廃止届を提出せず、当該病院が開設者以外の者により開設・経営されていたという事例が明らかになった。

これは医療法の根幹に関わることであり、これらの事態は、開設許可時

第2章 ▶ MS法人のガバナンス 91

においても十分な審査と適切な指導を行うことにより、未然に防止できる事例も少なくないと考えられるので、今後かかることのないよう、開設許可時の審査に当たって、開設申請者が実質的に開設・経営等の責任主体たり得ないおそれがある場合及び非営利性につき疑義が生じた場合の確認事項、または、開設後に開設・経営等につき同様の疑義が生じ、特別な検査を必要とする場合の検査内容を、左記のとおり定めたので、開設許可の審査及び開設後の医療機関に対する検査にあたり十分留意の上厳正に対処されたい。

なお、昭和62年通知は廃止する。

記

第一　開設許可の審査に当たっての確認事項

　　医療機関の開設許可の審査に際し、開設申請者が実質的に医療機関の開設・経営の責任主体たり得るか及び営利を目的とするものでないか否かを審査するに当たっては、開設主体、設立目的、運営方針、資金計画等を総合的に勘案するとともに、以下の事項を十分に確認した上で判断すること。

　　なお、審査に当たっては、開設申請者からの説明聴取だけでなく、事実が判断できる資料の収集に努めること。

　1　医療機関の開設者に関する確認事項

　（1）医療法第7条に定める開設者とは、医療機関の開設・経営の責任主体であり、原則として営利を目的としない法人又は医師（歯科医業にあっては歯科医師。以下同じ。）である個人であること。

　（2）開設・経営の責任主体とは次の内容を包括的に具備するものであること。

　　①　開設者が、当該医療機関を開設・経営する意思を有していること。

　　②　開設者が、他の第三者を雇用主とする雇用関係（雇用契約の有無に関わらず実質的に同様な状態にあることが明らかなものを含

む。）にないこと。

③　開設者である個人及び当該医療機関の管理者については、原則
として当該医療機関の開設・経営上利害関係にある営利法人等の
役職員を兼務していないこと。

　　ただし、次の場合であって、かつ医療機関の非営利性に影響を
与えることがないものであるときは、例外として取り扱うことが
できることとする。また、営利法人等との取引額が少額である場
合も同様とする。

・　営利法人等から医療機関が必要とする土地又は建物を賃借
する商取引がある場合であって、営利法人等の規模が小さいこ
とにより役職員を第三者に変更することが直ちには困難である
こと、契約の内容が妥当であると認められることのいずれも満
たす場合

④　開設者である法人の役員については、原則として当該医療機関
の開設・経営上利害関係にある営利法人等の役職員を兼務してい
ないこと。

　　ただし、次の場合（開設者である法人の役員（監事を除く。）
の過半数を超える場合を除く。）であって、かつ医療機関の非営
利性に影響を与えることがないものであるときは、例外として取
り扱うことができることとする。また、営利法人等との取引額が
少額である場合も同様とする。

ア　営利法人等から物品の購入若しくは賃貸又は役務の提供の商
取引がある場合であって、開設者である法人の代表者でないこ
と、営利法人等の規模が小さいことにより役職員を第三者に変
更することが直ちには困難であること、契約の内容が妥当であ
ると認められることのいずれも満たす場合

イ　営利法人等から法人が必要とする土地又は建物を賃借する商
取引がある場合であって、営利法人等の規模が小さいことによ
り役職員を第三者に変更することが直ちには困難であること、
契約の内容が妥当であると認められることのいずれも満たす場

合

　ウ　株式会社企業再生支援機構法又は株式会社東日本大震災事業
　　　者再生支援機構法に基づき支援を受ける場合であって、両機構
　　　等から事業の再生に関する専門家の派遣を受ける場合（ただし、
　　　開設者である法人の代表者とならないこと。）

⑤　開設者が、当該医療機関の人事権（職員の任免権）及び職員の
　　基本的な労働条件の決定権などの権限を掌握していること。
　　　ただし、当該医療機関の幹部職員に定款、内部規程等の規定に
　　より権限を委任している場合はこの限りではない。

⑥　開設者が、当該医療機関の収益・資産・資本の帰属主体及び損
　　失・負債の責任主体であること。
　　　なお、医療機関が必要とする土地、建物又は設備を他の第三者
　　から借りる場合においては、
　ア　当該土地及び建物については、賃貸借登記をすることが望ま
　　　しい（病院に限る。また、設備は除く。以下同じ。）。
　イ　貸借契約書は適正になされ、借料の額、契約期間等の契約内
　　　容（建物が未完成等の理由で契約未締結の場合は、契約予定の
　　　内容）が適正であること。
　ウ　借料が医療機関の収入の一定割合とするものでないこと。

（中略）

2　非営利性に関する確認事項等
（1）医療機関の開設主体が営利を目的とする法人でないこと。
　　ただし、専ら当該法人の職員の福利厚生を目的とする場合はこの限
　　りでないこと。
（2）医療機関の運営上生じる剰余金を役職員や第三者に配分しないこ
　　と。
（3）医療法人の場合は、法令により認められているものを除き、収益
　　事業を経営していないこと。
（4）営利法人が福利厚生を目的とする病院の開設許可を行う場合及び
　　医師でない個人に対し病院の開設許可を行う場合は、事前に当職ま

で協議すること。

第二　特別な検査を必要とする場合の検査内容

1　開設者が実質的に医療機関の開設・経営の責任主体たり得ること及び営利を目的とするものでないことにつき疑義が呈された病院で貴職が必要と認めた場合については、立入検査の際、前記第一に記載された事項（貴職が検査を不要と判断した事項を除く。）について検査すること。

なお、この検査権限は開設主体に係るものであることに留意するとともに、立入検査を実施する場合は、事前に当職まで対象病院について報告すること。

2　医療法人が病院の開設者であることにつき疑義が呈され、貴職が必要と認めた場合は、その疑義の内容を特定し、遅滞なく医療法第63条に基づく立入検査を実施すべきものであることを付記する。

【医療法人運営管理指導要綱（抜粋）】

項目	運営管理指導要綱	備考
Ⅰ　組織運営 2　役員 （3）適格性	1　自然人であること。 2　欠格事由に該当していないこと。（選任時だけでなく、在任期間中においても同様である。）	・医療法人と関係のある特定の営利法人の役員が理事長に就任したり、役員として参画していることは、非営利性という観点から適当でないこと。

第2章 ▶ MS法人のガバナンス　95

2 - 3

株式会社の機関設計はどのように考えますか

ポイント

○株式会社は、取締役の人数により機関設計が異なる。
○株式の譲渡制限を設ける株式会社が一般的である。

1　株式会社の機関

(1) 概要

　株式会社には、株主総会、取締役、取締役会、監査役、会計監査人等様々な意思決定体があり、これを「機関」といいます。

　株式会社を設立するにあたり、どのような機関を設けるかは重要な判断事項となります。

(2) 機関の種類

① 株主総会

　株式会社の最高意思決定機関で、役員の選任など重要な事項を決定する機関です。株主総会には、年1回決算の承認などを行う定時総会と、必要に応じて随時開催される臨時総会があります（会社法296）。

② 取締役

　株式会社の業務執行を行う機関で、自然人が就任します。

③ 取締役会

　3人以上の取締役によって構成され、代表取締役の選任をはじめ重要な業務について意思決定を行う機関です。取締役会を設けることは任意であり、取締役会を設置しない株式会社は、株主総会で意思決定を行います。

④ 監査役

　取締役の職務執行や会社の業務を監査する機関であり、会社の規模が小さい場合は、その設置は任意です。

⑤ そのほかの機関

　そのほか、3人以上の監査役で構成する監査役会、指名委員会・監査委員会・報酬委員会からなる委員会、監査法人又は公認会計士が就任する会計監査人、計算書類を共同して作成する税理士が就任する会計参与などがあります。

(3) 機関設計の実務

　機関設計は43のパターンがありますが、比較的小規模の組織体であるMS法人には、次の機関設計を選択することが多いと考えられます。

【旧有限会社型】

【取締役会設置会社】

　小規模の機関設計を意図するときは【旧有限会社型】が、多数の親族に役員報酬を支払い、所得分散を図る場合は【取締役会設置会社】が想定できます。

2　株式の譲渡制限

(1) 概要

　株式会社は、その発行する全部又は一部の株式について、譲渡による株式の取得について発行株式会社の承認を要する旨を定款に定めることが可能です（会社法2⑰）。

　譲渡制限株式を譲渡するに際し、発行会社の承認を受けるには、原則として取締役会の決議が必要です。また、取締役会の設置がない会社は

株主総会の決議が必要です。

(2) 定款の記載

譲渡制限を定款に定める場合は、次のような条項を定めます。

第○条（株式の譲渡制限）

当会社の発行する株式の譲渡による取得については、取締役の承認を受けなければならない。ただし、当会社の株主に譲渡する場合は、承認をしたものとみなす。

譲渡制限会社であることは、登記がなされますので、法人の登記簿謄本を確認すればその内容がわかります。

【取締役会を設置していない会社の登記簿謄本例】

商　号	第一電器株式会社
本　店	東京都中央区京橋一丁目1番1号
公告をする方法	官報に掲載してする
会社成立の年月日	令和5年10月1日
目　的	1　家庭電器用品の製造及び販売 2　家具、什器類の製造及び販売 3　光学機器の販売 4　前各号に附帯する一切の事業
発行可能株式総数	400株
発行済株式の総数並びに種類及び数	発行済株式の総数 　　200株
資本金の額	金300万円
株式の譲渡制限に関する規定	当会社の株式を譲渡により取得するには、当会社の承認を要する。
株券を発行する旨の定め	当会社の株式については、株券を発行する。
役員に関する事項	取締役　　　　甲　野　太　郎
	東京都大田区東蒲田二丁目3番1号 代表取締役　　甲　野　太　郎
存続期間	会社成立の日から満50年
登記記録に関する事項	設立 　　　　　　　　　　　令和5年10月1日登記

3 株主総会の決議

(1) 概要

株主総会では、株主が議決権を行使し、決算承認や取締役の選任解任、定款変更や組織変更など重要な決議を行います。

年1回以上開催される株主総会は、株主が意思決定する機会を設けるため、招集及び開催手続きが必要ですが、議決権を行使できる株主の全員が書面又は電磁的記録により提案内容に同意をした場合、株主総会を開催せず議案を可決できる、いわゆる書面決議が可能です（会社法319①）。

(2) 取締役会非設置の場合の決議

取締役3人以上と監査役1人以上選任し、取締役会を設置した機関設計を選択した会社は、

○代表取締役の選定及び解職

○株主総会の招集・日時及び場所・議題・議案などの決定

○譲渡制限付き株式の承認、譲渡の相手方の指定

などが取締役会で議決されます。

取締役会の設置がない会社は、これら決議のほか、決算の承認など重要な事項もすべて株主総会で決議されます。

取締役会の設置がない会社の株主総会は、万能の意思決定機関といえます。

(3) 取締役の人数

取締役会を設置する会社は、取締役3人以上を株主総会で選任し、その選任された取締役の中から、取締役会で代表取締役を選任します。

しかし、取締役会を設置しない会社は、取締役が1名以上いれば足り、監査役設置は不要です。

取締役が1名の場合はその者が、当然に代表取締役になります。

第2章 ▶ MS法人のガバナンス

2-4

一般社団法人の特徴は
どのようなものですか

ポイント

○登記だけで設立できる一般社団法人は、事業承継手法として検討すべきである。

○一般社団法人の財産に相続税が課されることがある。

1 一般社団法人の概要

(1) 設立

　一般社団法人とは、剰余金の分配を目的としない社団組織の法人で、「一般社団法人及び一般財団法人に関する法律」に基づき、定款の認証と登記によって法人格を取得できます。

　一般社団法人の事業は、公序良俗に反しない限り制限はなく、公益事業を行わず、利益の追求も可能です。

　一般社団法人は、株式会社の株式のように、特定の者が財産権を有することはないので、一般社団法人の経営権を生前に子が引き継ぎ、一般社団法人の財産を子が管理しても、贈与税等の課税はなされません。

　「一般社団法人及び一般財団法人に関する法律」には、一般「社団」法人のほかに一般「財団」法人が定められていますが、一般「社団」法人は設立時に2名の社員（うち1名は理事兼務）で設立できるのに対し、一般「財団」法人は評議員3名、理事3名、監事1名の最低7名の人員が必要なことから、一般「財団」法人をMS法人として利用する例は少ないと考えられます。

(2) 株式会社との比較

　一般社団法人は、小さな株式会社と同じような組織設計ができ、株式

会社と一般社団法人を比較すると、次のようになります。

	株式会社	一般社団法人
役員人数	取締役1名以上	理事1名以上
役員選任機関	株主総会	社員総会
設立手続き	定款認証＋登記	定款認証＋登記
設立時拠出	資本金が必要	必須でない
解散時の残余財産	株主帰属	社員総会の決議による
法人税課税範囲	全所得課税	同族型は全所得課税 非営利徹底型は収益事業課税

(3) 法人税課税の範囲

　一般社団法人は、同族法人型の全所得課税法人と、非営利型の収益事業課税法人がありますが、ＭＳ法人として設立する場合は同族法人型の一般社団法人が一般的です。

　同族法人型の一般社団法人は、経営者の私的支配が行えることから、株式会社と法人税課税を異にする理由がなく、株式会社と同様にすべての所得に対して法人税課税がなされます。ただし、次のような点は株式会社と異なるので、注意が必要です。

	株式会社	全所得課税一般社団法人
交際費損金算入限度額	資本金額1億円以下の場合、年間800万円以下は損金算入	純資産額の60％を資本金額とみなし、当該60％の額が1億円以下の場合、年間800万円以下は損金算入
寄附金損金算入額	一般寄附金損金算入限度額は、資本金等の額の0.0625％と所得金額の0.625％の合計	一般寄附金損金算入限度額は、資本金等の額の定額控除はなく、所得金額の1.25％
中小法人の判定	資本金の額が1億円以下	従業員の数が1,000人以下

第2章　▶ＭＳ法人のガバナンス　101

設立初年度の消費税納税義務	資本金の額が1,000万円以上の場合納税義務	消費税の納税義務は生じない
事業税の外形標準課税	資本金額が1億円超の場合該当	資本金額がないので該当しない
留保金課税	資本金額が1億円超の場合該当することがある	会社でないので該当しない
法人住民税の均等割額	資本金等の額に応じた額	最低額（東京都特別区の場合：7万円）
特定同族会社の事業用宅地の評価特例	適用することが可能	資本がないので、資本50％保有要件に該当せず適用できない

2 一般社団法人の機関

(1) 社員の設置

　一般社団法人には、最高意思決定機関である社員総会が存在し、その構成員を社員といいます。

　社員は、決算の承認、重要な取引の承認などのほか、理事の選任権を有します。

　社団法人は社員が共同して設立する組織のため、設立時には2名以上の社員が必要ですが、設立後に社員が1名となることは認められています。

　また、社員がいなくなった場合は、社員の欠亡により当然に解散します。

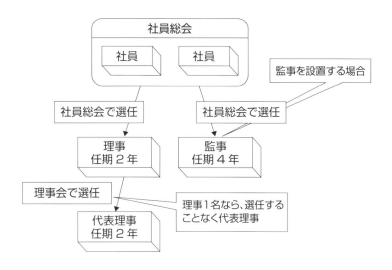

(2) 理事の設置

　一般社団法人は、業務執行役である理事を、1名以上設置しなければなりません。

　理事が1名の場合、その者が当然に一般社団法人の代表権を有する代表社員となります。

　また、理事会の設置は強制でないことから、たとえ理事が複数いても、理事会を設けないことが可能です。

(3) 監事の設置

　一般社団法人は、業務執行の監督役である監事を設置することは任意です。

　最小限の人数で一般社団法人を設計する場合、理事と社員を兼務させるならば、社員と理事を兼務した者の1名で機関設計が可能です。

《設立時の最小組織構成》

| 社員　理事　兼務1名 | ＋ | 社員1名 | の合計2名

《設立後の最小組織構成》

| 社員　理事　兼務1名 | の合計1名

3　一般社団法人の相続税課税

(1) 概要

　一般社団法人は、社員等から出捐により金銭や物品の寄附を受けた財産を設立時の財産とすることがありますが、出捐者と一般社団法人との間に、資本関係は有していません。

　したがって、社員等出捐者は一般社団法人から財産を受ける権利を有していないため、社員等は一般社団法人から財産的価値を受けません。これは、出資とその対価として株式交付を受ける株主と株式会社との関係とまったく異なります。

【出捐と持分の考え方】

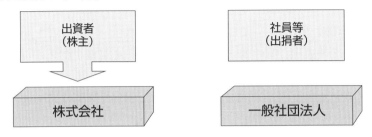

　同族で支配している一般社団法人に対して財産を寄附した場合は、一般社団法人の所得として、受贈益が認識され法人税が課されます。

　また、一般社団法人を個人とみなして計算した贈与税から、法人税を控除した額の贈与税額が課されます。

　この贈与税課税を受けないためには、次の要件を満たす必要がありますが、同族支配をしている一般社団法人は要件を満たせず、財産の寄附を受けた場合には、贈与税課税がなされるケースが一般的です。

【法人運営組織が適正であることの要件(相令33③)】

◆運営組織が適正であり、定款等において役員等のうち親族等の数がそれぞれの役員等の数のうちに占める割合がいずれも3分の1以下とする旨の定めがあること

◆財産を贈与もしくは遺贈した者等又はその親族等に対し、財産の運用や事業運営に関し特別の利益を与えないこと

◆定款等において、法人が解散した場合にその残余財産が国等に帰属する旨の定めがあること

◆法律に違反する事実、仮装隠蔽等をしている事実その他公益に反する事実がないこと

(2) 一般社団法人の財産に対する相続税課税

株式会社の場合、株式会社の財産は株主が間接的に有しているため、株式の評価に対して相続税が課されます。

しかし、一般社団法人の有している財産は、特定の者に当然に帰属しませんので、以前は一般社団法人の財産に相続税は課されませんでした。

しかし、同族性の強い一般社団法人の財産は、理事等が役員報酬などを通じて自由に処分をできるものの、相続税課税がなされないということは、課税のバランスがとれないという理由から、平成30年(2018年)4月以後(既存法人は令和3年(2021年)4月以後)の理事の相続に伴って相続税が課されることとなりました。

① 課税される一般社団法人

次に掲げる要件のいずれかを満たす一般社団法人

1) 相続開始の直前における同族理事数の総理事数に占める割合が2分の1を超える法人。

2) 相続開始前5年以内において、同族理事数の総理事数に占める割合が2分の1を超える期間の合計が3年以上の法人。

② 同族理事の範囲

一般社団法人の理事のうち次の者

> 1）被相続人
> 2）その配偶者又は3親等内の親族その他当該被相続人と特殊の関係がある者
> 3）被相続人が法人役員となっている法人の従業員等

③ 課税対象財産

次の財産の額を被相続人から遺贈により取得したものとみなして、相続税が課されます。

$$\frac{特定一般社団法人の純資産額}{その理事の死亡の時における同族理事の数（被相続人を含みます）} = 遺贈により取得したとみなされる額$$

4 一般社団法人の解散時の残余財産の帰属

(1) 残余財産の帰属

　ＭＳ法人が事業を廃止し解散した場合、債務や退職金などを支払い、それでも残余した財産を誰に帰属させるかという問題があります。

　株式会社が解散した場合の残余財産は、株主に当然に帰属します。

　対して、一般社団法人が解散した場合の残余財産は、社員総会の決議によりその帰属先を決めることが可能です（一般社団法239②）。

　残余財産の帰属を、市町村とすることや関係医療法人とすること、あるいは社員や理事とすることも可能です。

　なお、残余財産を社員に帰属させる定款は無効ですが（一般社団法11②）、社員総会で定めた帰属先が社員となることは認められます。

(2) 残余財産の分配課税

　一般社団法人は持分がないので、残余財産の分配を受けても利益の配

当と言えず、配当所得課税はなされません。

　残余財産の帰属を受けた社員個人は、雑所得又は一時所得による所得税課税がなされるケースが多いと考えられます。

2－5

相続税の納税猶予により
相続税の負担を軽減できますか

ポイント

○相続税の納税猶予により、ＭＳ法人の株式に対する相続税が猶予
　されることがある。
○ＭＳ法人が医療法人の持分を有する場合、医療法人の持分に対す
　る相続税が実質的に猶予される場合がある。

1　相続税の納税猶予

(1) 概要

　ＭＳ法人が株式会社の場合、先代経営者から相続により取得した株式
に対する相続税のうち、一定の要件を充足した場合には相続税の納税が
猶予され、その後、後継者等に相続が生じた場合、猶予された相続税の
免除を受けることが可能です。これを、「非上場株式についての相続税
の納税猶予」といいます。

　平成30年1月から令和9年12月までの10年間の時限措置として、一定
の要件を満たした場合には、納税猶予の対象となる株式が相続又は贈与
を受けた全株式に対して100％の納税猶予が可能です（特例措置）。

(2) 納税猶予の対象となる中小企業者

　非上場株式についての相続税の納税猶予の適用を受けるには、次の要
件を満たしている中小企業であることについて、都道府県知事から「認
定」を受けなければなりません（「中小企業における経営の円滑化に関
する法律」（円滑化法）に基づく認定）。なお、特例措置を受ける場合に
は、事前に「特例承継計画」を都道府県知事に提出し、その「確認」を
受ける必要があります。

108

対象となる会社（認定承継会社）の要件は次のとおりであり、一般的なMS法人は会社要件を充足するケースが多いと考えられます。

　また、総資産の70％を超える賃貸不動産を有している法人は、資産保有型会社に該当するため、不動産賃貸業が主たる事業のMS法人は、対象法人になり得ない場合があります。

●会社の要件

> 1）上場会社でないこと
> 2）中小企業者に該当する会社であること
> 【中小企業者】
>
> | 業種目 | 資本金 | 従業員数 |
> |---|---|---|
> | 製造業その他 | 3億円以下 | 300人以下 |
> | 製造業のうちゴム製品製造業
（自動車又は航空機用タイヤ及びチューブ
　製造業並びに工業用ベルト製造業を除く） | 3億円以下 | 900人以下 |
> | 卸売業 | 1億円以下 | 100人以下 |
> | 小売業 | 5,000万円以下 | 50人以下 |
> | サービス業 | 5,000万円以下 | 100人以下 |
> | サービス業のうちソフトウェア業又は情報
処理サービス業 | 3億円以下 | 300人以下 |
> | サービス業のうち旅館業 | 5,000万円以下 | 200人以下 |
>
> （資本金と従業員数の間に「又は」）
>
> 3）風俗営業会社でないこと
> 4）資産保有型会社、資産運用型会社でないこと
> 【資産管理会社の定義】（措法70の72⑧ロ）
> ○有価証券などの特定の資産の保有割合が総資産の総額の70％以上の会社（資産保有型会社）
> ○特定の資産からの運用収入が総収入金額の75％以上の会社（資産運用型会社）
> 【特定の資産の範囲】（措規23の9十五　円滑化省令1⑫二イからホ）
> ○有価証券（資産保有会社、資産運用会社に該当しない特別子会社株式を除く）
> ○自ら使用していない不動産

第2章　▶MS法人のガバナンス　109

○ゴルフ場その他の施設の利用に関する権利
○絵画、彫刻、工芸品その他の有形の文化的所産である動産、貴金属及び
　宝石
○現金、預貯金その他これらに類する資産、一定の関係者に対する貸付金、
　未収金

（3）対象となる先代経営者

　納税猶予を受けるには、株式を有する者が会社の代表者であったこと
と、主要株主であることが求められます。

　ＭＳ法人の場合、原則として医療法人の役員と兼務が禁止されている
ことから、主要株主である理事長が、ＭＳ法人の代表取締役でなかった
場合があります。

　この場合は、相続税等の納税猶予が受けられませんので、注意が必要
です。

●先代経営者の要件

1）会社の代表権を有していたこと
2）先代経営者及びその親族で50％超の議決権数を有し、かつ筆頭株主で
　あったこと
3）代表者を退任していること（贈与税の納税猶予）

（4）対象となる後継者

　株式を相続や贈与などにより受ける後継者は、次の要件を満たす必要
があり、後継者は親族に限りません。

●後継者の主な要件

1）後継者及びその親族で50％超の議決権数を有し、かつ譲り受けた後継
　者が筆頭株主であること
2）相続開始直前に役員であり、相続開始から5か月後に代表権を有す後
　継者（相続税の納税猶予）
3）18歳以上、かつ3年以上役員であり、贈与時において代表権を有する
　後継者（贈与税の納税猶予）

(5) 納税猶予の手続き

非上場株式についての相続税の納税猶予の適用を受けるための手続きは、相続開始後8か月以内に、会社が都道府県知事に円滑化法の認定申請を行った上で、この特例を受ける旨を記載した相続税の申告書を相続開始後10か月以内に提出しなければなりません。

また、申告と併せて非上場株式等納税猶予税額及び利子税の額に見合う担保を提供する必要もあります。

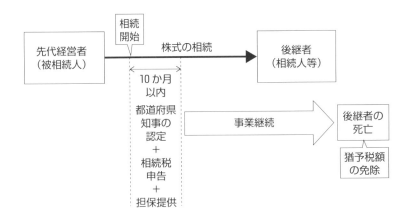

2 相続税の納税猶予税額の計算

(1) 納税が猶予される相続税額

次の①から②を差し引いた相続税額の納税が猶予されます。
① 経営承継相続人等が取得した相続財産が、納税猶予の適用を受ける非上場株式のみであると仮定した経営承継相続人等の相続税額
② 経営承継相続人等が取得した相続財産が、納税猶予の適用を受ける非上場株式の20％のみであると仮定した経営承継相続人等の相続税額

(2) 一定の株式等を有していた場合の納税猶予

　納税猶予株式の対象となる非上場株式等を発行する会社及び特別の関係のある会社が、次の出資を有する場合には、納税猶予の計算の基礎となる非上場株式等の価額は、以下の株式等を有していなかったものとして、納税猶予額を計算します。

○外国会社
○上場会社の株式の３％以上を有している場合の上場会社株式
○医療法人の持分の50％超を有している場合の医療法人持分

3　MS法人における相続税の納税猶予

(1) 間接保有している医療法人の持分の相続税納税猶予

　持分の定めのある医療法人の持分を有する者に相続が発生した場合、医療法人の利益の蓄積の結果である持分の評価額に応じて、相続税が課されます。

　医療法人の持分についての相続税の納税猶予の特例もありますが、この納税猶予に係る相続税の免除を受けるには、持分の定めのない医療法人に移行しなければならず、さらに移行計画の認定を受けるなどの場合を除き、医療法人は贈与税の課税を受けなければなりません。

　そこで、持分の評価額の上昇を抑えるために、医療法人の利益をMS法人に移転させ、医療法人の利益の蓄積を抑えることにより相続税の節税を図ることが可能です。

　MS法人の株式に対しても相続税が課されますが、非上場株式の納税猶予を適用すれば、間接的に医療法人の持分に対する相続税も猶予されることと同様になり、納税額は低く抑えることが可能です。

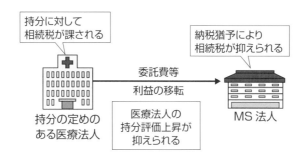

(2) 50％超の持分を有していた場合

ＭＳ法人が、医療法人の持分を有することは可能です。

相続税の納税猶予を受けるＭＳ法人が、医療法人の持分を有していた場合、ＭＳ法人で相続税の納税猶予を受けることによって、間接的に医療法人の持分についても、相続税の納税猶予を受けることができます。

ただし、認定承継会社、認定承継会社の代表権を有する者及びその代表権を有する者と特別の関係がある者が医療法人の持分の50％超を有している場合は、その持分を有していなかったものとして納税猶予額を計算しますので、ＭＳ法人での株式の納税猶予の効果が薄くなります（措令40の8の2⑫）。

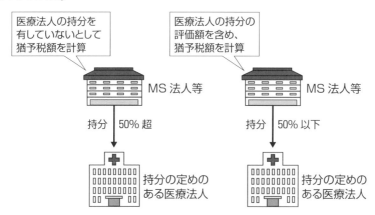

(3) 50％超の持分を有していた場合の猶予税額の計算

納税猶予相続税額において、認定承継会社又は認定承継会社の支配関

係がある特別関係会社が、医療法人の50％超の持分を有する場合、認定承継会社は医療法人の持分を有していなかったものとして計算した価額が、経営承継相続人等に係る相続税の課税価格とみなされ2（1）①②により相続税額を計算します。

【認定承継会社が医療法人の持分を有する場合における猶予株式等の価額の計算方法のイメージ】

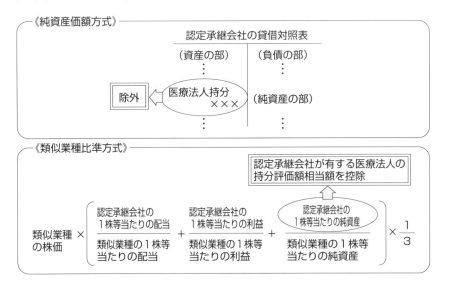

【事例】
ＭＳ法人の総資産の２億8,000万円のうち、医療法人の持分1,000万円（相続税評価額2,000万円）が計上されている場合

貸借対照表

流動資産	80,000千円	流動負債	20,000千円
固定資産	200,000千円	固定負債	100,000千円
		負債計	120,000千円
（うち医療法人持分）	（10,000千円）	資本金	10,000千円
		利益剰余金	150,000千円
		純資産計	160,000千円
資産計	280,000千円	負債純資産計	280,000千円

第 4 表　類似業種比準価額等の計算明細書

会社名　株式会社○○

（取引相場のない株式（出資）の評価明細書）

（平成三十年一月一日以降用）

1. 1株当たりの資本金等の額等の計算

	直前期末の資本金等の額	直前期末の発行済株式数	直前期末の自己株式数	1株当たりの資本金等の額 ①÷（②－③））	1株当たりの資本金等の額を50円とした場合の発行済株式数 （①÷50円）
	① 10,000 千円	② 500 株	③ 0 株	④ 20,000 円	⑤ 200,000 株

2. 比準要素等の金額の計算

直前期末以前2（3）年間の年平均配当金額

事業年度	⑥ 年配当金額	⑦ 左のうち非経常的な配当金額	⑧ 差引経常的な年配当金額（⑥－⑦）	年平均配当金額	比準要素数1の会社・比準要素数0の会社の判定要素の金額
直前期	0 千円	千円	0 千円	⑨（⑦＋⑩）÷2 0	⑨/⑤ ⑥ 0 円 0 銭
					⑩/⑤ ⑧ 0 円 0 銭

> 医療法人からの配当収入はあり得ないので所得金額の調整はない。

1株(50円)当たりの年配当金額 ⑪（⑥/⑤の金額） ⑪ 0 円 0 銭

利益金額

事業年度	⑬法人税の課税所得金額	⑭非経常的な利益金額	⑮受取配当等の益金不算入額	⑯左の所得税額	⑰損金算入した繰越欠損金の控除額	差引利益金額⑬－⑭＋⑮－⑯＋⑰	比準要素数1の会社・比準要素数0の会社の判定要素の金額
直前期	16,000 千円	0 千円	0 千円	0 千円	0 千円	⊝ 16,000	ⓒ 77 円 75 円
直前々期	15,000 千円						
直前々期の前期	15,000 千円						

> 医療法人持分の簿価1,000万円を控除する

1株(50円)当たりの年利益金額 77 円

直前期末

事業年度	⑰ 資本金等の額	⑱ 利益積立金額	⑲ 純資産価額（⑰＋⑱）	比準要素数1の会社・比準要素数0の会社の判定要素の金額
直前期	10,000 千円	140,000 ~~150,000~~ 千円	150,000 ~~160,000~~ 千円	⑲/⑤ ⑩ 750 ~~800~~ 円
直前々期	10,000 千円	130,000 ~~140,000~~ 千円	140,000 ~~150,000~~ 千円	⑲/⑤ ⑪ 700 ~~750~~ 円

1株(50円)当たりの純資産価額（⑩の金額） ⑪ 750 ~~800~~ 円

第5表　1株当たりの純資産価額（相続税評価額）の計算明細書　　会社名　株式会社○○

（平成三十年一月一日以降用）

1. 資産及び負債の金額（課税時期現在）

資産の部				負債の部			
科　目	相続税評価額	帳簿価額	備考	科　目	相続税評価額	帳簿価額	備考
	千円	千円			千円	千円	
流動負債	80,000	80,000		流動負債	20,000	20,000	
その他の固定資産	190,000	190,000		固定負債	100,000	100,000	
医療法人持分	~~20,000~~	~~10,000~~					

> 医療法人の持分評価額を控除する。

資産の部				負債の部			
合　計	① 270,000 ~~290,000~~	② 270,000 ~~280,000~~		合　計	③ 120,000	④ 120,000	
株式及び出資の価額の合計額	㋑ 20,000	㋺ 10,000					
土地等の価額の合計額	㋩						
現物出資等受入れ資産の価額の合計額	㊁	㋭					

2. 評価差額に対する法人税額等相当額の計算

相続税評価額による純資産価額　（①－③）	⑤ 150,000 ~~170,000~~	千円
帳簿価額による純資産価額　（（②＋㋭－㋩）－④）、マイナスの場合は0）	⑥ 150,000 ~~160,000~~	千円
評価差額に相当する金額　（⑤－⑥、マイナスの場合は0）	⑦ 0 ~~10,000~~	千円
評価差額に対する法人税額等相当額　（⑦×37%）	⑧ 0 ~~3,700~~	千円

3. 1株当たりの純資産価額の計算

課税時期現在の純資産価額（相続税評価額）　（⑤－⑧）	⑨ 150,000 ~~166,300~~	千円
課税時期現在の発行済株式数　（（第1表の1の①）－自己株式数）	⑩ 10,000	株
課税時期現在の1株当たりの純資産価額（相続税評価額）　（⑨÷⑩）	⑪ 15,000 ~~16,630~~	円
同族株主等の議決権割合（第1表の1の⑤の割合）が50%以下の場合　（⑪×80%）	⑫	円

2-6

青色事業専従者とMS法人の取締役は兼務できますか

ポイント

○個人事業者の親族は、MS法人の役員に就任できる。
○MS法人の役員に就任した親族が青色事業専従者の場合、個人事業への事業専従が議論となる。

1 青色事業専従者給与のポイント

(1) 生計を一にする親族に支払う給与

　生計を一にしている配偶者その他の者が、親族が開設する個人事業に従事している場合、事業主がこれら生計を一にしている親族に給与を支払うことがありますが、これらの給与は原則として必要経費にはなりません。

　しかし、事業主が青色申告者である場合、その給与が青色事業専従者に支払われた給与であり、かつ「青色事業専従者給与に関する届出書」を納税地の所轄税務署長に提出しているときは必要経費に算入できます。

(2) 青色事業専従者の要件

　青色事業専従者とは、次の要件を満たす者をいいます。

　イ　青色申告者と生計を一にする配偶者その他の親族であること。

　ロ　その年の12月31日現在で年齢が15歳以上であること。

　ハ　その年を通じて6か月を超える期間（一定の場合には事業に従事することができる期間の2分の1を超える期間）、その青色申告者の営む事業に専ら従事していること。

第2章　▶MS法人のガバナンス　117

2 開設者の親族のMS法人の役員就任

医療施設の開設者が個人の場合において、開設者個人は利害関係にある営利法人等の役職員を兼務することができません。

しかし、開設者の配偶者などの親族が、MS法人の取締役に就任することは認められないものではありません。

【医療機関の開設者の確認及び非営利性の確認について】（平成５年総第５号・指第９号）

> ③　開設者である個人及び当該医療機関の管理者については、原則として当該医療機関の開設・経営上利害関係にある営利法人等の役職員を兼務していないこと。
>
> 　　ただし、次の場合であって、かつ医療機関の非営利性に影響を与えることがないものであるときは、例外として取り扱うことができることとする。また、営利法人等との取引額が少額である場合も同様とする。
> ・　営利法人等から医療機関が必要とする土地又は建物を賃借する商取引がある場合であって、営利法人等の規模が小さいことにより役職員を第三者に変更することが直ちには困難であること、契約の内容が妥当であると認められることのいずれも満たす場合

3 MS法人の役員に対する青色事業専従者給与の支払い

(1) 原則

配偶者など生計を一にする親族が青色事業専従者であり、MS法人の役員に就任した場合、青色事業専従者の要件である「青色申告者の営む事業に専ら従事」要件に当てはまるかどうかという議論があります。

親族が専ら事業に従事するかどうかの判定において、他に職業を有する場合は事業に専ら従事する期間に含まれず、青色事業専従者として認められません（所得税法施行令165②）。

したがって、第一義的には、青色事業専従者とMS法人の役員を兼務している場合において、青色事業専従者給与を必要経費にすることが認

められるケースは少ないと考えられます。

(2) MS法人の役員業務が少ない場合

しかし、MS法人の役員であっても、MS法人の業務に従事する時間が短いなど、青色事業専従者として専ら従事することが妨げられない場合は、兼務が認められます。

すなわち、仕事時間のほとんどが青色事業専従者として個人事業に従事しており、MS法人の役員業務に取られる時間がほとんどない場合には、青色事業専従者給与の必要経費算入は認められることがあると考えられます。

この場合の「専ら従事」の判定において、職責の大きさではなく、時間的な制限で判断をされることがあります。

例えば、青色事業専従者としての職務は週5日であり、MS法人の役員としての職務は週1日であり、かつ、MS法人の職務が週1日でも十分にMS法人の運営に影響がない場合には、青色事業専従者とMS法人の役員の兼務は認められることになると考えられます。

【裁決事例・抜粋　週1日の業務では専ら従事していると認められない事例】

> 請求人の妻である医師は、請求人の事業に専ら従事していないとして、妻に対して支払った青色事業専従者給与の額は必要経費に算入されないとした事例（平成15年3月25日裁決）
>
> 　例外的に、他に職業を有するものであってもその職業に従事する期間が短い者やその他納税者の事業に専ら従事することが妨げられないと認められる者を除くとしているものと解するのが相当であるところ、本件については、同人が他の病院に勤務している期間（著者注　週5日）は、請求人の事業に従事することができなかったと認められるから、同人が請求人の事業に専ら従事していた期間は週1日のみであり、同人は青色事業専従者に該当しない。

【裁決事例・抜粋　業務量が少なく専ら従事しているとは言えない事例】

請求人の妻が現に不動産貸付業及び理容業に係る業務に従事していたとしても、その事務量は僅少であるから、青色事業専従者に該当しないとした事例（平成7年5月30日裁決）

　　［1］駐車場の駐車可能台数、［2］賃貸料の銀行振込みの数、［3］賃貸料の現金領収の数、［4］賃借人の交替した数、［5］無断駐車の見回りの回数、［6］駐車場の路面の状況、［7］理容店の客数などからみると、その妻が請求人が主張するような業務に現に従事し、又は従事していたとしても、その事務量は僅少であると認められ、請求人の事業に専ら従事していたとはいえない。

4　MS法人の役員に従事している青色事業専従者への支払い

　3のとおり、MS法人の業務に従事している生計を一にする親族に対して、親族の個人事業に専ら従事しているといえない場合、親族に支払った給与は個人開設している者の必要経費に算入することはできません。

　しかし、専ら従事していなくても、従事した事実があり、従事した職務に応じた給与を支払うことはでき、当該支払った金額は必要経費に算入はできませんが、支払うこと自体は問題ありません。

　ただし、支払った金額が職務の内容等に照らし相当と認められる金額を超えるときは、その超える金額は贈与により取得したものとみなされます（「青色事業専従者が事業から給与の支給を受けた場合の贈与税の取扱いについて」直審（資）4（例規）昭和40年10月8日）。

第3章

医療法人の種別ごとの MS法人との関係

3-1

MS法人との取引があっても
特定医療法人の承認は受けられますか

■ポイント■

○MS法人の取引があっても、特定医療法人の承認が受けられる。
○MS法人と取引する必然性と適正性が求められる。

1 特定医療法人制度

(1) 特定医療法人の概要

　特定医療法人とは、租税特別措置法第67条の2に規定された法人で、財団たる医療法人又は社団たる医療法人で持分の定めのないもののうち、その事業が医療の普及及び向上、社会福祉への貢献その他公益の増進に著しく寄与し、かつ、公的に運営されていることにつき租税特別措置法施行令第39条の25第1項で定める要件を満たし、国税庁長官の承認を受けた医療法人です。

　この承認を受けることにより、承認後に終了する各事業年度において、19%（課税所得800万円以下の部分は15%）の軽減法人税率の特例の適用が受けられます。

　特定医療法人の承認を受けるには、事前に国税局担当者による厳密な審査が行われます。

【承認要件】

イ　財団たる医療法人又は持分の定めがない社団たる医療法人であること
ロ　事業及び医療施設が医療の普及及び向上、社会福祉への貢献その他公益の増進に著しく寄与するものとして厚生労働大臣が財務大臣と協議して定める基準を満たすものである旨の厚生労働大臣の証明書の交付を受

けること

ハ　運営組織が適正であるとともに、役員等の数のうちにその親族等の占める割合が3分の1以下であること

ニ　設立者、役員等又はこれらの親族等に対して特別の利益を与えないこと

ホ　解散した場合には、残余財産が国等又は他の医療法人に帰属する旨の定めがあること

ヘ　法令に違反する事実、帳簿書類に取引の全部又は一部を隠ぺいし、又は仮装して記録又は記載をしている事実その他公益に反する事実がないこと

ト　青色申告法人の帳簿書類の保存に準じて、帳簿書類を備え付けてその帳簿書類に取引を記録し、かつ、その帳簿書類を保存していること。

チ　その支出した金銭でその費途が明らかでないものがあることその他の不適正な経理が行われていないこと。

【厚生労働大臣の証明要件（概要）】

①全収入金額に占める社会保険診療、健康診査、一定の予防接種に係る収入金額、助産に係る収入金額（一の分娩に係る助産に係る収入金額が50万円を超えるときは、50万円を限度）及び介護保険法の規定に基づく保険給付などにかかる収入金額の割合が、80％を超えること

②自費患者に対し請求する金額が、社会保険診療報酬と同一の基準により計算されること

③医療診療収入が、医師等の給与、医療の提供に要する費用など患者のために必要な経費の額に1.5を乗じて得た額の範囲内であること

④役職員1人につき年間の給与総額が3,600万円以下であること

⑤40人以上（専ら皮膚泌尿器科、眼科等の診療を行う病院は30人以上）の患者を入院させる施設を有すること、又は救急病院（有床救急診療所）である旨を告示されていることなど

⑥差額ベッドの比率が30％以下であること

第3章　▶医療法人の種別ごとのMS法人との関係　　123

(2) 特別の利益提供の範囲

特定医療法人の承認を受けるには(1)ニのとおり、社員、評議員、理事、監事、使用人その他の当該医療法人の関係者に対し特別の利益を与えないものであることが求められます（措令39の25①三）。

社員や役員といった自然人への特別の利益提供を禁止していますが、関係の深いＭＳ法人への特別な利益提供も、運営組織が適正な法人であるためには許されるものではありません。

特別の利益提供と認定される具体例は、特定医療法人制度ＦＡＱに例示されています（ 3-2 参照）。

2 特定医療法人の承認を受ける場合のMS法人

(1) 承認申請書への記載

特定医療法人の承認申請書には、関係の深いMS法人の状況と、取引内容を記載しなければなりません。

（書類付表２）

申請者の経理等に関する明細表

5　その他

(4) 法人の特殊関係者が役員等となっている他の法人の明細

特殊関係者の氏名	特殊の関係	法人の特殊関係者が役員等となっている他の法人の明細					
		法人名	所在地	代表者名	取引状況	役職等	給与支給総額

9 「5 その他」の「(4) 法人の特殊関係者が役員等となっている他の法人の明細」欄

① 法人の特殊関係者が役員等（従業員を含みます。）となっている他の法人がある場合に、その明細を記載してください。

② 「特殊の関係」欄には、当該特殊関係者が理事長であれば「理事長」と、理事の配偶者であれば「理事○○の配偶者」と記載してください。

③ 「取引状況」欄には、当該他の法人と申請法人との取引の状況（例えば、病院の清掃を請け負う等）を記載してください。

④ 「役職等」欄には、他の法人における当該特殊関係者の役職等（例えば、役員、従業員等）を記載してください。

⑤ 「給与支給総額」欄には、他の法人における当該特殊関係者の給与支給総額（前期分）を記載してください。

(2) 実務の対応

特定医療法人の承認申請において、MS法人との取引があることのみをもって、特定医療法人の承認が得られないという審査実務は行われていません。

ただし、MS法人との取引があるならば、その取引内容が適切であることは当然として、MS法人と取引をしなければならない必然性も求められます。

したがって、MS法人の取引があっても、一定の要件のもと特定医療法人の承認を受けることが可能です。

(3) 特別の利益提供との指摘を受けた事例

特定医療法人の承認申請に関して、次のようなMS法人との取引は、特別の利益提供を行っていると指摘され、改善が求められます。

【改善が求められる事例】

①医療法人が直接納品を受けられる医療機器等に関して、MS法人を経由して納品されている。

②業務に見合わない管理費やコンサルティング費用を、ＭＳ法人に支払っている。

③ＭＳ法人に支払う地代・家賃が、世間相場と比較して高額である。

④ＭＳ法人の交際費を使って、医療法人の役員などが過分な利益の提供を受けている。

⑤医療法人債を医療法人が発行し、ＭＳ法人が引き受け、高額な債券利息を支払っている。

(4) 特別の利益提供との指摘がなかった事例

特定医療法人の承認申請に関して、ＭＳ法人との取引があっても次のようなケースは問題がないとされ、特定医療法人の承認を受けることができます。

【指摘を受けない可能性がある事例】

①ＭＳ法人に支払う地代・家賃の適正性が立証できる。

②ＭＳ法人との賃貸借契約が、一般的な内容であることが立証できる。

③ＭＳ法人から借り受けるリース資産に対するリース料が、適正であることが立証できる。

④ＭＳ法人から医療機器を仕入れるメリットが明確化できる。

⑤ＭＳ法人から資金を借り入れ、相当な範囲以下の利息を支払う。

3 - 2

特定医療法人制度ＦＡＱでは
ＭＳ法人との取引をどう定めていますか

> **■ポイント■**
> ○国税庁からＦＡＱが公表され、実務上の指針とされている。
> ○適切な取引であっても、理事会の承認など運営組織の適正性も
> 　求められる。

1　特定医療法人制度ＦＡＱの公表

　平成15年度税制改正において、特定の医療法人の承認事務手続きが、財務大臣から国税庁長官に移管されました。移管に合わせて、「特定医療法人制度事務提要の制定について（事務運営指針）」（平成15年6月9日　課法10-38ほか）が定められました。

　事務運営指針において、特定医療法人の審査事例を集積することが定められており、この集積結果として平成29年6月26日（令和3年10月改訂）に公表されたのが「特定医療法人制度ＦＡＱ」です。

【特定医療法人制度事務提要の制定について（事務運営指針）】（抜粋）

第3節　審査事例の集積
　　局審査担当者は、承認申請書等の審査（事前審査を含む。）において他の審査にも有効と認められる事例が見受けられた場合には、「審査事績票（特定医療法人制度関係）」に記載して審査事例を集積する。
　　また、当該審査事績票（特定医療法人制度関係）」の写しを庁法人課税課に送付（統実官設置局においては局法人課税課を経由して行う。）する。庁法人課税課は、これらの審査事例を管理し情報として取りまとめ局にフィードバックする。

第3章　▶医療法人の種別ごとのＭＳ法人との関係　127

【特定医療法人制度ＦＡＱ】（抜粋）

> ### 特定医療法人制度ＦＡＱ（令和３年改訂版）
>
> 　この資料は、新たに特定医療法人の承認を受けようとする医療法人や、既に承認を受けている医療法人が毎年度要件の充足性確認を行うに当たり、参考となる事項を質疑形式で作成したものです。
>
> ※この資料は令和３年６月１日現在の法令・通達に基づいて作成しています。

　特定医療法人制度ＦＡＱは、新たに特定医療法人の承認を受けようとする医療法人や、既に承認を受けている医療法人が毎年度要件の充足性の確認を行うに当たり、参考となる事項を質疑形式でまとめた資料ですが、国税庁の立場において特別の利益提供に該当する場合の指針としての意味もあります。

２　特別の利益提供チェックシート

　特定医療法人の承認にあたり、ＭＳ法人との取引が問題となるのは、２号要件といわれる運営適正性要件と（措令39の25①二）、３号要件といわれる特別の利益提供禁止要件です（措令39の25①三）。

　特定医療法人が、適切に運営されてない事例や、役職員等に対して特別の利益を与えていると認定される事例は、特定医療法人制度ＦＡＱにおいてチェックシートにより例示されています。

　チェックシートは役員等個人に対するものですが、この考え方はＭＳ法人でも同様であり、「役職員」を「ＭＳ法人」と読み替え、特別の利益提供がないか確認すべきです。

【特定医療法人承認要件自己チェックシート】（抜粋）

	2号要件（運営組織が適正であること） 3号要件（役員等への特別の利益がないこと）	適正	
		二号	三号
給与等の支給	役員や役員の親族等に対して、不相当に高額な給与が支給されていないか	☐	☐
	医師や職員の給与（賞与、退職金を含む。）が規程に基づき支給されているか	☐	
	特殊な事情により規程に基づかない採用をするときは、理事会等に諮った上で個別契約を結んでいるか	☐	
	役員報酬の金額について、社員総会等の承認を得ているか	☐	
	住宅手当の支給及び住居費の徴収は規程に基づき適正に行われているか	☐	
	その他の各種手当について、規程に基づき適正に支給されているか	☐	
	役員や役員の親族等の個人的な費用を法人が負担していないか		☐
資産の運用	住宅貸付、福利厚生設備の利用について、職員全員に周知され、規程に基づき適正に行われているか	☐	
	役員や役員の親族等のみに住宅、設備を利用させている又は他の従業員に比し有利な条件で利用させていないか		☐
	法人の所有する資産を役員や役員の親族等に無償又は著しく低い価額で譲渡していないか		☐
	役員や役員の親族等から資産を過大な賃貸料で借受けていないか		☐
	役員や役員の親族等から資産を過大な対価で譲受けていないか		☐
	役員や役員の親族等から法人の事業上必要のない資産を取得・賃借していないか		☐
金銭の貸借	役職員への貸付金は、契約書を作成し、適正な利息を徴収しているか	☐	
	役職員への貸付金は全員に周知され、規程に基づき適正に行われているか	☐	
	役員や役員の親族等に対する貸付けは、他の従業員に比し有利な条件となっていないか		☐
	役員や役員の親族等からの金銭の貸借に当たって、過大な利息を支払っていないか		☐
	職員でない役員の親族等に対して、金銭の貸付けを行っていないか		☐
その他	役員や役員の親族等が、役員等の選任に関して、特別の権限を付与されていないか	☐	☐
	役員や役員の親族等（その関連する法人を含む。）と不適正な価額で物品の販売等の契約を行っていないか		☐
	役員や役員の親族等が関連する企業等に対し、業務内容に比して過大な委託費が支払われていないか		☐
	役員や役員の親族等に対し、その他財産の運用及び事業の運営に関して特別の利益を与えていないか		☐

3　運営の適正性の順守

(1)　契約手続き

　特定医療法人は、運営が適正であることが求められます（措令39の25①二）。そのため、特定医療法人がＭＳ法人と取引を締結するには、対価等が適当であるほか適切に決裁がなされた結果での取引であることが求められます。

　問題がある事例には、一般的な取引業者と取引をする場合には、見積もり合わせや、稟議書の作成が行われているのに対し、ＭＳ法人との取引は医療法人において審議されることなく、理事長の単独行為として契約が締結されている場合があります。

　このようなことは、ＭＳ法人に有利な取引を締結していることになり、認められることではありません。

(2)　理事会の議決

　特定医療法人とＭＳ法人が取引を締結する場合、理事会の決議を求める旨が、特定医療法人ＦＡＱにおいて明示されています。

　ＭＳ法人との取引は、より厳密に審査されるため、一般的な取引業者とは稟議書による内部決裁が行われていたとしても、特定医療法人の場合は理事会による契約承認を行うべきと考えられています。

Ⅲ-9　理事が代表を務めるＭＳ（メディカル・サービス）法人を設立している場合、当該ＭＳ法人から物品の購入をする際に、理事会の議事を経ずに購入を決定していますが、問題となることがありますか。

【答】

　医療法人の役員が営利法人の役員を兼務することは、医療法人に求められる非営利性の観点から、適当でないとされています。ただし、厚生労働省「平成5年2月3日付総第5号・指第9号（最終改正：平成24年

3月30日付医政総発0330第4号・医政指発0330第4号）『医療機関の開設者の確認及び非営利性の確認について』」第一1（2）④（https://www.mhlw.go.jp/topics/bukyoku/isei/igyou/igyoukeiei/tuchi/050203.pdf）において、例外的に可能となる場合があります。

　なお、取引内容については、関係事業者との取引の状況に関する報告書等を作成のうえ、都道府県知事に対し報告が必要です（医療法第51条第1項及び第52条第1項）（詳しくは、厚生労働省医政局医療経営支援課へお問い合わせください。）。

　また、兼務する場合は、いわゆる利益相反取引になりますので、医療法第46条の6の4の規定により、事前に理事会での承認が義務付けられていることから、必ず理事会の議事に諮るとともに、議事録に記録することが必要です。したがって、事前に理事会で承認を経ない場合や、必要な議事録を記録していない場合は、原則として、2号要件を満たさないこととなります。

　さらに、理事会の議事を経たとしても、それが一部の者によって個人的に使用されている場合は、特別の利益を与えていると認められ、3号要件を満たさないこととなります。

4 特別の利益提供の禁止

(1) 特定医療法人とMS法人との契約

　特定医療法人は、設立者、役員等若しくは社員又はこれらの者の親族等に対し、施設の利用、金銭の貸付け、資産の譲渡、給与の支給、役員等の選任その他財産の運用及び事業の運営に関して特別の利益を与えないことが求められます（措令39の25①三）。

　この場合の役員等とは、医療法人の設立者、理事、監事、評議員その他これらの者に準ずるものを指しますが、国税局による認定実務では、MS法人に取引を通じて特別の利益提供を与えてもならないとされています。

　ただし、特別の利益がなければ、MS法人との取引が存在することを

第3章 ▶ 医療法人の種別ごとのMS法人との関係　131

もって特定医療法人の要件を満たさないとならないことも明確化されました。

> Ⅳ-2 「特別の利益を与えないこと」とは具体的にどのようなことをいいますか。
>
> 【答】
>
> 医療法人の特殊関係者に対し、根拠なく不相応な利益を与えないことをいいますが、特別の利益は、給与等の金銭的利益に限るものではなく、手続上の優遇措置なども該当します。
>
> また、ＭＳ法人などの関連法人を通じて、特殊関係者に特別の利益を与えている場合も該当します。
>
> 特別の利益を与えているとされる例については、Ｐ14の「特定医療法人承認要件自己チェックシート」中段に列挙していますので参照してください。

(2) ＭＳ法人を通じた役員報酬の支給

前述のとおり、ＭＳ法人との取引があることをもって特定医療法人の要件を満たさないとはされておりません。

しかし、特定医療法人の認定実務において、ＭＳ法人を通じた役員報酬の支給が問題となるケースが見受けられます。

医療法人の役員は、営利法人との役職員を兼務することは認められません（医政総発0330第4号　医政指発0330第4号　平成24年3月30日「医療法人の役員と営利法人の役職員の兼務について」）。そのため、医療法人の理事が、ＭＳ法人の役員となり、役員報酬を受領するようケースは、特定医療法人の認定実務において当然認められません。

また、医療法人の理事に就任していない理事長の親族がＭＳ法人の役員に就任し、役員報酬を受領するケースにおいても、親族役員の業務内容と役員報酬額が審査の対象となります。ＭＳ法人の役員を勤める理事長の親族が、ＭＳ法人の経営実務を行っておらず、名目上の役員であることのみをもって、役員報酬を受領しているケースがあるからです。

このようなケースでは、特定医療法人の認定を受けるために、ＭＳ法人の経営や事業内容について改善を要します。

3-3

特定医療法人の申請において どのような指摘例がありますか

ポイント

○特定医療法人の事前審査において、勘定科目内訳書から取引の有無が確認される。

○適切な取引であっても、関連する費用の精算不足が指摘されることがある。

1 事前審査による指摘

　特定医療法人の承認を受けるには、遅くとも特定医療法人の承認を受けようとする事業年度終了の日の6か月前までに、その医療法人の主たる事務所の所在する国税局の担当部署に事前審査を申し込まなければなりません。

　事前審査には、MS法人の存在を記載する「申請者の経理等に関する明細表（書類付表2）」のほかに、直前3事業年度の決算書類及び帳簿書類を提出します。

　MS法人との取引は、事業年度の決算書類に添付されている勘定科目内訳明細書を確認することによって、事前審査段階で質疑を受けます。また、事前審査での確認のほか、2日～3日程度行われる現地調査においても、MS法人との取引の適正性や必然性が確認されます。

　事前審査の際に提出する勘定科目内訳明細書では、それぞれ次のような点において、MS法人との取引の有無の可能性が確認されます。

134

勘定科目内訳明細書の種類	確認事項
売掛金（未収入金）の内訳書 買掛金（未払金・未払費用） の内訳書	一般的に名称が知られていない相手先はないか 所在地が、医療法人と同一地の相手先はないか 損益に比較して、高額な残高の相手先はないか
仮払金（前渡金）の内訳書	病院事業において通常、発生しない仮払金はないか 前払地代家賃等は、年間地代家賃額の12分1程度か
貸付金及び受取利息の内訳書	従業員以外への貸付金はないか
有価証券の内訳書	ＭＳ法人の株式を有していないか
固定資産の内訳書	取得（処分）先にＭＳ法人らしき相手先はないか
仮受金（前受金・預り金） の内訳書	ＭＳ法人との残高はないか 前期と残高が変わっていない相手先はないか
借入金及び支払利息内訳書	ＭＳ法人との残高、支払利息はないか
地代家賃等の内訳書	ＭＳ法人へ支払う地代、家賃はないか
雑益、雑損失の内訳書	ＭＳ法人と譲渡などによって生じた雑損失等はないか

2 指摘を受けた具体的事例

(1) 医療法人による費用負担

　ＭＳ法人が負担すべき費用を、医療法人が負担した場合、特別の利益提供とされます。

　例えば、ＭＳ法人に経理担当者が存在しておらず、医療法人の経理職員がＭＳ法人の経理を担当し、相応の対価を負担していない場合があります。このような場合、医療法人の経理職員は、無償でＭＳ法人の経理を行っていることから、ＭＳ法人の費用を医療法人が負担している特別の利益提供に該当します。経理負担金として医療法人が適切な経理受託収益を得ることにより、特別の利益提供がないこととする場合もありますが、医療法人が経理代行業を行ってよいのかという別の論点が生じます。

第3章 ▶ 医療法人の種別ごとのＭＳ法人との関係 | 135

（2）施設の利用

　ＭＳ法人が医療法人の資産を有利に利用している場合、特別の利益提供とされます。

　例えば、医療法人の所有する建物の一部に、ＭＳ法人の事務所が存在し、相応の家賃や水光熱費を負担していない場合があります。

　このような場合、ＭＳ法人の事務費用の一部を医療法人が負担していることによる特別の利益提供に該当します。医療法人が適切な家賃を得ることにより、医療法人が不動産賃貸業を行ってよいのかという別の論点が生じますが、ＭＳ法人が医療法人の業務を受託しているなど、医療法人の建物の一部に事務所を設ける必然性があり、事業と言えない程度の規模なら特定医療法人の審査において問題が生じることは少ないと考えます。

　また、ＭＳ法人が給食事業を受託する場合において、給食製造設備や厨房を無償で借用する場合があります。このような場合は、給食事業の受託対価の論点ですので、無償の給食設備の借用は、すべての場合において特別の利益供与になるとは言い切れません。

(3) 医療法人からの借入

　医療法人は、本来事業と言われる病院、診療所、介護老人保健施設又は介護医療院の開設を目的としており（医療法39）、本来事業に支障のない限り、定款又は寄附行為の定めるところにより、附帯事業を行うことができます（医療法42各号）。

　医療法人が、融資を業として反復継続して貸付け等を行う場合については金融業・保険業に該当し、収益事業を実施することができる社会医療法人であっても実施することはできません。

　医療法人が例外的に認められる貸付業として、①福利厚生として、全職員を対象とした貸付けに関する内部規定を設けて行う金銭等の貸付け、②一定の規模の範囲内において、他の医療法人への貸付けがあります。

そのため、医療法人はＭＳ法人に貸付けを行う行為は、仮に適切な利息の授受があっても、不適当な取引と考えられます。

　これは、過去に総務省が指摘した事例であり、貸付行為を行っている医療法人は、速やかに解消すべきです。

【総務省による指摘（平成26年6月24日）】

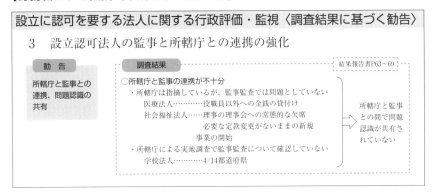

（4）適切な費用負担

　医療法人とＭＳ法人との取引が、適正かつ適切に行っていたとしても、取引に関連する行為について、考慮不足な事例が見受けられます。

　例えば、病院給食をＭＳ法人に依頼している場合において、ＭＳ法人の従業員が、病院の駐車場を無償で利用している場合や、ＭＳ法人の職員が病院行事に参加し、ＭＳ法人がその行事負担金を負担していない場合があります。

　これらＭＳ法人が医療法人の財産を無償で使用していることは問題であり、適切な使用料を支払うか、契約実行のために必要な通勤車両用の駐車場を使用できる旨を委託契約に盛り込む必要があります。

3－4

MS法人との取引は持分のない法人への移行時に特別の利益提供とみなされますか

ポイント

○MS法人の取引があることをもって、特別の利益提供とはすぐにみなされない。

○入札によらないMS法人の取引は、利益提供になる旨の通達がある。

1 持分のない医療法人への移行

(1) 概要

平成19年4月に施行された改正医療法により、持分のある医療法人の新規設立はできなくなりましたが、それ以前に設立認可申請された医療法人のほとんどは、持分のある医療法人のままです。

(令和5年3月31日現在)

医療法人（総数）					特定医療法人（再掲）			社会医療法人（再掲）		
総数	財団	社　団			総数	財団	社団	総数	財団	社団
		総数	持分有	持分無						
58,005	362	57,643	36,844	20,799	328	49	279	352	37	315

持分のある医療法人には経過措置により当分の間、持分に関する定めを定款に規定することができます。このような法人を「経過措置型医療法人」といいます。

経過措置型医療法人は、社員総会の議決と都道府県知事の定款変更認可により、持分のない医療法人に移行することができます。

持分のない医療法人に移行することにより、持分を相続する場合に相続税が課されなくなりますが、持分を有する者の相続税などが不当に減少する場合には、医療法人に贈与税が課されます。

【医療法人の定款例】

持分のある社団	持分のない社団
第○条　退社した社員は、その払込済出資額に応じて払戻しを請求することができる。	第○条　社員は、本社団の資産の分与を請求することができない。 2　前項の規定は、社員がその資格を失った後も同様とする。
第○条　本社団が解散した場合の残余財産は、払込済出資額に応じて分配するものとする。	第○条　本社団が解散した場合の残余財産は、国若しくは地方公共団体又は同種の医療法人に帰属せしめるものとする。

(2) 定款変更時の課税

　持分のある医療法人から、持分ない医療法人に定款変更の結果、医療法人は持分を払い戻さなくてよい利益を受けることになり、この利益は会計上の損益でないことから法人税は課されないものの、医療法人に贈与税が課されます。

　なお、特定医療法人や特定医療法人並みに公益性の高い医療法人、持分のない医療法人への移行計画の認定を受けた認定医療法人には、贈与税が課されません。

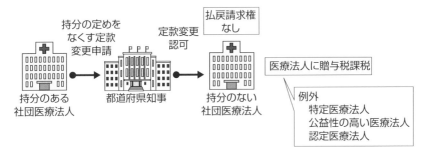

第3章 ▶ 医療法人の種別ごとのMS法人との関係

【持分のない医療法人に移行した際の課税関係まとめ】

> ○持分を放棄した者は、何ら経済的利益を受けないため、贈与税は課税されない。
>
> ○持分を放棄した者は、金銭等の交付を受けないので、所得税は課税されない。
>
> ○医療法人に対して、移行の際に持分の全部又は一部の払戻しをしなかったことにより生じる利益について、法人税は課税されない（法令136の3②）。
>
> ○医療法人に対して、持分の放棄に伴う権利の消滅に係る経済的利益について、贈与税が課税される場合がある（相法66④）。
>
> ○厚生労働大臣による移行計画の認定を受けた場合には、医療法人への贈与税が課されないが、他の課税関係は認定にかかわらず同様である（措法70の7の14）。

(3) 課税がなされない場合

　持分のない医療法人への移行により、出資者の親族等の相続税又は贈与税の負担が不当に減少する結果となると認められるときには、厚生労働大臣による移行計画の認定を受けた場合を除き、医療法人を個人とみなして、贈与税が課税されます。

　この場合の、相続税又は贈与税の不当減少の有無については、出資者等への特別利益供与の有無、役員等の親族要件などに基づき判定し、特定医療法人の承認基準と同等の要件を満たす「運営組織が適正な医療法人」には贈与税は課されません（相令33③）。

2 贈与税が課されないための要件

(1) 概要

　持分のない医療法人への移行に伴って、特定医療法人と同等の公的な運営がなされている次の要件を満たす医療法人の場合は、出資者等の相続税等が不当に減少しないものとして、贈与税は課されません。

①運営組織が適正であること（相令33③一）

②役員等のうち親族・特殊の関係がある者は1／3以下であること（相令33③一）

③法人関係者等に対し、特別の利益を与えないこと（相令33③二）

④残余財産を国、地方公共団体、公益社団・財団法人その他の公益を目的とする事業を人法に帰属させること（相令33③三）

⑤法令に違反する事実、帳簿書類の隠ぺい等の事実その他公益に反する事実がないこと（相令33③四）

(2) 特別の利益提供の意味

　持分のない医療法人への移行にあたり、理事、監事、社員あるいは評議員もしくは出資者、寄附者などに対し正当な職務対価以外に経済的利益を与えている場合は、特別の利益提供があることから、医療法人に贈与税が課されます。

　この場合、特別の利益提供の有無は国税庁通達により判定されます（「贈与税の非課税財産（公益を目的とする事業の用に供する財産に関する部分）及び持分の定めのない法人に対して財産の贈与等があった場合の取扱いについて」平成30年7月3日付　課資2-9改正）。

　この通達において、特別の利益を提供することの一つとして、次の点が挙げられています。

契約金額が少額なものを除き、入札等公正な方法によらないで、これらの者が行う物品の販売、工事請負、役務提供、物品の賃貸その他の事業に係る契約の相手方となること

　この通達を文面通り捉えると、たとえ取引内容が適切であっても、ＭＳ法人と取引がある医療法人は、一般的に入札を行わないことから運営組織が適正でない法人と考えられます。

　これは、社会福祉法人においては透明性担保のため、委託業者等の選定は入札によらなければならないことから考えると、決して厳しい規定とはいえません。

第3章 ▶医療法人の種別ごとのＭＳ法人との関係 141

（3）ＭＳ法人との入札によらない取引

　しかし、実務においてはＭＳ法人との取引があることのみをもって、特別の利益提供とみなされてないという考えもあります。

【厚生労働省】持分の定めのない医療法人への移行に係る質疑応答集（Q＆A）

Ｑ６．医療法人の役員がＭＳ法人（メディカル・サービス法人）を設立している場合は、相続税法施行令第33条第３項第２号に規定されている「特別の利益を与えない」との要件を満たさないこととなるのか。

Ａ６．医療法人の役員がＭＳ法人を設立していることのみをもって、「特別の利益を与えない」との要件を満たさないこととはならないものと思われる。

　　　なお、「特別の利益を与えること」について、国税庁の通達にその例が示されている。

　　　例えば、医療法人とＭＳ法人との間に取引がある場合において、その取引が「特別の利益を与えること」に該当するかどうかは、個別の事案に応じて、その対価の適正性など、様々な事情を勘案して総合的に判断するものと思われる。

　したがって、持分のない医療法人への移行に際して、入札によらないＭＳ法人と取引があったとしても、その取引内容が適切ならば、医療法人に必ず贈与税が課されるということではありません。

　ただし、贈与税が課されないかどうかは、定款変更を行った後に実施される税務調査が終了した後でなければ明確にならず、持分のない医療法人に安全に移行するためには、医療法人に課税がなされない特定医療法人もしくは、厚生労働大臣による持分のない医療法人への移行計画の認定をまずは選択すべきでしょう。

　特定医療法人は役員報酬の制限があるからといった理由や、国税局の審査が厳しいからといった理由で、特定医療法人の承認を受けずに持分のない医療法人に移行するのは、動機が不純であると言わざるを得ず、

贈与税が課税されず持分のない医療法人に移行することは困難と考えるべきです。

（4）運営組織が適正な医療法人

持分のない医療法人への移行に際して、贈与税が課されない医療法人は、運営組織が適正であることが求められ、さらに事業を行う地域又は分野において社会的存在として認識される程度の規模を有していることが求められます。

医療法人の場合、具体的には、次の①及び②の要件又は③の要件を満たさなければなりません。

①医療法施行規則第30条の35の2第1項第1号ホ及び第2号《社会医療法人の認定要件》に定める要件

②その開設する医療提供施設のうち1以上のものが、その所在地の都道府県が定める医療法第30条の4第1項に規定する医療計画において同条第2項第2号に規定する医療連携体制に係る医療提供施設として記載及び公示されていること。

③その法人が租税特別措置法施行令第39条の25第1項第1号《法人税率の特例の適用を受ける医療法人の要件等》に規定する厚生労働大臣が財務大臣と協議して定める基準を満たすもの

【厚生労働大臣が財務大臣と協議して定める基準】

一　その医療法人の事業について、次のいずれにも該当すること。

イ　社会保険診療（租税特別措置法（昭和32年法律第26号）第26条第2項に規定する社会保険診療をいう。以下同じ。）に係る収入金額（労働者災害補償保険法（昭和22年法律第50号）に係る患者の診療報酬（当該診療報酬が社会保険診療報酬と同一の基準によっている場合又は当該診療報酬が少額（全収入金額のおおむね100分の10以下の場合をいう。）の場合に限る。）を含む。）及び健康増進法（平成14年法律第103号）第6条各号に掲げる健康増進事業実施者が行う同法第4条に規定する健康増進事業（健康診査に係るものに限る。）に係る収入金額（当

該収入金額が社会保険診療報酬と同一の基準によっている場合に限る。）、予防接種法（昭和23年法律第68号）第2条第6項に規定する定期の予防接種等及び医療法施行規則第30条の35の3第1項第2号ロの規定に基づき厚生労働大臣が定める予防接種（平成29年厚生労働省告示第314号）に定める予防接種に係る収入金額、助産（社会保険診療及び健康増進事業に係るものを除く。）に係る収入金額（一の分娩に係る助産に係る収入金額が50万円を超えるときは、50万円を限度とする。）、介護保険法（平成9年法律第123号）の規定による保険給付に係る収入金額（租税特別措置法第26条第2項第4号に掲げるサービスに係る収入金額を除く。）並びに障害者の日常生活及び社会生活を総合的に支援するための法律（平成17年法律第123号）第6条に規定する介護給付費、特例介護給付費、訓練等給付費、特例訓練等給付費、特定障害者特別給付費、特例特定障害者特別給付費、地域相談支援給付費、特例地域相談支援給付費、計画相談支援給付費、特例計画相談支援給付費及び基準該当療養介護医療費、同法第77条及び第78条に規定する地域生活支援事業、児童福祉法（昭和22年法律第164号）第21条の5の2に規定する障害児通所給付費及び特例障害児通所給付費、同法第24条の2に規定する障害児入所給付費、同法第24条の7に規定する特定入所障害児食費等給付費並びに同法第24条の25に規定する障害児相談支援給付費及び特例障害児相談支援給付費に係る収入金額の合計額が、全収入金額の100分の80を超えること。

ロ　自費患者（社会保険診療に係る患者又は労働者災害補償保険法に係る患者以外の患者をいう。）に対し請求する金額が、社会保険診療報酬と同一の基準により計算されること。

ハ　医療診療（社会保険診療、労働者災害補償保険法に係る診療及び自費患者に係る診療をいう。）により収入する金額が、医師、看護師等の給与、医療の提供に要する費用（投薬費を含む。）等患者のために直接必要な経費の額に100分の150を乗じて得た額の範囲内であること。

ニ　役職員一人につき年間の給与総額（俸給、給料、賃金、歳費及び賞

与並びにこれらの性質を有する給与の総額をいう。）が3,600万円を超えないこと。

二　その医療法人の医療施設が次のいずれにも該当すること。

　イ　その医療施設のうち一以上のものが、病院を開設する医療法人にあっては(1)又は(2)に、診療所のみを開設する医療法人にあつては(3)に該当すること。

　　(1)　40人以上（専ら皮膚泌尿器科、眼科、整形外科、耳鼻いんこう科又は歯科の診療を行う病院にあっては、30人以上）の患者を入院させるための施設を有すること。

　　(2)　救急病院等を定める省令（昭和39年厚生省令第8号）第2条第1項の規定に基づき、救急病院である旨を告示されていること。

　　(3)　救急病院等を定める省令第2条第1項の規定に基づき、救急診療所である旨を告示され、かつ、15人以上の患者を入院させるための施設を有すること。

　ロ　各医療施設ごとに、特別の療養環境に係る病床数が当該医療施設の有する病床数の100分の30以下であること。

3-5

認定医療法人がMS法人に利益供与をした場合どうなりますか

ポイント

○持分のない医療法人への移行に際して、厚生労働大臣の認定を受ければ、医療法人への課税はなされない。

○認定医療法人が利益提供を行った場合、認定が取り消され課税が生じる。

1　認定医療法人の概要

　持分のある経過措置型医療法人が持分のない医療法人に移行する場合、持分の放棄をした者等の贈与税又は相続税の負担が不当に減少すると認められる場合、持分放棄に伴う出資者の権利消滅に係る経済的利益を各出資者から贈与により取得したとみなされ、医療法人に贈与税が課されます（相法66④）。

　例外的に、特定医療法人の承認を受けて持分のない医療法人に移行する場合（ 3-1 参照）と、厚生労働大臣による移行計画の認定を受けて持分のない医療法人に移行する場合は、医療法人に贈与税は課されません。

　この移行計画の認定を受けた医療法人を「認定医療法人」と称します。

146

【持分のない医療法人の移行パターン】

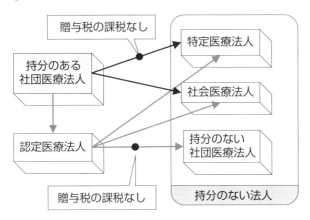

2　認定医療法人制度の税制優遇

(1) 平成29年9月までの認定医療法人制度

　認定医療法人の持分を有する者に関して、次の場合はそれぞれ納税額の猶予を受け、持分を放棄した場合には猶予税額の免除を受けることができます。

① 持分の放棄があった場合の残存出資者への贈与税の猶予・免除

　認定医療法人の持分を有する個人が、その持分の全部又は一部の放棄をしたことにより、他の持分を有する個人が受ける経済的利益について贈与税が課されますが、贈与税の申告書に特例の適用を受けようとする旨の記載し、担保の提供が行われた場合に限り、認定移行計画に記載された移行期限まで、納税が猶予されます（措法70の7の9①）。

　また、移行期限までに放棄等をした場合には、実質的に持分に相当する贈与税の納付義務の免除を受けます（措法70の7の9⑪）。

② 死亡による持分の放棄があった場合の残存出資者への贈与税の猶予・免除

　医療法人の持分を有する個人の死亡に伴い持分の放棄が行われ、他の持分を有する個人が受けた経済的利益については、相続税は課されず、

贈与税が課されます（措法70の7の11①）

　また、移行期限までに放棄等をすることとなった場合には、贈与税額のうち一定額の贈与税額が免除されますが（措法70の7の11②、措法70の7の9⑪）、贈与税の申告期限において認定医療法人であることが求められます。

③　持分を有する個人に相続が生じた場合の相続税の猶予・免除

　医療法人の持分を相続等により受けた場合、相続税の申告書に特例の適用を受けようとする旨の記載があり、猶予税額に相当する担保を提供した場合、認定移行計画に記載された移行期限まで、その納税が猶予されます（措法70の7の12①）。

　また、移行計画期限までに持分を放棄した相続人等は、持分に対する相続税相当額が控除された額が相続税の納税額となり、実質的に持分に相当する相続税の納付義務を有さなくなります（措法70の7の13①）。

　しかし、このような認定医療法人の持分に関する税額免除制度を設けても、持分のない医療法人への移行は進まず、当初300法人が移行計画の認定を受けると見込まれていましたが（厚生労働委員会平成29年5月17日）、平成29年3月までに移行計画の認定を受けたのは67法人にとどまり、さらにこのうち、持分のない医療法人への移行が完了したのは28法人にすぎませんでした。これは、この期間中に持分のない医療法人に移行した412法人のうち、約7％にすぎません。

　認定医療法人制度が進まない原因の一つに、持分のない医療法人への移行に際して受ける、医療法人に対する贈与税課税の問題があるとされてきました。

　特に規模の小さな医療法人には、社会的規模要件と言われる、理事6名以上かつ、監事2名以上とされる人数要件や、役員のうち同族関係者が3分の1以下である親族要件を満すことは困難であり、贈与税課税を回避することは困難とされてきました。

(2) 平成29年10月以降の認定医療法人制度

(1)の結果を踏まえ、持分のない医療法人への移行に関して厚生労働大臣の認定を受けた認定医療法人については、贈与税は課されないこととされました（措法70の7の14①）。

改正の結果、平成30年から令和3年に移行計画の認定を受けて持分のない医療法人に移行した法人は、607法人に増加しました。これは同期間中に持分のない医療法人に移行した822法人のうち約74％にあたり、移行計画の認定を受ける法人が増加しました（「令和5年度税制改正要望事項」厚生労働省医政局医療経営支援課）。

この特例は、この特例の適用を受けようとする旨を記載した贈与税の申告書を提出しなければなりません（措法70の7の14⑤、措規23の12の10②）。

3 移行計画の認定

(1) 認定の概要

持分の定めのない医療法人への移行に関する計画の認定を受けるには、要件を充足した上、移行計画認定申請書を厚生労働省に提出しなければなりません。

移行計画の認定を行うに当たっては、事業運営に関して、社員、理事、監事、使用人その他の当該医療法人の関係者に対し特別の利益を与えないものであること求められます（医療法施行規則附則57の2①一イ）。

持分のない医療法人に移行する時点は当然として、移行計画の認定後においても一定期間、運営の適正性要件が求められます。

第3章 ▶ 医療法人の種別ごとのMS法人との関係 149

【移行計画認定申請書の様式】

附則様式第1（附則第56条第1項関係）

移行計画認定申請書

年　　月　　日

厚生労働大臣　　殿

法人所在地
法人名
代表者の氏名

　良質な医療を提供する体制の確立を図るための医療法等の一部を改正する法律附則第10条の3第1項の認定を受けたいので、下記のとおり申請します。

記

1　法人の設立年月日　　　　　　　年　　　月　　　日

2　法人が開設する病院・診療所・介護老人保健施設名等

医療機関等の名称	所　　在　　地

3　現在の法人類型
　（　　）　イ　出資額限度法人
　（　　）　ロ　出資額限度法人以外の医療法人

【認定医療法人の制度概要】

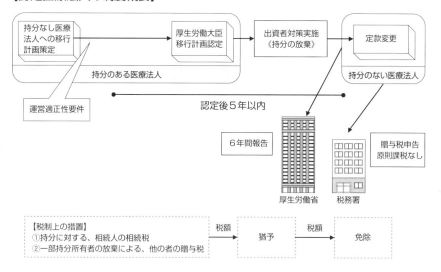

(2) 運営の適正性要件

持分の定めのない医療法人への移行に関する計画の認定を受ける法人は、社員、理事、監事、使用人その他の医療法人の関係者に対して、以下の事例に該当する場合で、社会通念上不相当と認められる取引をしてはなりません。

> イ 法人の所有する財産をこれらの者に居住、担保その他の私事に利用させること。
> ロ 法人の余裕金をこれらの者の行う事業に運用していること。
> ハ 法人の他の従業員に比し有利な条件で、これらの者に金銭の貸付をすること。
> ニ 法人の所有する財産をこれらの者に無償又は著しく低い価額の対価で譲渡すること。
> ホ これらの者から金銭その他の財産を過大な利息又は賃貸料で借り受けること。

ヘ　これらの者からその所有する財産を過大な対価で譲り受けること、又はこれらの者から当該法人の事業目的の用に供するとは認められない財産を取得すること。

ト　これらの者に対して、当該法人の役員等の地位にあることのみに基づき給与等を支払い、又は当該法人の他の従業員に比し過大な給与等を支払うこと。

チ　これらの者の債務に関して、保証、弁済、免除又は引受け（当該法人の設立のための財産の提供に伴う債務の引受けを除く。）をすること。

リ　契約金額が少額なものを除き、入札等公正な方法によらないで、これらの者が行う物品の販売、工事請負、役務提供、物品の賃貸その他の事業に係る契約の相手方となること。

ヌ　事業の遂行により供与する利益を主として、又は不公正な方法で、これらの者に与えること。

特定医療法人や社会医療法人の申請と異なり、認定申請を審査する行政庁担当者が医療法人に実地調査に訪れることは、通常ありません。

そこで、特別の利益供与が無いことの判定は、医療法人自身の判断で、認定申請書の特別の利益供与の欄の「無」に丸を付すことによって行わなければなりません。

なお、申請時に特別の利益供与がないと認定申請書に記載した場合であっても、後に特別の利益供与が判明した場合には、認定を取り消されると、厚生労働省より注意喚起がなされています（持分の定めのない医療法人への移行計画認定制度のＱ＆Ａ）。

特別の利益提供がないことの判断の根拠として、税理士や公認会計士などの専門家の意見を徴求しておくことは、審査時に説明を求められた時の有力な説明資料となりますが、専門家の判断に基づいて特別の利益供与の有無を記載した場合であっても、後に特別の利益供与が判明した場合には、認定を取り消すこととなる旨の注意喚起も、併せてなされています。

例えば、医療法人の交際費支出の運用状況や、医療法人の所有車両の運用などに関して、検討をすることなく移行計画の認定を受けている事例が散見されており、十分な検討を行わずに認定申請を行うことは、取消リスクを有するといえます。

別添様式4

医療法施行規則附則第57条の2第1項各号に掲げる要件に該当する旨を説明する書類（医療法施行規則附則第57条の2関係）

令和　　年　　月　　日

法 人 名：＿＿＿＿＿＿＿＿＿＿＿＿＿＿＿＿

代 表 名：＿＿＿＿＿＿＿＿＿＿＿＿＿＿＿＿

住　　所：＿＿＿＿＿＿＿＿＿＿＿＿＿＿＿＿

以下のとおり相違ありません。
　（中略）

3　経理内容（規則附則第57条の2第1項第1号イ及びハ）

区　　　分	社員、理事、監事、使用人その他の医療法人の関係者、株式会社その他営利事業を営む者又は特定の個人若しくは団体の利益を図る活動を行う者に対する特別の利益の供与の内容	特別の利益供与
施設の利用		有　・　無
財産の運用		有　・　無
金銭の貸付		有　・　無
資産の譲渡		有　・　無
財産の賃借等		有　・　無
給与の支給		有　・　無
債務の保証		有　・　無
公正な方法によらない契約の相手方選定		有　・　無
その他寄附・贈与等		有　・　無

(3) 特別の利益供与による認定取消し

持分の定めない医療法人への移行に関する計画の認定を受けた法人が、社員、理事、監事、使用人その他の医療法人の関係者に対して、特別の利益を提供した場合は、移行計画の認定が取り消されます。

持分のない医療法人への移行計画が取り消された場合には、再び移行計画の認定を受けることはできず、持分のない医療法人への移行が完了した法人が取り消された場合には、持分の消滅に対する医療法人への課税がなされます。

特別の利益供与があるにもかかわらず、特別の利益供与が無いとして移行計画の認定を受けた法人は、虚偽による移行計画の申請がなされたとして、認定が取り消されます。

(4) 税務調査を通じた認定取消し

認定医療法人に、通常の税務調査を通して、関係者への特別の利益供与が明らかとなる場合があります。

この場合には、税務署長は厚生労働大臣に対して事務処理適正化を目的とした通知を行うことができます（措法70の7の14⑧）。

通知を受けた厚生労働大臣は、特別の利益供与の事実を知りえることとなり、医療法人の取引に改善が見込めない場合には、移行計画の認定が取り消されます。

（医療法人の持分の放棄があった場合の贈与税の課税の特例）
租税特別措置法第70条の7の14

8　税務署長は、第1項の場合において厚生労働大臣又は地方厚生局長若しくは地方厚生支局長の事務（同項の規定の適用を受ける認定医療法人に関する事務で、前項の規定の適用に係るものに限る。）の処理を適正かつ確実に行うため必要があると認めるときは、厚生労働大臣又は当該地方厚生局長若しくは当該地方厚生支局長に対し、当該認定医療法人が第1項の規定の適用を受ける旨その他財務省令で定める事項を通知することができる。

(5) 認定取消しによる課税

　持分のない医療法人に移行後、6年の間に特別の利益供与の事実があったことなどにより、認定が取り消された場合には、認定医療法人を個人とみなして、持分の放棄による経済的利益について贈与税を課されます。

　この場合、認定医療法人であった法人は、厚生労働大臣による認定が取り消された日の翌日から2か月以内に修正申告書を提出し、かつ、放棄された持分に対する税額を納付しなければなりません。

【特別の利益供与があった場合の課税関係図】

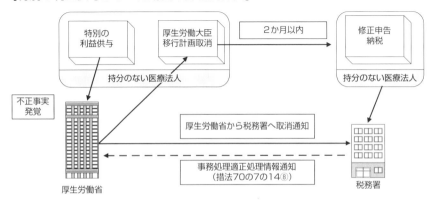

3－6

認定医療法人はMS法人と
取引ができますか

ポイント

○認定医療法人の特別の利益供与判定は、個人に対するものだけ
　ではない。
○認定医療法人は、MS法人と取引を認められる場合はある。

1　利益供与を判定される関係者の範囲

　持分のない医療法人への計画的な移行の認定を受けた認定医療法人
は、社員、理事、監事、使用人その他の医療法人の関係者に対して、社
会通念上不相当と認められる、特別の利益を供与する取引は、認められ
ません（医療法施行規則附則57の2①一イ）。

　この場合の医療法人の関係者は、次の者を指すと通知されています
（「持分の定めのない医療法人への移行に関する計画の認定制度について」（医政支発0929第
1号　平成29年9月29日（最終改正：医政発0528第2号　令和3年5月28日））（以下「通知」）。

第2　移行計画の認定の要件
4　運営に関する要件
（1）　その事業を行うに当たり、社員、理事、監事、使用人その他の当該
　　医療法人の関係者に対し特別の利益を与えないものであること（施行規
　　則第57条の2第1項第1号イ）
イ　「当該医療法人の関係者」とは、次に掲げるものとする。
　（イ）　当該医療法人の理事、監事、これらの者に準じ当該医療法人が任意
　　　に設置するもの又は使用人
　（ロ）　出資者（持分の定めのない医療法人に移行した後にあっては、従前
　　　の出資者であって持分を放棄した者を含む。）

(ハ)　当該医療法人の社員
(ニ)　(イ)から(ハ)までに掲げる者の配偶者及び三親等以内の親族
(ホ)　(イ)から(ハ)までに掲げる者と婚姻の届出をしていないが事実上婚姻関係と同様の事情にある者
(ヘ)　(イ)から(ハ)までに掲げる者から受ける金銭その他財産によって生計を維持している者
(ト)　(ホ)又は(ヘ)に掲げる者の親族でこれらの者と生計を一にしている者

通知においては、特別の利益供与を受けてはならない関係者の範囲は個人を指し、ＭＳ法人は対象外であると誤解される場合があります。

しかし、医療法人がＭＳ法人を経由して、医療法人の役員の親族が利益を受けることも、この特別の利益供与に含まれるものと考えられています。

したがって、認定医療法人は役員など個人のほかに、ＭＳ法人への特別の利益供与を行ってはならないと解されます。

2　営利事業者への利益提供

認定医療法人は、株式会社その他の営利事業を営む者又は特定の個人若しくは団体の利益を図る活動を行う者に対し、寄附その他の特別の利益を与えてはなりません（医療法施行規則附則57の２①一ハ）。

認定医療法人が、ＭＳ法人に利益を与える取引は、営利事業を営む者に対する寄附に他ならないと考えられます。

したがって、ＭＳ法人を経由して役員等に利益を供与することのほか、高額な賃料を支払うなど、ＭＳ法人に寄附と同様の取引を行った場合には、移行計画の認定が取り消されるものと考えられます。

3　認定医療法人とＭＳ法人取引

認定医療法人が特別の利益供与を与える取引として、次のような行為が通知に挙げられています。

第2　移行計画の認定の要件

4　運営に関する要件（同項第4号及び改正省令による改正後の医療法施行規則第57条の2）

(1)　その事業を行うに当たり、社員、理事、監事、使用人その他の当該医療法人の関係者に対し特別の利益を与えないものであること（施行規則第57条の2第1項第1号イ）

（中略）

ロ　当該医療法人がイに掲げる者に、例えば次のいずれかの行為をすると認められ、その行為が社会通念上不相当と認められる場合には、特別の利益を与えているものと判断する

(イ)　当該医療法人の所有する財産をこれらの者に居住、担保その他の私事に利用させること。

(ロ)　当該医療法人の余裕金をこれらの者の行う事業に運用していること。

(ハ)　当該医療法人の他の従業員に比し有利な条件で、これらの者に金銭の貸付をすること。

(ニ)　当該医療法人の所有する財産をこれらの者に無償又は著しく低い価額の対価で譲渡すること。

(ホ)　これらの者から金銭その他の財産を過大な利息又は賃貸料で借り受けること。

(ヘ)　これらの者からその所有する財産を過大な対価で譲り受けること、又はこれらの者から当該医療法人の事業目的の用に供するとは認められない財産を取得すること。

(ト)　これらの者に対して、当該医療法人の役員等の地位にあることのみに基づき給与等を支払い、又は当該医療法人の他の従業員に比し過大な給与等を支払うこと。

(チ)　これらの者の債務に関して、保証、弁済、免除又は引受け（当該医療法人の設立のための財産の提供に伴う債務の引受けを除く。）をすること。

(リ)　契約金額が少額なものを除き、入札等公正な方法によらないで、こ

れらの者が行う物品の販売、工事請負、役務提供、物品の賃貸その他
の事業に係る契約の相手方となること。

(ヌ) 事業の遂行により供与する利益を主として、又は不公正な方法で、
これらの者に与えること。

通知においては、ＭＳ法人との取引が存在することのみをもって、特
別の利益供与を与えるとされておりません。

**持分の定めのない医療法人への移行計画認定制度Ｑ＆Ａ
（厚生労働省医政局医療経営支援課 令和５年５月改訂）**

Ｑ４－10　医療法人の役員が取引のあるＭＳ法人（メディカル・サービス
　　　　　法人）の役員を兼務している場合、問題となることはありますか。

【Ａ】

　医療機関の開設者である法人の役員については、原則として当該医療
機関の開設・経営上の利害関係にある営利法人等の役職員を兼務しない
こととされているため、医療法人の運営上問題があります。そのため、
以下の通知（※）で特に認められる場合を除き、原則兼務を解消するこ
とが求められます。

（※）『医療機関の開設者の確認及び非営利性の確認について』平成５年２月３日付
　　け厚生省健康政策局総務課長・指導課長通知

　　http://www.mhlw.go.jp/topics/bukyoku/isei/igyou/igyoukeiei/tuchi/050203.pdf

　また、審査に当たり、このようなＭＳ法人との取引がある場合、取引
の相手方の選定理由や、取引価額の決定方法についての説明を求めるこ
とがあります。取引の適正性を担保する観点からも、なるべく入札や同
業他社との見積もりによる比較を実施するようにしてください。

ただし、契約金額が少額でない取引を入札等公正な方法によっていな
い場合には、特別の利益供与とみなされることがありますので、注意が
必要です。

第3章　▶ 医療法人の種別ごとのＭＳ法人との関係　159

4 認定医療法人がMS法人から入札によらず取引を行う場合

　通知において、認定医療法人がMS法人と、契約金額が少額なものを除き、入札等公正な方法によらない例えば物品の売買取引等を行い、その取引が社会通念上不相当と認められる場合には、特別の利益を供与しているものとみなされます。

　取引内容の適正性以前に、MS法人に取引を通じて利益を生じさせる行為が、特別の利益供与と明示する、厳しい基準となっています。

　この場合の、契約金額が少額な取引の範囲とは、例えば新聞購読料のような取引を指すものと考えられます。

【契約金額が少額な取引を示した例】

「医療法人の役員と営利法人の役職員の兼務に関するQ&A」の送付について
（平成24年3月30日　厚生労働省医政局指導課　事務連絡）

　Q5．営利法人等との取引額が少額である場合とは何か。

　A5．営利法人等との取引額が少額である場合について、少額取引であれば、医療機関の非営利性に影響を与えることはないものと考えることから、兼務の制限の対象としないこととしたものである。

　　　例えば、地域の人から医療法人の役員を選ぶ際に、当該役員が株式会社の新聞店代表で、当該新聞店から当該医療法人が新聞を1部購入しているからといって、当該購入が医療機関の非営利性に反するとまではいえないと考える。

　　　なお、「少額」の具体的な水準については、医療機関の規模や取引の内容も様々であって医療機関の非営利性に影響を与えない範囲として、一律の金額を示すことは、必ずしも適当ではないため、都道府県において、今までの指導や個別のケースに応じて判断いただきたいと考えている。

　また、通知において入札等公正な方法による取引を求めていますが、入札によらなくても認定医療法人にとって適切な運営につながる場合には、MS法人との随意契約は認められると考えられます。

例えば、３社以上の業者から見積もりを徴し比較するなど、適正な価格を客観的に判断できる場合や、契約の性質又は目的が競争入札に適さない場合などは、入札によらず、ＭＳ法人と随意契約による物品購入等が行えると考えられます。

5 　認定医療法人がＭＳ法人から不動産を賃借する場合

　一般的に賃借をする不動産は、立地などから他の不動産に代替できるものではありません。そのため、認定医療法人がＭＳ法人から不動産を賃借する場合は、「契約の性質又は目的が競争入札に適さない場合」に該当すると考えられます。

　ただし、認定医療法人とＭＳ法人が締結する不動産賃貸借契約は、ＭＳ法人を通じて医療法人の関係者に利益を供与することがないよう、第三者と同程度の契約条件でなければなりません。

第3章 ▶ 医療法人の種別ごとのＭＳ法人との関係　161

3 - 7

MS法人との取引があっても
社会医療法人の認定は受けられますか

ポイント

○MS法人との取引があっても、社会医療法人の認定が受けられる。
○MS法人と取引する必然性と適正性が求められる。

1 社会医療法人制度

(1) 社会医療法人の概要

　社会医療法人とは、財団たる医療法人又は社団たる医療法人で持分の定めのないもののうち、救急医療やへき地医療、周産期医療など特に地域で必要な医療の供与を担う医療法人として、医療法42条の2に定める要件を満たし、都道府県知事から認定を受けた医療法人です。

　社会医療法人が行う本来事業にかかる法人税は非課税とされ、附帯事業や収益事業にかかる法人税は軽減税率を適用できます（法法66③）。

　さらに、社会医療法人が取得し、直接救急医療等確保事業に係る業務の用に供する不動産に係る不動産取得税は非課税となり、固定資産税及び都市計画税についても、非課税とされます。

【主な認定要件】

イ　各役員及びその親族等の数が、役員の総数の3分の1以下であること。
ロ　社団たる医療法人の社員及びその親族等の数が、社員の総数の3分の1以下であること。
ハ　財団たる医療法人の評議員及びその親族等の数が、評議員の総数の3分の1以下であること。
ニ　開設する病院又は診療所のうち1以上のものが医療計画に記載され、一定の基準を超える救急医療等確保事業を行っていること。

162

ホ　理事の定数は6人以上とし、監事の定数は2人以上など公的な運営を
　　実施していること。

　ヘ　社員、評議員、理事、監事やこれらの者の親族などや、株式会社その
　　他の営利事業を営む者などに対し、寄附その他の特別の利益を与える行
　　為を行わないものであること。

(2) 救急医療等確保事業

　社会医療法人の認定を受けるには、それぞれ次の数を満たした救急医
療等確保事業の実績基準が求められます。

① 救急医療実績基準

1）過去3期における初診患者に占める時間外等加算を算定した患者数
　が20%以上（DMAT参加法人は16%以上）

2）過去3期における土日夜間等の救急車等受入れが、年間750件以上（D
　MAT参加法人は600件以上）

② 精神科救急医療実績基準

$$\frac{過去3期における精神疾患時間外診療件数}{精神科救急医療圏人口} \times 1万人 \geqq 7.5$$

③ へき地医療基準

1）前期のへき地医師の延べ派遣（巡回診療）日数が53日以上

2）前期のへき地医療拠点病院への医師派遣日数が106人日以上
　　かつ、へき地医療拠点病院からへき地診療所への医師派遣（巡回）
　日数が106人日以上

3）前期の自ら開設するへき地診療所における診療日が209日

④ 周産期医療

　過去3期における平均分娩数500件以上、平均母体搬送受入10件以上、
かつ平均ハイリスク分娩管理加算1件以上

⑤ 小児医療

　過去3期における小児初診患者に占める時間外等加算を算定した小児
患者数が20%以上

(3) 医療法人の関係者の範囲

社会医療法人の認定を受けるには(1)「ヘ」のとおり、医療法人の関係者、株式会社その他営利事業を営む者又は特定の個人若しくは団体に対して、特別の利益を供与するとは認められません（医療法施行規則30の35の3①一ホ、ヘ）。

【医療法人の関係者の範囲】

> イ　当該医療法人の理事、監事又は使用人
> ロ　当該医療法人が社団医療法人である場合にあっては、その社員
> ハ　当該医療法人が財団医療法人である場合にあっては、その設立者又は評議員
> ニ　イからハまでに掲げる者の配偶者及び三親等以内の親族
> ホ　イからハまでに掲げる者と婚姻の届出をしていないが事実上婚姻関係と同様の事情にある者
> ヘ　イからハまでに掲げる者から受ける金銭その他の財産によって生計を維持しているもの
> ト　ホ又はヘに掲げる者の親族でこれらの者と生計を一にしているもの

(4) 社会医療法人の認定調査

社会医療法人の認定を受ける場合、都道府県職員が申請を行う医療法人に出向き、要件に該当しているかどうか、関係者への特別の利益供与の有無を含め実地調査がなされます。

実地調査は半日程度しか行われませんので、関係者の特別の利益供与の有無を深く調査させることは稀であり、社会医療法人の認定に関して、特別の利益供与の有無の判定審査は甘いとも言われています。

しかし、社会医療法人の認定申請書に、特別の利益供与がないことに相違ないことを記載させることによって自らがその判断をしなければならないこととなっています。

特別の利益供与があるにも関わらず、認定申請書に無と記載した場合には、申請書の虚偽記載とされ、認定を取り消されるリスクもあります。

【社会医療法人認定申請書　抜粋】

添付書類６

　公的な運営に関する要件（医療法第４２条の２第１項第１号から第３号まで及び
第６号）に該当する旨を説明する書類（運営）

申請者名：＿＿＿＿＿＿＿＿＿＿＿＿＿＿＿＿＿

住　　　所：＿＿＿＿＿＿＿＿＿＿＿＿＿＿＿＿＿

以下のとおり相違ありません。

４　経理内容（規則第３０条の３５の３第１項第１号ホ及びヘ）

区　　　分	医療法人の関係者、株式会社その他営利事業を営む者又は特定の個人若しくは団体に対する特別の利益の供与の内容	特別の利益の有無
施設の利用		有　・　無
金銭の貸付け		有　・　無
資産の譲渡		有　・　無
給与の支給		有　・　無
役員等の選任		有　・　無
その他財産の運用及び事業の運営		有　・　無

２　社会医療法人の認定申請とＭＳ法人

　社会医療法人の認定申請において、ＭＳ法人との取引があることのみ
をもって、社会医療法人の認定が得られないという審査実務は行われて
いません。

　ただし、ＭＳ法人との取引があるならば、その取引内容が適切である
ことは当然として、ＭＳ法人と取引をしなければならない必然性も求め
られます。

　ＭＳ法人との取引があっても、社会医療法人の認定を受けることが可
能ですが、特定医療法人の認定申請と同様に、ＭＳ法人との取引は適正
であるとの立証が求められます。

3-8

監査対象法人は
MS法人との取引は認められますか

ポイント

○監査対象法人であっても、必然性のあるMS法人との取引は認められる。

○MS法人との取引は、注記しなければならない。

1 監査対象となる医療法人

　平成29年4月2日施行された改正医療法に併せて、「医療法人会計基準」（平成28年厚生労働省令第95号）が公布され、平成29年4月2日以後に開始する会計年度に係る会計について適用されることとなりました。

　医療法では、一定以上の規模を有する医療法人は、作成した貸借対照表及び損益計算書について、公認会計士又は監査法人の監査を受けなければなりません（医療法51②⑤）。

　公認会計士等の監査を受けなければならない医療法人の規模は、次のように定められています（医療法施行規則33の2）。

---

① 医療法人（社会医療法人を除く。）について

　　貸借対照表の負債の部に計上した額の合計額が50億円以上又は損益計算書の事業収益の部に計上した額の合計額が70億円以上であること。

② 社会医療法人について

　イ 貸借対照表の負債の部に計上した額の合計額が20億円以上又は損益計算書の事業収益の部に計上した額の合計額が10億円以上であること。

　ロ 社会医療法人債を発行していること。

この場合の金額は、決算承認を受けた直近の事業報告書等の合計額で判定されます。

医療法人に公認会計士等の監査が導入された理由は、「公益法人制度改革に関する有識者会議報告書」において、「透明性の確保」が提言されたことがその一因になっていると考えられます。

報告書において、公益法人は、公益性を有するに相応しいしっかりとしたガバナンスが求められ、情報開示も徹底することとされ、医療法人においても医業経営における会計の透明性の確保を目的に、一定規模以上の医療法人に公認会計士等の監査が義務付けられました。

この点は、国会の答弁においても確認できます。

第183回国会　厚生労働委員会　第4号（平成25年3月22日（金曜日））

田村憲久厚生労働大臣答弁（抜粋）

　医療機関、医療法人もさまざまですけれども、かなり大きなお金を動かしているところもあるわけであります。そういう意味で、その経営、運営が、より持続的に、安定的に、それでいて、健全であり、透明性というものをしっかりと担保できるという意味からすれば、やはり医療法人の会計基準なるものを早急につくるべきだという御意見、それはごもっともだというふうに思います。（略）

2　公認会計士等の監査を受けない場合

公認会計士等の監査を受けなければならない医療法人であっても、公認会計士等の監査を受けない場合、毎会計年度終了後3か月以内に都道府県知事に届け出るべき監査報告書が提出できません（医療法52①三）。

また、理事又は監事は、公認会計士による監査を行わないなど、履行すべき任務を怠ったこととなり、生じた損害があるときは賠償する責任を負います（医療法47他）。

3　医療法人会計基準

公認会計士等の監査を受ける医療法人は、医療法人会計基準に適合し

第3章 ▶ 医療法人の種別ごとのMS法人との関係　167

た会計処理が求められます。

公認会計士等は、貸借対照表及び損益計算書に重要な虚偽表示がなく、適切な開示がされていることを監査するために、医療法人の取引についても監査の対象とします。

医療法人は一般的に内部統制が確立されている例は少なく、契約プロセスや購買プロセスが不透明な事例が多く見受けられます。

MS法人との取引について、例えば次のような指摘がなされています。

【公認会計士の監査によって指摘を受けた事例】

・MS法人から医療法人が物品を購入するに際し、取引額の決定経緯や契約内容の検討がなされていない事例
・物品の発注、納品、請求、支払のそれぞれの内容が同一か確認できない事例
・口頭による発注など、発注した記録が存在しない事例
・資産賃借がある場合の、契約条件を検討した記録がない事例
・取引の相手先に対し、債権債務の残高を確認していない事例

4 MS法人との取引内容の注記

(1) 注記によるMS法人との取引の開示

公認会計士等の監査を受ける医療法人であっても、MS法人との取引は認められます。

また、特定医療法人や社会医療法人、認定医療法人の場合、MS法人との取引は、適正な取引内容であることのほか、必然性のある取引であることが求められますが、公認会計士等の監査においては、そこまでの高度な必然性は求められないことが一般的です。

例えば、MS法人から医薬品等の購入を行っている場合において、取引を行うための医薬品の卸売販売業の許可を受けているかどうか確認されますが、MS法人から購入する必然性まで求められるケースは稀だと考えられます。

公認会計士等の監査を受ける医療法人が、ＭＳ法人と取引を行っている場合には、ＭＳ法人の名称、所在地、直近の会計期末における総資産額及び事業の内容などを注記しなければなりません（医療法人会計基準適用上の留意事項並びに財産目録、純資産変動計算書及び附属明細表の作成方法に関する運用指針23）。

　ただし、一般競争入札によっている場合は、ＭＳ法人との取引についての注記は不要とされていますが、一般競争入札を実施している事例はほとんどないでしょう。

【医療法人会計基準適用上の留意事項並びに財産目録、純資産変動計算書及び附属明細表の作成方法に関する運用指針（医政発0420第５号　平成28年４月20日）】

23　関係事業者に関する注記について

　法第51条第１項に定める関係事業者との取引について、次に掲げる事項を関係事業者ごとに注記しなければならない。

①　当該関係事業者が法人の場合には、その名称、所在地、直近の会計期末における総資産額及び事業の内容

②　当該関係事業者が個人の場合には、その氏名及び職業

③　当該医療法人と関係事業者との関係

④　取引の内容

⑤　取引の種類別の取引金額

⑥　取引条件及び取引条件の決定方針

⑦　取引により発生した債権債務に係る主な科目別の期末残高

⑧　取引条件の変更があった場合には、その旨、変更の内容及び当該変更が計算書類に与えている影響の内容

　ただし、関係事業者との間の取引のうち、次に定める取引については、上記の注記を要しない。

イ　一般競争入札による取引並びに預金利息及び配当金の受取りその他取引の性格からみて取引条件が一般の取引と同様であることが明白な取引

ロ　役員に対する報酬、賞与及び退職慰労金の支払い

(2) 注記が求められる理由

　ＭＳ法人との取引について、注記すべきこととされたのは、一般社団法人日本医療法人協会、公益社団法人日本精神科病院協会、一般社団法人日本病院会及び公益社団法人全日本病院協会が構成する４病院団体協議会がまとめた「医療法人会計基準に関する検討報告書」において、密接に関係する者との取引は、他の者と異なる取引条件等であることが多く、財務諸表の数値に影響を与えることがあるからとされています。

医療法人会計基準に関する検討報告書（平成26年２月26日　４病院団体協議会）
３　　個別論点と実務上の対応 (9)　関連当事者に関する注記 　法人の運営に当たり、当該法人と密接に関係する者との取引は、他の者との取引と異なる取引条件等により、財務諸表の数値に影響を与えて財務諸表の利用者の判断を誤らせるおそれがある。このため、補足情報として、当該者の範囲を明確にするとともに、取引内容について注記することが適当とされている。この関連当事者との取引の注記については、他の民間非営利法人である学校法人会計、公益法人会計、社会福祉法人会計でも導入されており、医療法人においても重要な情報であること考えられる。ただし、他の会計情報と異なり、日常的な会計処理の集積によって得られるものではなく、関連当事者となるか否かの確認と取引情報の集積には特段の事務手数が生じるものであり、事務作業の困難性を考慮してより公益性の高い類型である社会医療法人に限定して注記表の一項目としたものである。なお、実質的に一体であるため、グループ全体の総合した財務諸表（企業会計における連結財務諸表）が必要であるという議論もあるが、連結会計は、支配力基準を導入したとは言え、資本所有関係を基礎としており、医療法人においては、資本所有関係による他法人との関係は現行において考えられないため、関連当事者取引の注記のみとしたものである。現在検討されている医療法人制度改革の行方によっては、このような法人グループとしての会計情報が必要となることも考えられる。

関連当事者の範囲は、注解20①に示されており、「関係法人」と「役員及びその近親者」が判定における重要な要素となる。「関係法人」は、まず、意思決定機関（各々の法人の法形態により、社員総会、理事会、株主総会、取締役会等が該当する）の構成員における密接な関係である。医療法人と判定する他の法人のそれぞれの意思決定機関の構成員についての判定である。ただし、この判定で該当しなくとも、資金関係や契約関係で関連当事者となるものもあることとなっている。「役員及びその近親者」は、当該医療法人の役員及びその配偶者・二親等内の親族（血族又は姻族）であり、直接取引と、当該「役員及びその近親者」が支配（意思決定機関の構成員の過半数を占めている）している法人との取引が含まれることとなっている。

　また、関連当事者となる場合であっても実際に注記表に掲載されるのは、重要性がある場合のみであり、この基準は、法人の場合は、損益計算書又は貸借対照表の項目毎にその割合又は絶対額で、個人の場合は全体として絶対額（1千万円超）が、注解20②に示されており、企業会計、社会福祉法人会計を比較検討して策定したものである。

　注記すべき内容については、そもそも対象としない取引とあわせて基準第4「1」に示されており、公益法人会計基準に準じたものである。

第3章 ▶ 医療法人の種別ごとのＭＳ法人との関係　171

(3) 注記例

　ＭＳ法人との注記例は、次のように例示されており、記載すべき内容は、都道府県知事に提出する関係事業者との取引内容報告書と若干異なります。

【関連当事者に関する注記例】

6　法第51条第1項に規定する関係事業者に関する事項

(1) 法人である関係事業者

種類	名称	所在地	総資産額（千円）	事業内容	関係事業者との関係	取引の内容	取引金額（千円）	科目	期末残高（千円）
役員及びその近親者が議決権の過半数を所有している会社等	医療法人社団○○会	○○市○区	632,748	介護老人保健施設	債務保証（注）1	債務保証	743,015	—	—

取引条件及び取引条件の決定方針等

（注）1　当法人は、銀行借入金に対して債務保証を行っております。なお、保証料は受領しておりません。

(2) 個人である関係事業者

種類	氏名	職業	関係事業者との関係	取引の内容	取引金額（千円）	科目	期末残高（千円）
役員	○○一郎	医師	理事	債務被保証（注）1	1,719,244	—	—
役員	○○二郎	医師	理事	債務被保証（注）1	1,528,020	—	—
役員	○○三郎	医師	理事	債務被保証（注）1	1,547,410	—	—

取引条件及び取引条件の決定方針等

（注）1　当法人は、銀行借入金に対して債務保証を受けております。なお、当法人は、当該債務保証について保証料の支払い及び担保提供を行っておりません。

第4章

医療法人と
MS法人との取引

4-1 医療法人は不動産賃貸業が行えますか

> **ポイント**
> ○医療法人は、社会医療法人を除き、原則として不動産賃貸業は行えない。
> ○例外的に不動産賃貸が行える場合がある。

1 医療法人の業務範囲

(1) 原則

医療法人は、病院、医師若しくは歯科医師が常時勤務する診療所、介護老人保健施設又は介護医療院を開設することを目的とした法人です（医療法39）。また、医療法人は、開設する病院や診療所などの業務に支障がない限り、一定の附帯業務を行うことができます（医療法42①）。

附帯業務は、本来事業に関係する業務であり、単独で附帯業務としてこれを行うことはできません。

例えば、医療法人が社宅用途の目的でアパートを取得し、そのアパートを従業員に貸し付けることは本来事業の福利厚生としてできますが、外部の者に貸し付けることは目的外の賃貸業となるためできません。

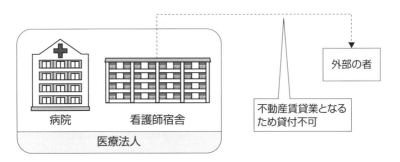

そこで、社宅用途のアパートをＭＳ法人が取得をし、社宅として医療法人に貸し付けるものの、空室が生じた場合には、ＭＳ法人が外部の者に貸し付けることが可能です。
　この方法ならば、医療法人がＭＳ法人から不動産を借り受ける合理的理由が立ちます。

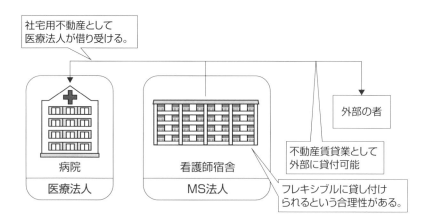

(2) 社会医療法人による収益事業

　医療法人のうち、一定の要件に該当するものは、都道府県知事より社会医療法人の認定を受けることができます（医療法42の2）。
　社会医療法人は、その開設する病院、診療所、介護老人保健施設又は介護医療院の業務に支障のない限り、不動産賃貸業など次の収益業務を行うことができます。

【厚生労働大臣の定める社会医療法人が行うことができる収益業務（平成19年3月30日　厚生労働省告示第九十二号）】

①農業、②林業、③漁業、④製造業、⑤情報通信業、⑥運輸業、⑦卸売・小売業、⑧不動産業（「建物売買業、土地売買業」を除く。）、⑨飲食店、宿泊業、⑩医療、福祉（病院、診療所又は介護老人保健施設に係るもの及び医療法第42条各号に掲げるものを除く。）、⑪教育、学習支援業、⑫複合サービス事業、⑬サービス業

ただし、社会医療法人は、実施する収益事業の内容を定款又は寄附行為に定めなければならず、社会医療法人の認定を受ければ、いつでも収益事業が行えるわけではありません。

【収益事業を実施している社会医療法人の定款例】

社会医療法人○○会定款
第1章　名称及び事務所
第1条　本社団は、社会医療法人○○会と称する。
第2章　目的及び事業
第3条　本社団は、病院を経営し、科学的でかつ適正な医療を普及することを目的とする。
第4条　本社団の開設する病院の名称及び開設場所は、次のとおりとする。
　(1)　○○病院　○○県○○市○○町
2　本社団が○○県知事から社会医療法人として認定を受けて実施する救急医療等確保事業に係る業務及び病院の名称は、次のとおりとする。
　(1)　○○県医療計画に記載された救急医療（○○病院）
第5条　本社団は、前2条に掲げる業務のほか、次の収益業務を行う。
　(1)　駐車場業
　(2)　料理品小売業

2　医療法人が行える不動産賃貸

(1)　遊休地の不動産賃貸

　医療法人が不動産業を原則として行えないことは前述のとおりですが、平成27年5月より遊休不動産に関しては不動産賃貸を行うことが認められました（運営管理指導要綱の改正について　医政発0521第3号　平成27年5月21日）。

　この場合の不動産賃貸は開設する病院等の附随業務に含まれ、収益業務とならず、特段の定款変更を行うことなく実施することができます。

176

【認められる遊休不動産の賃貸の条件】

①将来の建て替え予定地など、医療法人の業務の用に使用する可能性のある資産、又は土地の区画若しくは建物の構造上処分することが困難な資産であること
②遊休資産の管理手段として事業として行われていないと判断される程度の賃貸であること
③当該賃貸が医療法人の社会的信用を傷つけるおそれがないこと
④賃貸を行うことにより、当該医療法人が開設する病院等の業務の円滑な遂行を妨げるおそれがないこと

　なお、社会医療法人が収益事業として行う不動産賃貸業は、事業収益の欄に計上しますが、附随業務として行う遊休資産の賃貸による収入は損益計算書においては、事業外収益の欄に計上することになります。

【病院又は老人保健施設等を開設する医療法人の運営管理指導要綱の制定について（抜粋）】

項目	運営管理指導要綱	備考
2 資産管理	7　土地、建物等を賃貸借している場合は適正な契約がなされていること。 8　現在、使用していない土地・建物等については、長期的な観点から医療法人の業務の用に使用する可能性のない資産は、例えば売却するなど、適正に管理又は整理することを原則とする。	

第4章　▶医療法人とMS法人との取引　177

| | | その上で、長期的な観点から医療法人の業務の用に使用する可能性のある資産、又は土地の区画若しくは建物の構造上処分することが困難な資産については、その限りにおいて、遊休資産の管理手段として事業として行われていないと判断される程度において賃貸しても差し支えないこと。

ただし、当該賃貸が医療法人の社会的信用を傷つけるおそれがないこと、また、当該賃貸を行うことにより、当該医療法人が開設する病院等の業務の円滑な遂行を妨げるおそれがないこと。 | ・長期的な観点から医療法人の業務の用に使用する可能性のある資産とは、例えば、病院等の建て替え用地であることなどが考えられること。
・土地を賃貸する場合に、賃貸契約が終了した際は、原則更地で返却されることを前提とすること。
・新たな資産の取得は医療法人の業務の用に使用することを目的としたものであり、遊休資産としてこれを賃貸することは認められないこと。
・事業として行われていないと判断される程度とは、賃貸による収入の状況や貸付資産の管理の状況などを勘案して判断するものであること。
・遊休資産の賃貸による収入は損益計算書においては、事業外収益として計上するものであること。 |

(2) 患者などのためにする不動産賃貸

病院等の建物内で行われる売店への場所を貸して、賃料を収受することは、広義では不動産賃貸業に該当します。また、外来患者の駐車場に

関して、駐車料を収受する場合も、広義では不動産賃貸業になります。

しかし、これら賃貸の主たる目的は、患者やその家族などに対するサービスとして、医療提供又は療養の向上の一環として行われるものであり、不動産賃貸業ではなく、本来事業の附随行為として定款変更することなく実施することが可能です。

医療法人の業務範囲に関する通知（「医療法人の業務範囲」Ⅳ．附随業務①）によると、敷地外に有する法人所有の遊休資産を用いて行われる駐車場貸付は附随業務に含まれず、不動産賃貸業に該当することとされていますが、これは敷地外に所在する駐車場がすべて不動産賃貸業に該当するという意味ではないと考えます。

例えば、病院駐車場が時間極駐車場としている場合で、一般的な駐車料が200円の地域において、外来時間中は100円、外来時間を過ぎた後は600円としているなど、利用抑制のため駐車料を徴収している場合は、不動産賃貸業にならないと考えられます。

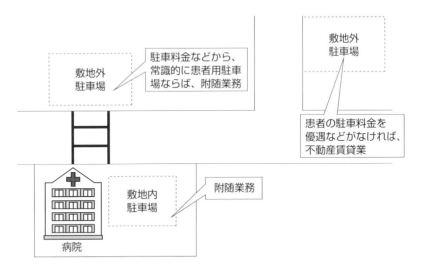

【医療法人の業務範囲 – 厚生労働省】

> Ⅳ．附随業務
>
> 　開設する病院等の業務の一部として又はこれに附随して行われるものは収益業務に含まれず、特段の定款変更等は要しません。（附随業務として行うことが可能）
>
> 　附随して行われる業務とは、次に掲げるものです。
>
> ①　病院等の施設内で当該病院等に入院若しくは通院する患者及びその家族を対象として行われる業務又は病院等の職員の福利厚生のために行われる業務であって、医療提供又は療養の向上の一環として行われるもの。
>
> 　　したがって、病院等の建物内で行われる売店、敷地内で行われる駐車場業等は、病院等の業務に附随して行われるものとされ、敷地外に有する法人所有の遊休資産を用いて行われる駐車場業は附随する業務に含まれないものとして取り扱います。（以下略）

4－2

医療法人からMS法人へ
資産を譲渡することはできますか

ポイント

○MS法人と医療法人の取引は、利益相反取引とならない。
○MS法人と持分のある医療法人との売買は、税務上損益を認識
　しないことがある。

1　MS法人へ資産を譲渡する場合

(1) MS法人が事業開始に伴って資産を取得する事例

　次のような場合に、医療法人が有する資産をMS法人が譲り受け、事
業を開始することが行われています。

○医療施設を医療法人からMS法人に譲渡して、MS法人が不動産賃貸業
　を開始する場合
○介護事業を医療法人からMS法人に移転する場合
○MS法人が関連事業を開始するにあたり、資産を譲り受ける場合

(2) 医療法人の手続き

　医療法人と医療法人の理事が不動産の売買を行うなどの取引は、理事
が利益を受ける可能性があることから、「競業及び利益相反取引の制限」
に該当し、取引にあたり理事会の決議を受けなければなりません（医療
法46の6の4、一般社団法84）。

　しかし、医療法人とMS法人との取引は、理事が直接利益を受けるこ
とがないことから、理事会の決議が必要な利益相反取引に該当しません。

　ただし、医療法人の理事長とMS法人の取締役が兼務をしている場合
などは、利益相反取引となる場合があります。

第4章　▶医療法人とMS法人との取引　181

また、病院の敷地など重要な資産を譲渡する場合には、社員総会又は
評議員会の承認が必要です（医療法46の4の5、46の7）。

【社員総会の議事録例】

> 第1号議案　土地売買契約の件
>
> 　本社団が開設する病院の敷地を、金5000万円をもって株式会社△△に譲
> 渡したい旨及び価額の経緯などを、理事長が詳細に説明するとともに、譲
> 渡契約書案を議場に提出した。
>
> 　慎重に協議した結果、社員各位から反対意見もなかったことから、全員
> 一致をもって本件敷地の譲渡を行うことが可決された。

(3) MS法人の手続き

　株式会社であるMS法人が、財産の価額や取得する目的、MS法人の
総資産額などを総合的に考慮し、重要な財産を取得する場合は、取締役
会を設置する会社は取締役会で、取締役会を設置していない会社は株主
総会での決議が必要です。

【株主総会議事録例（取締役会を設置せず取締役が複数の場合）】

> 臨時株主総会議事録
>
> 　令和○年○月○日午前○時○分から、当会社の本店において臨時株
> 主総会を開催した。
>
> 株主の総数　　○○名
>
> 発行済株式の総数　　○○○○株　（自己株式の数　○○○○株）
>
> 議決権を行使することができる株主の数　　○○名
>
> 議決権を行使することができる株主の議決権の数　○○○○個
>
> 出席株主数（委任状による者を含む。）　　　○○名
>
> 出席株主の議決権の数　　○○○○個
>
> 出席取締役　佐藤一郎（議長兼議事録作成者）
>
> 　　　　　　佐藤次郎
>
> 　　　　　　佐藤三郎

出席監査役　清水一郎

　以上のとおり株主の出席があったので、定款の定めにより代表取締役佐藤一郎は議長席につき、本臨時総会は適法に成立したので、開会する旨を宣し、直ちに議事に入った。

第1号議案　不動産取得の件

　議長は、医療法人●●会（東京都東京区東京一丁目1番1号）より、下記不動産を金1億円により買い受けることについて、取得する経緯や価額の決定理由などとともに詳細に説明し、これを議場に諮ったところ、全員一致をもって承認可決した。

記

【買い受ける物件の表示】

　　　　所在　東京都東京区東京6丁目9番8号

　　　　種類　宅地

　　　　地積　1000.01平方メートル

　議長は、本件不動産の買い受けを諮ったところ、異議なく一同これを承認した。

　議長は、以上をもって本日の議事を終了した旨を述べ、午前○時○分閉会し以上の決議を明確にするため、この議事録を作り、議長及び出席役員がこれに記名押印する。

令和○年○月○日

○○商事株式会社　臨時株主総会

代表取締役　　　佐藤一郎　　　印

取締役　　　　　佐藤次郎　　　印

　同　　　　　　佐藤三郎　　　印

監査役　　　　　清水一郎　　　印

2 譲渡損益の認識

(1) グループ法人税制の概要

　同族で100％の資本関係を有する法人間において、一定の資産を譲渡等した場合、譲渡法人においては譲渡損益を税務上認識せず課税が繰り延べられます（法法61の13）。これをグループ法人税制といいます。

　譲渡損益の制限対象となる資産（「譲渡損益調整資産」といいます）は、譲渡直前の帳簿価額が1,000万円以上である、固定資産、土地（土地の上に存する権利）、有価証券（売買目的有価証券を除く）、金銭債権、繰延資産です。

(2) 譲渡損益が認識されない理由

　古くから、グループ法人間で資産を譲渡し、譲渡損失を生じさせ、法人税の節税を図ることが行われてきました。

　しかし、会社法施行以降は、株式会社の合併や分割など組織再編が容易に行えるようになったことから、実質は同一の法人であるにもかかわらず、譲渡損失を生じさせることが可能となっていました。

　例えば、グループ法人税制が施行する前までは、グループ法人間で資産を譲渡して譲渡損益を生じさせ、その後に譲渡法人と譲受法人を合併することにより、実質的には譲渡法人が譲渡損失を生じさせることが可能でした。

　そこで、グループ法人税制の導入により、実質的に譲渡したと言えないような、グループ法人間の譲渡損益を生じさせる租税回避策が封じ込められました。

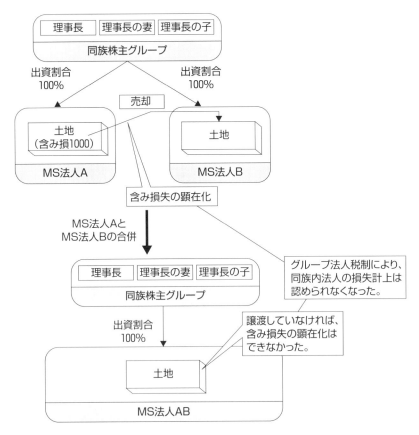

(3) 持分のある医療法人との譲渡

　医療法人の持分を有する親族等と、ＭＳ法人の出資を有する親族等が同一のグループの場合、これらの法人間で、譲渡損益調整資産を譲渡した場合には、グループ法人税制の適用対象となり、税務上は譲渡損益を認識しません。

　グループ法人税制は、法人の株式又は出資の100％を、一の者によって保有する完全支配関係がある場合に対象となりますが、この出資は医療法人の出資も含まれます。

　例えば、次のような資本関係ならば、医療法人もＭＳ法人も同一の親族グループに支配されていますので、グループ法人税制が適用されます。

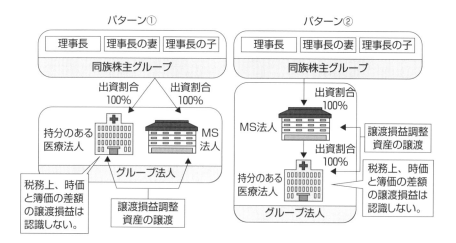

　医療法人とMS法人は、設立の根拠となる法律が異なるため、合併することはできず、上記(2)のような租税回避策を実行することはできませんが、グループ法人税制の対象となります。

(4) 持分のない医療法人との譲渡

　医療法人が持分のない医療法人の場合、MS法人と同一の者における100％の資本関係は生じません。

　したがって、MS法人に譲渡損益対象資産を譲渡した場合、譲渡損益を認識します。

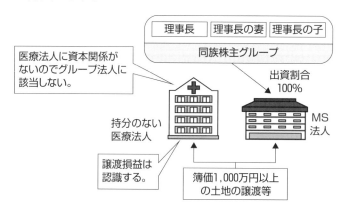

そのほか、持分のある医療法人と、一般社団法人を使ったＭＳ法人との間で譲渡した場合も、一般社団法人は、同族株主グループと資本関係を有さないことから、グループ法人税制の制限を受けません。

（5）持分のない医療法人への移行の影響

持分のある医療法人が、厚生労働大臣による認定を受けるなどにより、持分のない医療法人に移行する場合があります。

医療法人の持分が定款変更により消滅した場合には、当然にＭＳ法人との完全支配関係を有しなくなります。

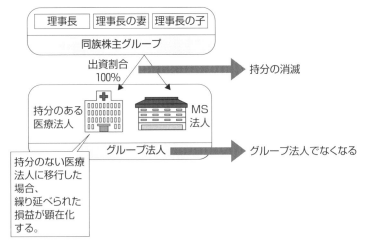

譲渡法人が譲受法人との間に完全支配関係を有しないこととなった場合、譲渡損益調整資産に係る譲渡利益額又は譲渡損失額に相当する金額は、その譲渡法人のその完全支配関係を有しないこととなった日の前日の属する事業年度の所得の金額の計算上、益金の額又は損金の額に算入されます（法法61の13③）。

すなわち、持分のない医療法人となった事業年度において、グループ法人税制により繰り延べられた譲渡損益が、税務上認識されることになります。

この課税を留意せずに、持分のない医療法人移行した事例が見受けられ、注意を要する点と考えられます。

　一般的には、法人税申告書別表5（1）により、繰り延べられた譲渡損益の有無が確認できます。

4-3

医療法人がMS法人に寄附をした場合どのような影響がありますか

━ ポイント ━

○親子関係にあるMS法人と医療法人の間では、寄附による課税は生じない。

○医療法人の行う寄附は、配当類似行為に該当する可能性がある。

1 医療法人がMS法人へ寄附をする場合

(1) 寄附金の損金不算入の概要

医療法人がMS法人に寄附金を支出した場合、そのMS法人の資本金等の額と所得の金額に応じて計算された限度額を超える額は、損金に算入されません。

【持分のある医療法人の損金算入限度額】

$$\left(資本金等の額\times\frac{当期の月数}{12}\times\frac{2.5}{1,000}+所得の金額\times\frac{2.5}{100}\right)\times\frac{1}{4}=損金算入限度額$$

【持分のない医療法人の損金算入限度額】

所得の金額×1.25％＝損金算入限度額

寄附金とみなされるのは、対価性のない金銭の贈与だけではありません。高額な家賃支払いや高額な商品対価の支払いも、寄附金と認定されます。また、寄附を受領したMS法人では、寄附金収入は益金の額に算入されます。

(2) 完全支配関係間の寄附

医療法人とMS法人が完全支配関係にある場合には、寄附金を受けたMS法人において、その額は全額益金不算入となるとともに、医療法人が支出した寄附金は、**(1)**にかかわらず全額損金不算入となります（法法

第4章 ▶医療法人とMS法人との取引 189

37②)。

　法人による完全な支配関係は、次のような親子法人関係、又は同一親法人により兄弟関係となっている法人を指し、個人が株式を保有しているような兄弟会社は、**(1)**のとおり寄附金が全額損金不算入になることはありません。

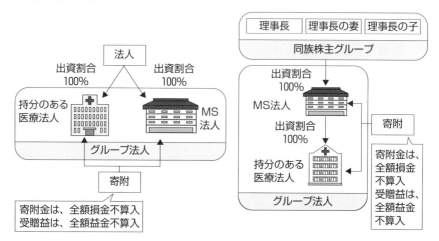

　したがって、MS法人と親子関係にある持分のある医療法人が、MS法人に高額の家賃を支払っても、税務上は課税が生じません。

　また、完全な支配関係が生じるのは、持分のある医療法人に限られ、持分のない医療法人が寄附をした場合は、**(1)**と同様に一定額を超える額の寄附金の損金不算入と、受贈益の益金算入が生じます。

(3) 寄附による簿価修正

　完全支配関係のある法人間において寄附があった場合、寄附を受けた子法人の株式を有する親法人は、次の算式により計算した金額相当の利益積立金を加減算するとともに、子法人株式の帳簿価額を調整します（法令9①七、法令119の3⑥）。

$$\text{子法人の受けた受贈益の額} \times \text{持分割合} - \text{子法人の支出した寄附金額} \times \text{持分割合}$$

　これを「寄附修正」といいます。

2 非営利法人と営利法人間の寄附

(1) 医療法人がMS法人に寄附した場合

　非営利法人である医療法人が営利法人であるMS法人に寄附をすることは、公費である保険診療報酬が間接的に営利法人に流れることになり、医療法人の非営利性という観点から認められません。

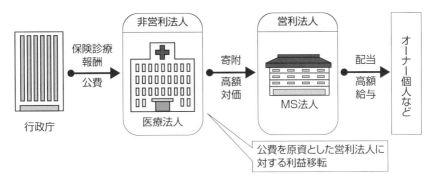

　また、対価性のない支払いを行ったことにより、医療法人に損害が生じた場合は、理事又は監事はその損害の賠償する責任を負います（医療法47）。

　さらに、このような営利法人への寄附は、配当類似行為と認定され、配当禁止条項に該当し（医療法54）医療法人の理事、監事又は清算人は、20万円以下の過料に処される可能性があります（医療法93七）。

(2) MS法人が医療法人に寄附した場合

　上記の(1)とは逆に、株式会社であるMS法人が医療法人に寄附を行った場合、完全支配関係がなければ、1(1)と同様に一定額を超える額の寄附金の損金不算入と、受贈益の益金算入が生じます。

　また、完全支配関係があれば、1(2)と同様に寄附金の全額損金不算入と、受贈益の全額益金算入となります。

　では、MS法人が、医療法人に寄附をした場合、医療法人の非営利性に影響はないのでしょうか。

　この点については、厚生労働省の通知により、MS法人が寄附を通し

て医療法人の経営を支配するようなことがなければ、認められるとされ
ています。

【営利法人の医療法人に寄附することについての厚生労働省通知】

医療法人に対する出資又は寄附について
（平成3年1月17日）
（指第1号）　　（東京弁護士会会長あて厚生省健康政策局指導課長回答）
照会
1　株式会社、有限会社その他営利法人は、法律上出資持分の定めのある
　社団医療法人、出資持分の定めのない社団医療法人または財団医療法人
　のいずれに対しても出資者又は寄附者となり得ますか。
2　仮に株式会社、有限会社その他営利法人は上記1の医療法人の出資者
　又は寄附者となり得るとした場合、医療法人新規設立の場合と既存医療
　法人に対する追加出資又は追加寄附の場合の2つの場合を含むのでしょ
　うか。

回答
　標記について、平成3年1月9日付東照第3617号で照会のあったことに
ついては、下記により回答する。

記
　照会事項1については、医療法第7条第4項において「営利を目的とし
て、病院、診療所又は助産所を開設しようとする者に対しては、都道府県
知事は開設の許可を与えないことができる。」と規定されており、医療法
人が開設する病院、診療所は営利を否定されている。そのため営利を目的
とする商法上の会社は、医療法人に出資することにより社員となることは
できないものと解する。
　すなわち、出資又は寄附によって医療法人に財産を提供する行為は可能
であるが、それに伴っての社員としての社員総会における議決権を取得す
ることや役員として医療法人の経営に参画することはできないことにな
る。
　照会事項2については、医療法人新規設立の場合と既存医療法人に対す
る追加出資又は追加寄附の場合も含むことになる。

3 社会医療法人によるMS法人への寄附

(1) 社会医療法人の概要

　社会医療法人とは、救急医療やへき地医療、周産期医療など特に地域で必要な医療の提供を担う医療法人が、高いレベルで救急医療等確保事業を実施しているものとして当道府県知事から認定された医療法人です（医療法42の2）。

　社会医療法人は、病院、診療所や介護老人保健施設、介護医療院から生じる所得について法人税を非課税とされるとともに、直接、救急医療等確保事業等の業務の用に供する固定資産の不動産取得税、固定資産税及び都市計画税についても非課税とされるなど、多くの恩恵を受ける法人です。

　しかしそのためには、社会医療法人は、医療の公益性が高く求められます。

(2) 社会医療法人がMS法人に寄附した場合

　高い公益性が求められる社会医療法人が、MS法人に寄附を行った場合、社会医療法人の要件に反することになり、認定が取り消される可能性があります。

　寄附金とみなされるのは、対価性のない金銭の贈与のほかに、高額な家賃支払いや高額な商品対価の支払いも寄附金と認定されますので、社会医療法人の場合、MS法人との取引は、一般の医療法人より深く検討した取引内容でなければ、リスクが高いといえます。

【医政発第0331008号　社会医療法人の認定について（抜粋）】

6　公的な運営に関する要件について（法第42条の2第1項第6号関係）

(1) 医療法人の運営について（医療法施行規則（昭和23年厚生省令第50号。以下「規則」という。）第30条の35の2第1項第1号関係）

⑦　その事業を行うに当たり、株式会社その他の営利事業を営む者又は特定の個人若しくは団体の利益を図る活動を行う者に対し、寄附その他の

第4章　▶医療法人とMS法人との取引　193

特別の利益を与える行為を行わないものであること。ただし、公益法人等に対し、当該公益法人等が行う公益目的の事業のために寄附その他の特別の利益を与える行為を行う場合は、この限りでない。

　なお、特定の個人又は団体の利益を図る活動を行う者とは、次に掲げる者とする。

イ　株式会社その他の営利事業を営む者に対して寄附その他の特別の利益を与える活動（公益法人等に対して当該公益法人等が行う公益社団法人及び公益財団法人の認定等に関する法律第2条第4号に規定する公益目的事業又は医学若しくは医術又は公衆衛生に関する事業のために寄附その他の特別の利益を与えるものを除く。）を行う個人又は団体

ロ　特定の者から継続的に若しくは反復して資産の譲渡、貸付け若しくは役務の提供を受ける者又は特定の者の行う会員等相互の支援、交流、連絡その他その対象が会員等である活動に参加する者に共通する利益を図る活動を行うことを主たる目的とする団体

4　認定医療法人によるMS法人への寄附

(1) 認定医療法人の概要

　認定医療法人とは、持分のある医療法人から持分のない医療法人へ移行しようとする計画について、厚生労働大臣による認定を受けた医療法人です。

　移行計画の認定の要件に、持分のない医療法人へ移行しようとする医療法人が、その運営に関し、社員、理事、監事、使用人その他の当該医療法人の関係者に対し特別の利益を与えないことが求められます。

　また、株式会社その他の営利事業を営む者又は特定の個人若しくは団体の利益を図る活動を行う者に対し、寄附その他の特別の利益を与える行為を行わないものであることも求められます。

(2) 認定医療法人がMS法人に寄附した場合

　税務上の恩典を受けることができる認定医療法人が、MS法人に寄附

を行った場合、認定医療法人の要件に反し、移行計画の認定が取り消される可能性があります。

　寄附金とみなされるのは、前述のとおり対価性のない金銭の贈与のほかに、高額な家賃支払いや高額な商品対価の支払いも寄附金と認定されますので、認定医療法人の場合も社会医療法人と同様に、ＭＳ法人との取引を行う場合には、一般の医療法人より深く検討した取引内容でなければ、リスクが高いといえます。

【持分の定めのない医療法人への移行に関する計画の認定制度について（抜粋）】

> 4　運営に関する要件（同項第4号及び改正省令による改正後の医療法施
> 　行規則（昭和23年厚生省令第50号。以下「施行規則」という。）第57条
> 　の2）
>
> (3)　その事業を行うに当たり、株式会社その他の営利事業を営む者又は特
> 　定の個人若しくは団体の利益を図る活動を行う者に対し、寄附その他の
> 　特別の利益を与える行為を行わないものであること。ただし、公益法人
> 　等に対し、当該公益法人等が行う公益目的の事業のために寄附その他の
> 　特別の利益を与える行為を行う場合は、この限りでない。（施行規則第
> 　57条の2第1項第1号ハ）
> 　　「特定の個人又は団体の利益を図る活動を行う者」とは、次に掲げる
> 　者とする。
>
> イ　株式会社その他の営利事業を営む者に対して寄附その他の特別の利益
> 　を与える活動（公益法人等に対して、当該公益法人等が行う公益社団法
> 　人及び公益財団法人の認定等に関する法律（平成18年改正法律第49号）
> 　第2条第4号に規定する公益目的事業又は医学若しくは医術又は公衆衛
> 　生に関する事業のために寄附その他の特別の利益を与えるものを除く。）
> 　を行う個人又は団体
>
> ロ　特定の者から継続的に若しくは反復して資産の譲渡、貸付け若しくは
> 　役務の提供をける者又は特定の者の行う会員等相互の支援、交流、連絡
> 　その他その対象が会員等である活動に参加する者に共通する利益を図る
> 　活動を行うことを主たる目的とする団体

4-4

院長個人からMS法人へ
不動産を譲渡することができますか

> **ポイント**
> ○個人からMS法人への資産の譲渡は、適切な取引条件ならば問題がない。
> ○個人とMS法人の取締役が同一の時、利益相反取引となり決議が必要となる。

1 個人がMS法人へ資産を譲渡する場合

(1) 譲渡が必要な場合

　医療施設を開設している個人が有する資産を、MS法人に譲渡することは、次のような場合に行われています。

> ○医療施設を個人からMS法人に譲渡して、MS法人が不動産賃貸業を開始する場合
> ○個人が有する固定資産が預金に資産が変わり、流動比率が高まるため相続税の納税資金対策となる場合
> ○親族が設立したMS法人に医療施設を譲渡し、MS法人への家賃支払いを通じて、親族への安定的な資金移転を行う場合

(2) 個人の手続き

　医療施設を開設している個人とMS法人との譲渡は、保健所などへの届出は不要です。

　病院に関して利用する部屋の種別変更など開設許可事項に変更が生じた場合、病院開設許可事項一部変更許可申請を行わなければなりませんが、病院建物を譲渡したものの、引き続きそのままの状況で使用を継続する場合は、開設許可事項に変更が生じず、病院開設許可事項一部変更

許可申請は不要です。

(3) MS法人の手続き

　株式会社であるMS法人が、金額や内容から判断し重要な資産を取得する場合は、取締役会を設置する会社は取締役会で、取締役会を設置していない会社は株主総会の決議が必要です。

　また、医療施設を開設している個人は、原則としてMS法人の役員を兼務することができませんが、次の3要件を満たす場合に限り、医療施設を開設している個人とMS法人の役員を兼務が可能です。

①医療機関が必要とする土地又は建物を賃借する商取引を行う関係であること
②従業員が5名以下など、MS法人の規模が小さいことにより役職員を第三者に変更することが直ちには困難なこと
③契約の内容が妥当であると認められること

　ただし、上記要件を満たし、譲渡者である個人と、譲受者であるMS法人の取締役が同一人物の場合には利益相反取引となり、取締役会を設置している会社は取締役会で、取締役会を設置していない会社は株主総会での利益相反取引を承認する決議が必要です。

【株主総会議事録例（取締役会を設置せず取締役が複数の場合）】

臨時株主総会議事録

令和○年○月○日午前○時○分から、当会社の本店において臨時株主総会を開催した。

議決権のある当会社株主総数	○○名
議決権のある発行済株式総数	○○○○株
総株主の議決権の数	○○○○個
出席株主数（委任状による者を含む）	○○○○名
この議決権のある持株総数	○○○○株
この議決権の総数	○○○○個

第4章　▶医療法人とMS法人との取引　197

出席取締役　〇〇〇〇（議長兼議事録作成者）

　　　　　　　〇〇〇〇

　以上のとおり株主の出席があったので、定款の規定により代表取締役社長〇〇〇〇は議長席につき、本臨時総会は適法に成立したので、開会する旨を宣し、直ちに議事に入った。

第1議案　当会社と取締役〇〇〇〇との利益相反取引承認の件

　議長は、当会社の取締役である〇〇〇〇と当会社との間で、次の不動産売買契約が利益相反行為に該当するため、会社法第356条により本件契約につき承認を得る必要がある旨を述べ、賛否を議場に諮ったところ、満場一致をもってこれに賛成した。

記

　所在　東京都東京区大町1丁目

　地番　1番1号

　地積　1000.01平方メートル

　取引金額　金1億円

　議長は、以上をもって本日の議事を終了した旨を述べ、午前〇時〇分閉会した。

　以上の決議を明確にするため、この議事録をつくり、議長及び出席役員がこれに記名押印する。

令和〇年〇月〇日

　　　　　　〇〇〇株式会社臨時株主総会

　　　　　　　　代表取締役　〇〇〇〇　印

　　　　　　　　取締役　〇〇〇〇　印

2　個人との譲渡に関するポイント

(1) 事業報告書等への記載

　不動産を譲渡する個人が、医療法人の役員であるなど医療法人と関係があり、取引の総額が1,000万円以上、かつ医療法人の当該会計年度の末日における総資産の1％以上を占める取引となる場合には、取引内容

を関係事業者との取引の状況に関する報告書に記載し、事業年度末日から3か月以内に、事業報告書とともに主務官庁に提出しなければなりません。

【関係事業者との取引の状況に関する報告書 記載例】

(2) 個人である関係事業者							
種類	氏名	職業	関係事業者との関係	取引の内容	取引金額（千円）	科目	期末残高（千円）
役員	千田太郎	医師	理事長	土地の購入	12,000		

（取引条件及び取引件の決定方針等）

1．不動産の価格は、不動産鑑定評価により決定し、理事会の議決を受けている。

2．購入に際しては取引金融から融資を受け、引渡し時に対価を支払っている。

(2) 税務手続きの論点

個人からMS法人が不動産を取得した場合と、医療法人からMS法人が不動産を取得した場合とでは、次のような違いや特徴があります。

○持分のある医療法人とMS法人が固定資産を売買した場合に、資本関係によっては譲渡損益を税務上認識しないことがあるが、個人とMS法人が固定資産を売買した場合には譲渡損益を認識する。

○個人が不動産を譲渡したことによる損失は、他の所得と通算することができない。

○個人が譲渡した不動産が自宅であったとしても、個人と関係があるMS法人への譲渡は、居住用の譲渡所得の特例を適用することはできない。

4－5

事業承継にあたり
MS法人を活用する方法がありますか

ポイント

○医療施設をMS法人に譲渡し、後継者から賃料を受ける承継方法
が行われている。
○後継者は、多額の開業資金がなくても、事業を譲り受けること
ができる。

1 診療所の廃止

(1) 診療所数の状況

1年間で、一般診療所7,612施設、歯科診療所1,252施設が、廃止又は
休止しています。

このうち、医療法人成りによる休止診療所が600程度と見込まれます
が、残余の約8,000施設が、実質的に廃業しているものと見込まれます。

【令和3年医療施設（動態）調査】

表2　施設の種類別にみた施設数の動態状況

	令和3年10月1日現在(2021)	増減数 (令和2 (2020) 年10月～令和3 (2021) 年9月)						令和2年10月1日現在(2020)
			増		減		種類の変更	
			開設	再開	廃止	休止		
一般診療所	104,292	1,680	9,546	229	7,612	483	・	102,612
有床	6,169	△ 134	43	12	45	35	△ 109	6,303
無床	98,123	1,814	9,503	217	7,567	448	109	96,309
歯科診療所	67,899	25	1,352	70	1,252	145	・	67,874
有床	21	—	1	—	1	—	—	21
無床	67,878	25	1,351	70	1,251	145	—	67,853

(2) 診療所廃止に伴う建物の取扱い

診療所を廃止する理由は様々ですが、院長の高齢化や逝去に伴うケースも多くあると考えられます。

診療所を廃止した場合、これまで通院していた患者がいなくなり、診療所を引き継ぐ医師を見つけられても、承継する患者が不在のため診療所の価値が下がることとなります。

また、診療所不動産を自己所有もしくは医療法人所有していた場合、使用しなくなった診療所不動産を維持していかなければなりません。

2 診療所の建物の所有権移転

(1) MS法人による建物の取得

将来の診療所の承継に伴い、診療所不動産をMS法人に譲渡するケースが見受けられます。このような場合、次のようなメリットを考えて、建物の譲渡がなされています。

○建物を譲渡することにより、事業承継者から家賃を得ることができる。

○事業承継者は、営業権の対価や内装工事費用の負担がなく、初期投資を抑える開業が行える。

○事業承継者は、診療所廃業前に診療所を承継できれば、一定数の患者承継が見込める。

---

(2) MS法人による資金調達

MS法人が、診療所不動産を、個人若しくは医療法人から譲り受ける場合、不動産鑑定評価額などに基づく適切な対価であることが求められます。

また、MS法人は譲渡対価を個人若しくは医療法人に支払うために、資金を調達する必要があり、一般的には金融機関からの借入により資金を賄う方法が考えられます。

しかし、金融機関からの借入による資金調達は、一般的には最長でも

20年間までの弁済を求められ、診療所を開設する個人や医療法人から受ける地代家賃のみでは、返済を行えないことがあります。このような場合、譲渡対価のうち一定割合について院長から借入をし、残余を金融機関からの借入とすることにより、譲渡対価の資金調達を行えるケースがあります。

3 MS法人に支払う地代家賃額

(1) 院長などと関係があるMS法人の場合

医療法人が所有している診療所不動産を、ＭＳ法人に譲渡した場合、医療法人はＭＳ法人に対して地代家賃を支払うこととなります。この場合の地代家賃は、近隣賃貸事例などに基づく適切な金額であることが求められ、高額の賃料は認められません。

【医療法人の申請・届出丸わかりガイド〜医療法人の剰余金配当禁止について〜】
宮城県保健福祉部医療政策課医務班

1 医療法人の剰余金配当禁止と配当類似行為について

医療法人は、剰余金の配当が禁じられています（医療法第54条）。
ここでいう配当とは、利益処分としての配当だけでなく、配当に類似する行為（配当類似行為）も含まれます。

【重要】剰余金の配当禁止に抵触するおそれのある取引（例）

- ▶ 役員や特別の利害関係人が役員である関連法人（いわゆるMS法人）に対する貸付金・仮払金等の資金供与
- ▶ 役員のみを対象とする福利厚生（社宅の貸与等）、役員により法人資産の私的流用
- ▶ 役員等が負担すべき債務の医療法人による肩代わり、連帯保証の引受けや医療法人の資産への抵当権設定
- ▶ 役員の勤務実態や職務内容に不相応の高額な報酬や、近隣相場よりも不当に高額の不動産賃料の支払い

(2) 院長などと関係がないＭＳ法人の場合

　医療法人が所有している診療所不動産を、ＭＳ法人に譲渡し、その後院長の勇退などにより第三者に診療所の経営を譲った場合など、ＭＳ法人の役員等と医療法人の役員等とは関係を有さなくなります。

　一般的に、開設者と関係を有さない法人との取引は、制限を受けることがなくなります。

　そのため、診療所を譲った第三者から、近隣賃貸事例より高額な地代家賃の支払いを受けたとしても、一般的には問題となるケースは少なく、事業承継の対価として高額の地代家賃の譲受を行っているケースが見受けられます。

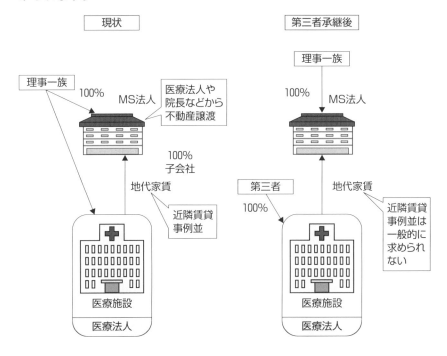

4-6

MS法人は医療法人の持分取得や社員の就任はできますか

■ポイント■

○MS法人による医療法人の持分取得は可能である。
○一般社団法人のMS法人は、社員に就任することができるが、払戻しは行えない。

1 MS法人の医療法人の持分の取得

(1) 概要

　約58,000の医療法人のうち、約6割にあたる36,844法人（令和5年3月31日現在）が、平成19年3月以前に設立認可申請された持分ある医療法人です。

　医療法人の持分を個人が保有している場合には、個人の相続に際して持分に対して相続税が課されますが、MS法人が持分を保有している場合に、直接相続税が課されることはありません。

　例えば、株式会社であるMS法人が持分を保有している場合、MS法人の株式に対して相続税が課されますが、医療法人の持分に対する課税は直接なされません。

　株式の評価を類似業種比準方式により行う場合、MS法人が保有している医療法人の持分に対する含み益（取得時から相続発生時までに上昇した持分評価額）に対して、MS法人の株式の評価額に影響を与えることはありません。

　また、株式の評価を純資産価額方式により行う場合、MS法人が保有している医療法人の持分に対する含み益（取得時から相続発生時までに上昇した持分評価額）の37%の法人税相当額を控除することができます。

204

さらに、医療法人の持分を有するMS法人が一般社団法人など、持分のない法人の場合には、特定の一般社団法人等に対する課税（注）がなされる場合を除き、医療法人の持分に対して相続税が課されません。

（注） 特定一般社団法人等（「相続開始の直前におけるその被相続人に係る同族理事の数の理事の総数のうちに占める割合が2分の1を超えること」などの要件を満たす一般社団法人等をいいます。）の理事である者が死亡した場合には、その特定一般社団法人等は、その死亡した被相続人の相続開始の時におけるその特定一般社団法人等の純資産額をその時における同族理事の数に1を加えた数で除して計算した金額に相当する金額をその被相続人から遺贈により取得したものと、その特定一般社団法人等を個人とそれぞれみなして、その特定一般社団法人等に相続税を課すこととされています。

(2) MS法人による持分の取得

社団医療法人の重要事項の決定は、最高意思決定機関である社員総会の多数決による議決により行われます。

社員総会の構成員である社員は、社団医療法人に対する出資の有無や金額等に関わりなく、1人1個の議決権を有します（医療法46の3の3①）。社員総会においては、株式会社等のような資本多数決原理はとられておらず、医療法人の出資と議決権は関係ありません。

したがって、医療法人の持分のすべてをMS法人が保有していたとしても、その持分をもって医療法人を完全に支配することはできません。

このような理由により、MS法人が医療法人の持分を有することは、禁止されておらず、厚生労働省通知により、この点が明らかにされています。

医療法人に対する出資又は寄附について

（平成3年1月17日）

（指第1号）

（東京弁護士会会長あて厚生省健康政策局指導課長回答）

第4章 ▶ 医療法人とMS法人との取引 | 205

1 　株式会社、有限会社その他営利法人は、法律上出資持分の定めのある社団医療法人、出資持分の定めのない社団医療法人または財団医療法人のいずれに対しても出資者又は寄附者となり得ますか。

2 　仮に株式会社、有限会社その他営利法人は上記1の医療法人の出資者又は寄附者となり得るとした場合、医療法人新規設立の場合と既存医療法人に対する追加出資又は追加寄附の場合の2つの場合を含むのでしょうか。

回答

　標記について、平成3年1月9日付東照第3617号で照会のあったことについては、下記により回答する。

　記

　照会事項1については、医療法第7条第4項において「営利を目的として、病院、診療所又は助産所を開設しようとする者に対しては、都道府県知事は開設の許可を与えないことができる。」と規定されており、医療法人が開設する病院、診療所は営利を否定されている。そのため営利を目的とする商法上の会社は、医療法人に出資することにより社員となることはできないものと解する。

　すなわち、出資又は寄附によって医療法人に財産を提供する行為は可能であるが、それに伴っての社員としての社員総会における議決権を取得することや役員として医療法人の経営に参画することはできないことになる。

　照会事項2については、医療法人新規設立の場合と既存医療法人に対する追加出資又は追加寄附の場合も含むことになる。

2　MS法人の社員就任

(1) 概要

　社団医療法人の最高意思決定機関である社員総会の構成員である社員は、営利法人が就任することができないとされています。

これは、営利法人が社員に就任し医療法人を支配することは、医業の非営利性に反すると考えられているからです。

(2) ＭＳ法人の社員就任

過去において、医療法人の社員は自然人に限られ、ＭＳ法人は社員に就任することはできないと解されていました。

しかし、厚生労働省通知（「医療法人の機関について」医政発0325第３号　平成28年３月25日）において、営利法人でない法人は社員に就任することができることが明らかになりました。

【医療法人の機関について】（抜粋）

> 第１　医療法人の機関に関する規定等の内容について
> ２　社員総会に関する事項について（法第46 条の３から第46 条の３の６関係）
> 　（５）　その他
> 　　③　社団たる医療法人の社員には、自然人だけでなく法人（営利を目的とする法人を除く。）もなることができること。

したがって、営利法人でない一般社団法人のＭＳ法人は、医療法人の持分を保有することができます。

医療法人の社員がすべていない場合、医療法人は当然に解散します（医療法55①五）。

交通事故などにより、社員が同時に死亡するリスクを回避するために、一般社団法人を社員に就任させる事例が見受けられます。

【医療法】

> 第55条　社団たる医療法人は、次の事由によつて解散する。
> 　五　社員の欠亡

(3) 持分の払戻し

持分のある社団医療法人の場合、定款に基づき、持分の払戻しを行うことができます。

しかし、営利法人のＭＳ法人は、社員に就任することができませんので、社員の退社に伴う持分払戻し請求を行うことはできません。

　また、営利法人でないＭＳ法人は社員に就任することができても、持分を有したまま社員に就任することはできませんので、持分の払戻しを行うことはできません。

【医療法人運営管理指導要綱】（抜粋）

Ⅰ　組織運営

4　社員

(1)　現員

・出資持分の定めがある医療法人の場合、相続等により出資持分の払戻し
　請求権を得た場合であっても、社員としての資格要件を備えていない場
　合は社員となることはできない。

【医療法人運営管理指導要綱】（抜粋）

Ⅰ　組織運営

4　社員

(1)　現員

　⑧　法人社員の場合は、法人名、住所、業種、入社年月日（退社年月日）
　　　（なお、法人社員が持分を持つことは、法人運営の安定性の観点から
　　　適当でないこと）

第5章

取引報告書の記載

5-1

MS法人との取引報告制度とは どのようなものですか

ポイント

○1,000万円以上の関係者取引など、要件を満たす取引は報告をしなければならない。
○資本関係が強い法人でも、役員が親族などでなければ報告する義務は生じない場合がある。

1 報告制度の創設

(1) 関係事業者との取引の状況に関する報告の概要

　平成29年4月2日以降に開始する医療法人の事業年度から、一定の関係者との取引については、毎事業年度終了の日から2か月以内に作成し（医療法51）、3か月以内に提出する事業報告書や財産目録とともに、「関係事業者との取引の状況に関する報告書」を都道府県知事などに提出しなければなりません。

　この制度の目的は、非営利法人である医療法人から、営利法人である株式会社などのMS法人に対して、不当に利益が移転されることを防止することにあります。

　この報告制度で注意すべきは、適正な取引内容であるかという点と、適法な取引内容であるかという点です。

(2) 適正な取引内容

　適正な取引であるためには、対価や期間などその取引条件が、第三者と締結するに至っても同程度の内容であることが求められます。

　したがって、第三者であれば100の対価となる取引が、MS法人取引だと120の対価で行うような取引は適正な取引とはいえません。

具体的には、次のような取引が適正でない取引と考えられます。

○物品の検品などを行わず、単なる伝票を経由することによって行う
　物販取引

○高額な賃料による、リース取引、不動産賃借取引

○高額な派遣料による人材派遣取引

ただし、社会福祉法人と違って、医療法人が入札等の方法によらず、積極的にＭＳ法人に取引の機会を与えても、その取引内容が適正であるならば、いまのところ税務の点を除き問題とされることはありません。

(3) 適法な取引内容

関係者との取引は、適法であることも当然求められます。『関係事業者との取引の状況に関する報告書』には、取引の内容を記載することになりますが、その内容が適法でない場合には、主務官庁から指導を受ける可能性があると考えるべきです。

例えば、一般の医療法人がＭＳ法人に不動産を貸し付けることは、医療法人の目的外取引のため、たとえその契約内容が適正な対価額であったとしても認められることではありません。

2 報告の対象となる取引の相手

一定の取引金額を超え、取引状況の報告を行なわなければならない相手方は、次のとおりです。

(1) 取引の相手方が個人の場合

① 当該医療法人の役員又は近親者（配偶者又は二親等内の親族）

(2) 取引の相手方が法人の場合

① 法人の代表者による判定

当該医療法人の役員又はその近親者が代表者である法人

② ＭＳ法人議決権支配による判定

当該医療法人の役員又はその近親者が株主総会、社員総会、評議員会、取締役会、理事会の議決権の過半数を占めている法人

③ 医療法人の議決権による判定

　他の法人の役員が当該医療法人の社員総会、評議員会、理事会の議決権の過半数を占めている場合の他の法人

④ 法人の間接支配による判定

　②の法人の役員が他の法人（当該医療法人を除く）の株主総会、社員総会、評議員会、取締役会、理事会の議決権の過半数を占めている場合の他の法人

　これは、下図のような場合を指し、医療法人の役員や親族ではないが、関係の深い法人の取締役が支配している法人との取引を指します。

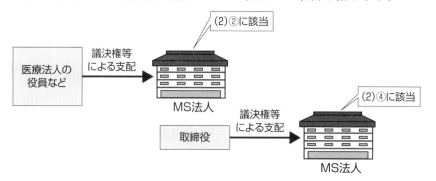

　規定では、役員による支配が行われている法人に関して、取引の対象としていますので、以下のような図の関係の場合は、取引状況の報告は不要です。

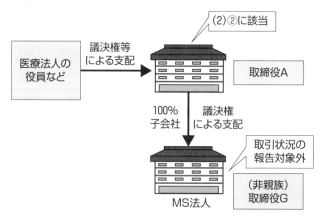

3 報告の対象となる取引

2により取引状況の報告の相手方となった個人や法人と、次の取引を行った場合には、取引状況の報告をしなればなりません。

関係事業者との取引が複数あるときは、原則として契約単位に基づき、契約ごとの取引の累計額により報告義務金額の判定を行います。

例えば医薬品の購入の場合、年間取引金額累計で判定し、不動産の購入の場合、複数の譲渡契約を1事業年度に行っても譲渡契約ごとに判定します。

① 事業収益費用額による判定

　イ　関係者等との取引にかかる収益額が1,000万円以上であり、かつ当該医療法人の当該会計年度における事業収益の総額（本来業務事業収益、附帯業務事業収益及び収益業務事業収益の総額）の10％以上を占める取引

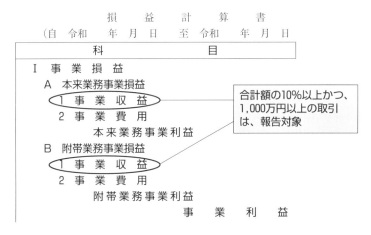

【考えられる取引】

○ＭＳ法人からの健康診断受託
○社会医療法人がＭＳ法人から受領する不動産賃貸収入

ロ　関係者との取引にかかる費用額が1,000万円以上であり、かつ当該医療法人の当該会計年度における事業費用の総額（本来業務事業費用、附帯業務事業費用及び収益業務事業費用の総額）の10％以上を占める取引

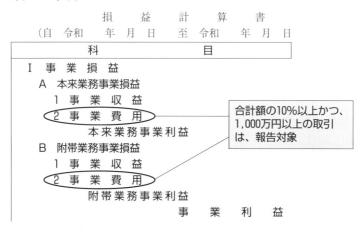

【考えられる取引】

○ＭＳ法人への賃貸料支払い
○ＭＳ法人への医薬品費支払い
○ＭＳ法人への人材派遣料支払い

② **事業外収益費用額による判定**

イ　関係者との取引にかかる事業外収益の額が1,000万円以上であり、かつ当該医療法人の当該会計年度における事業外収益総額の10％以上を占める取引

【考えられる取引】

○ＭＳ法人からの貸付利息
○ＭＳ法人が発行した債券の受取利息

ロ　関係者との取引にかかる事業外費用の額が1,000万円以上であり、かつ当該医療法人の当該会計年度における事業外費用の総額の10％以上を占める取引

【考えられる取引】

○ＭＳ法人への支払利息
○ＭＳ法人への保証料支払い

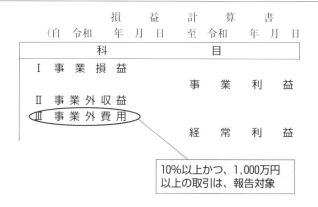

③ 事業利益・損失による判定

関係者との取引にかかる特別利益又は特別損失の額が、1,000万円以上である取引

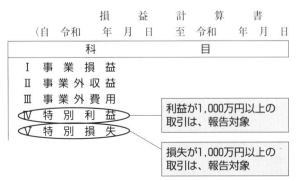

【考えられる取引】

○固定資産の売買
○投資有価証券の売買
○事業譲渡

なお、報告の対象となる取引は、利益又は損失が1,000万円以上の取引であり、取引金額が1,000万円以上の取引ではありません。

たとえ1億円の取引であっても、その利益又は損失が1,000万円未満の場合は、次の資産負債額の要件に該当しない限り報告する義務はありません。

④ 総資産・総負債額による判定

関係者との取引にかかる資産又は負債の総額が、当該医療法人の当該会計年度の末日における総資産の1％以上を占め、かつ1,000万円を超える残高になる取引

【考えられる取引】

○不動産の賃貸借取引
○借入金取引

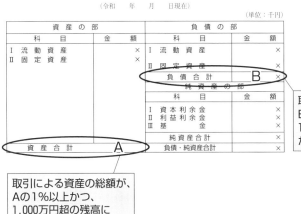

⑤ 資産の個別取引額による判定

　関係者との資金貸借、有形固定資産及び有価証券の売買その他の取引の総額が1,000万円以上であり、かつ当該医療法人の当該会計年度の末日における総資産の1％以上を占める取引

第5章 ▶取引報告書の記載 | 217

⑥　事業譲渡が行われた場合の取引額による判定

関係者と行われた事業の譲受又は譲渡の場合、資産又は負債の総額のいずれか大きい額が1,000万円以上であり、かつ当該医療法人の当該会計年度の末日における総資産の１％以上を占める取引

5－1の資料

医療法人の計算に関する事項について

医政発0420第 7 号

平成28年 4 月20日

医政発0330第33号

平成30年 3 月30日

最終改正　医政発0226第10号

令和 3 年 2 月26日

各都道府県知事　殿

厚生労働省医政局長

（公　印　省　略）

医療法人の計算に関する事項について

　平成27年 9 月28日に公布された「医療法の一部を改正する法律」（平成27年法律第74号。以下「改正法」という。）及び本日公布された「医療法施行規則及び厚生労働省の所管する法令の規則に基づく民間事業者等が行う書面の保存等における情報通信の技術の利用に関する省令の一部を改正する省令」（平成28年厚生労働省令第96号。以下「改正規則」という。）により、医療法（昭和23年法律第205号。以下「法」という。）及び医療法施行規則（昭和23年厚生省令第50号。以下「規則」という。）が改正され、医療法人の計算に関する規定が整備され、いずれも平成29年 4 月 2 日から施行されるところである。

　また、「医療法人会計基準」（平成28年厚生労働省令第95号。以下「会計基準」という。）についても本日公布され、同じく平成29年 4 月 2 日から施行されるところとなり、同日以後に開始する会計年度に係る会計について適用される。

　これらの施行にあたって、医療法人の計算に関する事項の留意事項について下記のとおり整理し、地方自治法（昭和22年法律第67号）第245条の

4第1項の規定に基づく技術的助言として通知するので、御了知のうえ、適正な運用に努めるとともに、所管の医療法人に対して周知されるようお願いしたい。

記

（中略）

第2　関係事業者に関する事項について

1　関係事業者について（法第51条第1項関係）

　　法第51条第1項に定める関係事業者とは、当該医療法人と(2)に掲げる取引を行う場合における(1)に掲げる者をいうこと。

　(1)　(2)に掲げる取引を行う者

　　①　当該医療法人の役員又はその近親者(配偶者又は二親等内の親族)

　　②　当該医療法人の役員又はその近親者が代表者である法人

　　③　当該医療法人の役員又はその近親者が株主総会、社員総会、評議員会、取締役会、理事会の議決権の過半数を占めている法人

　　④　他の法人の役員が当該医療法人の社員総会、評議員会、理事会の議決権の過半数を占めている場合の他の法人

　　⑤　③の法人の役員が他の法人（当該医療法人を除く。）の株主総会、社員総会、評議員会、取締役会、理事会の議決権の過半数を占めている場合の他の法人

　(2)　当該医療法人と行う取引

　　①　事業収益又は事業費用の額が、1千万円以上であり、かつ当該医療法人の当該会計年度における事業収益の総額（本来業務事業収益、附帯業務事業収益及び収益業務事業収益の総額）又は事業費用の総額（本来業務事業費用、附帯業務事業費用及び収益業務事業費用の総額）の10パーセント以上を占める取引

　　②　事業外収益又は事業外費用の額が、1千万円以上であり、かつ当該医療法人の当該会計年度における事業外収益又は事業外費用の総額の10パーセント以上を占める取引

③　特別利益又は特別損失の額が、１千万円以上である取引

④　資産又は負債の総額が、当該医療法人の当該会計年度の末日における総資産の１パーセント以上を占め、かつ１千万円を超える残高になる取引

⑤　資金貸借、有形固定資産及び有価証券の売買その他の取引の総額が、１千万円以上であり、かつ当該医療法人の当該会計年度の末日における総資産の１パーセント以上を占める取引

⑥　事業の譲受又は譲渡の場合、資産又は負債の総額のいずれか大きい額が、１千万円以上であり、かつ当該医療法人の当該会計年度の末日における総資産の１パーセント以上を占める取引

2　関係事業者との取引に関する報告について

(1) 報告内容について

　　関係事業者との取引に関する報告については、次に掲げる事項を関係事業者ごとに記載しなければならない。

①　当該関係事業者が法人の場合には、その名称、所在地、直近の会計期末における総資産額及び事業の内容

②　当該関係事業者が個人の場合には、その氏名及び職業

③　当該医療法人と関係事業者との関係

④　取引の内容

⑤　取引の種類別の取引金額

⑥　取引条件及び取引条件の決定方針

⑦　取引により発生した債権債務に係る主な科目別の期末残高

⑧　取引条件の変更があった場合には、その旨、変更の内容及び当該変更が計算書類に与えている影響の内容

　　ただし、関係事業者との間の取引のうち、次に定める取引については、報告を要しない。

　　イ　一般競争入札による取引並びに預金利息及び配当金の受取りその他取引の性格からみて取引条件が一般の取引と同様であることが明白な取引

　　ロ　役員に対する報酬、賞与及び退職慰労金の支払い

「医療法人における事業報告書等の様式について」（平成19年 3 月30日医政指発第0330003号）において示されている様式に沿って報告すること。なお、会計基準を適用している場合については、「医療法人会計基準適用上の留意事項並びに財産目録、純資産変動計算書及び附属明細表の作成方法に関する運用指針」（平成28年 4 月20日医政発0420第 5 号）の関係事業者に関する注記例と同一の様式であることを申し添える。

（2）報告期限について

　関係事業者との取引の状況に関する報告書は法第51条で定める事業報告書等に含まれることから、会計年度終了後 3 月以内に所管の都道府県知事に届け出ること。

　　　　　　　　　　　　　（以下略）

5－2

関係事業者との取引報告書は 必ず提出しなければなりませんか

ポイント

○関係事業者との取引報告書は、事業年度終了後3か月以内に提出しなければならない。
○報告を行わない場合、罰則を受けることがあり得る。

1 報告書の作成のタイムスケジュール

　報告を要する関係事業者と取引を行った医療法人は、毎会計年度終了後2か月以内に、事業報告書・財産目録・貸借対照表・損益計算書とともに、「関係事業者との取引の状況に関する報告書」を作成しなければなりません（医療法51①）。

　作成された「関係事業者との取引の状況に関する報告書」を含む事業報告書等は、決算承認にかかる社員総会又は評議員会に提出しなければなりません（医療法51の2）。

　ただし、決算承認を要する事業報告書等は、貸借対照表及び損益計算書に限られ、「関係事業者との取引の状況に関する報告書」は、社員総会及び評議員会において報告する必要はあるものの、承認を受ける必要はありません（医療法51の2）。

　さらに、「関係事業者との取引の状況に関する報告書」は、会計年度終了後3か月以内に所管の都道府県知事に届け出なければなりません（医療法52）。

第5章 ▶ 取引報告書の記載　223

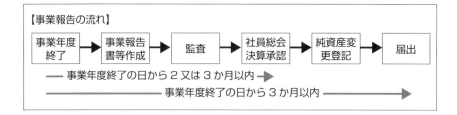

2 報告の内容

　一定の取引を行った医療法人は、次の事項を関係事業者ごとに報告しなければなりません。

【取引の相手方が個人の場合】

> ①取引の相手方の氏名及び職業
> ②当該医療法人と関係事業者との関係
> ③取引の内容
> ④取引の種類別の取引金額
> ⑤取引条件及び取引条件の決定方針
> ⑥取引により発生した債権債務に係る主な科目別の期末残高
> ⑦取引条件の変更があった場合には、その旨、変更の内容及び当該変更

【取引の相手方が法人の場合】

> ①取引の相手法人の名称、所在地、直近の会計期末における総資産額及び事業の内容
> ②当該医療法人と関係事業者との関係
> ③取引の内容
> ④取引の種類別の取引金額
> ⑤取引条件及び取引条件の決定方針
> ⑥取引により発生した債権債務に係る主な科目別の期末残高
> ⑦取引条件の変更があった場合には、その旨、変更の内容及び当該変更

　報告書に記載するにあたり注意を要するのは、枠外に記載する「⑤取引条件及び取引条件の決定方針」です。ここには、どのような内容を記

載すべきか、明確な基準は公表されていませんが、文章記入することから文字数も多くなり、その取引の適正性・適法性が満たされているか、再確認しながら記載すべきです。

例えば、次のような記載であれば、取引内容の報告を行っても問題はないと考えられます。

関係事業者との取引の状況に関する報告書

(1) 法人である関係事業者

種類	名称	所在地	資産総額（千円）	事業の内容	関係事業者との関係	取引の内容	取引金額（千円）	科目	期末残高（千円）
	株式会社●●	東京都●●区		不動産業	理事●●の子が代表者である法人	駐車場	1,200	地代家賃	0

（取引条件及び取引条件の決定方針等）

1台2万円×5台＝月額10万円
近隣月極駐車場料金　月額2万円

---

3 報告書への記載不要の場合

報告を要する関係事業者との取引は、所定の書式（様式5）により事業報告書等とともに、都道府県知事に届け出なければなりません。

ただし、たとえ1,000万円を超えるような取引であっても、営利を目的とした取引に該当しない次の取引については、記載を要しません。

①一般競争入札による取引並びに預金利息及び配当金の受取りその他取引の性格からみて取引条件が一般の取引と同様であることが明白な取引

②役員に対する報酬、賞与及び退職慰労金の支払い

なお、医療法人が役員報酬を支給する際は、定款に記載されている場合を除き、社員総会又は評議員会の決議を要します（医療法46の6の4、46の8の3、一般法人法89、105）。

4 罰則と役員の過失責任

　「関係事業者との取引の状況に関する報告書」に記載すべき事項を記載せず、又は虚偽の記載を届け出た場合には、医療法人の理事、監事は20万円以下の過料に処されます（医療法93⑥）。

　また、医療法人の理事又は監事が任務を怠ったことにより生じた損害を被った者は、理事に対して損害の賠償を求めることができます（医療法47）。役員への損害賠償額は、定款の定めなどにより一定の限度額を定めることができます（医療法47の2）。

　しかし、「関係事業者との取引の状況に関する報告書」に記載すべき事項を故意に記載せず、又は虚偽の記載を報告し、第三者に医療法人が損害を与えた場合には、損害を賠償する責任を負った理事や監事は、悪意又は重大な過失によるものとされ、医療法人の定款において役員など責任限度額が定められていたとしても、その損害の賠償責任が免除されることはありません（医療法48①）。

226

5－2の資料

【 改 正 後 全 文 】
医政指発第０３３０００３号
平 成 １ ９ 年 ３ 月 ３ ０ 日
医 政 支 発 1213 第 ３ 号
平 成 ３ ０ 年 １ ２ 月 １ ３ 日
最終改正 医 政 発 1225 第 17 号
令 和 ２ 年 １ ２ 月 ２ ５ 日

各都道府県医政主管部（局）長

各地方厚生局健康福祉部長　　　殿

　　　　　　　　　　　　　　厚生労働省医政局指導課長

　　　　医療法人における事業報告書等の様式について

　昨年６月21日法律第84号をもって公布された良質な医療を提供する体制の確立を図るための医療法等の一部を改正する法律（以下「改正法」という。）の施行に伴い、改正後の医療法による医療法人の事業報告書等の様式については、下記のとおりであるので、留意いただくとともに、貴管内医療法人に対してご指導願いたい。
　なお、これに伴い、「決算の届出等について（平成７年４月20日付指第26号厚生省健康政策局指導課長通知）」及び「病院会計準則の改正に伴う医療法人における決算の届出の様式に係る留意点について（平成16年８月19日付医政指発第0819002号厚生労働省医政局指導課長通知）」は廃止する。

　　　　　　　　　　　　　　　記

１　医療法（昭和23年法律第205号。以下「法」という。）第51条第１項の事業報告書、財産目録、貸借対照表、損益計算書及び関係事業者との取引の内容に関する報告書並びに第46条の４第７項第３号の監査報告書の様式を次のとおり定めたこと。
（1）事業報告書　　　　　　　　　　　　　　　　　　　　　様式１

第5章　▶取引報告書の記載　｜　227

(2) 財産目録 様式2

(3) 貸借対照表

① 病院、介護老人保健施設又は介護医療院を開設する医療法人 様式3-1

② 診療所のみを開設する医療法人 様式3-2

(4) 損益計算書

① 病院、介護老人保健施設又は介護医療院を開設する医療法人 様式4-1

② 診療所のみを開設する医療法人 様式4-2

(5) 関係事業者との取引の状況に関する報告書 様式5

(6) 監事監査報告書 様式6

2　法第54条の2第1項の社会医療法人債を発行した医療法人（当該社会医療法人債の総額について償還済みであるものを除く。）の財産目録、貸借対照表及び損益計算書の様式については、1にかかわらず、社会医療法人債を発行する社会医療法人の財務諸表の用語、様式及び作成方法に関する規則（平成19年厚生労働省令第38号）の様式第一号、様式第二号及び様式第三号により取り扱われたいこと。

3　法第51条第2項の医療法人の財産目録、貸借対照表及び損益計算書の様式については、1にかかわらず、財産目録については、医療法人会計基準適用上の留意事項並びに財産目録、純資産変動計算書及び附属明細表の作成方法に関する運用指針（平成28年4月20日医政発0420第5号）の様式第三号、貸借対照表及び損益計算書については、医療法人会計基準（平成28年厚生労働省令第95号）の様式第一号及び第二号により取り扱われたいこと。

〔別　紙〕
様式1

事　業　報　告　書
（自　令和○○年○○月○○日　至　令和○○年○○月○○日）

1　医療法人の概要
　(1) 名　　　　　称　　医療法人○○会
　　　　　　　　　　　① □ 財団　　□ 社団（ □ 出資持分なし　□ 出資持分あり ）
　　　　　　　　　　　② □ 社会医療法人　　□ 特定医療法人　　□ 出資額限度法人
　　　　　　　　　　　　　□ その他
　　　　　　　　　　　③ □ 基金制度採用　　□ 基金制度不採用
　　　　　　　　　　　注）①から③のそれぞれの項目（③は社団のみ。）について、該当する欄
　　　　　　　　　　　　　の□を塗りつぶすこと。（会計年度内に変更があった場合は変更後。）
　(2) 事務所の所在地　　○○県○○郡（市）○○町（村）○○番地
　　　　　　　　　　　注）複数の事務所を有する場合は、主たる事務所と従たる事務所を記載
　　　　　　　　　　　　　すること。
　(3) 設立認可年月日　　昭和・平成・令和○○年○○月○○日
　(4) 設立登記年月日　　昭和・平成・令和○○年○○月○○日
　(5) 役員及び評議員

	氏　　名	備　　　　考
理　事　長	○○　○○	
理　　　事	○○　○○	
同	○○　○○	
同	○○　○○	○○病院管理者
同	○○　○○	○○診療所管理者
同	○○　○○	介護老人保健施設○○園管理者
同	○○　○○	○○介護医療院管理者
監　　　事	○○　○○	
同	○○　○○	
評　議　員	○○　○○	医師（○○医師会会長）
同	○○　○○	経営有識者（○○経営コンサルタント代表）
同	○○　○○	医療を受ける者（○○自治会長）

　注）　1．「社会医療法人、特定医療法人及び医療法第42条の3第1項の認定を受けた医療法人」
　　　　　以外の医療法人は、記載しなくても差し支えないこと。
　　　　2．理事の備考欄に、当該医療法人の開設する病院、診療所、介護老人保健施設又は介護医療
　　　　　院（医療法第42条の指定管理者として管理する病院等を含む。）の管理者であることを記
　　　　　載すること。（医療法第46条の5第6項参照）
　　　　3．評議員の備考欄に、評議員の選任理由を記載すること。（医療法第46条の4第1項参照）

第5章 ▶ 取引報告書の記載 229

2　事業の概要

(1) 本来業務（開設する病院、診療所、介護老人保健施設又は介護医療院（医療法第４２条の指定
管理者として管理する病院等を含む。）の業務）

種　類	施設の名称	開　設　場　所	許可病床数
病院	○○病院	○○県○○郡（市）○○町（村）○○番地	一般病床　　○○○床 療養病床　　○○○床 [医療保険　　○○床] [介護保険　○○○床] 精神病床　　○○床 感染症病床　○○床 結核病床　　○○床
診療所	○○診療所 【○○市（町、村）から指定管理者として指定を受けて管理】	○○県○○郡（市）○○町（村）○○番地	一般病床　　○○床 療養病床　　○○床 [医療保険　　○○床] [介護保険　　○○床]
介護老人保健施設	○○園	○○県○○郡（市）○○町（村）○○番地	入所定員　○○○名 通所定員　　○○名
介護医療院	○○介護医療院	○○県○○郡（市）○○町（村）○○番地	入所定員　○○○名 通所定員　　○○名

注）　1．地方自治法第２４４条の２第３項に規定する指定管理者として管理する施設については、
その旨を施設の名称の下に【　　　】書で記載すること。

　　　2．療養病床に介護保険適用病床がある場合は、医療保険適用病床と介護保険適用病床のそれ
ぞれについて内訳を[　　　]書で記載すること。

　　　3．介護老人保健施設又は介護医療院の許可病床数の欄は、入所定員及び通所定員を記載する
こと。

(2) 附帯業務（医療法人が行う医療法第４２条各号に掲げる業務）

種類又は事業名	実　施　場　所	備　　　　考
訪問看護ステーション○○	○○県○○郡（市）○○町（村）○○番地	
○○在宅介護支援センター 【○○市（町、村）から委託を受けて管理】	○○県○○郡（市）○○町（村）○○番地	

注）地方公共団体から委託を受けて管理する施設については、その旨を施設の名称の下に【　　　】
書で記載すること。

(3) 収益業務（社会医療法人又は医療法第４２条の３第１項の認定を受けた医療法人が行うことができる業務）

種　　類	実　施　場　所	備　　考
駐車場業	○○県○○郡（市）○○町（村）○○番地	
料理品小売業	○○県○○郡（市）○○町（村）○○番地	

(4) 当該会計年度内に社員総会又は評議員会で議決又は同意した事項

令和○○年○○月○○日　　　令和○○年度決算の決定

令和○○年○○月○○日　　　定款の変更

令和○○年○○月○○日　　　社員の入社及び除名

令和○○年○○月○○日　　　理事、監事の選任、辞任の承認

令和○○年○○月○○日　　　令和○○年度の事業計画及び収支予算の決定

〃　　　　　　令和○○年度の借入金額の最高限度額の決定

〃　　　　　　医療機関債の発行（購入）の決定

注）(5)、(6)については、医療機関債を発行又は購入する医療法人が記載し、(7)以下については、病院、介護老人保健施設又は介護医療院を開設する医療法人が記載し、診療所のみを開設する医療法人は記載しなくても差し支えないこと。

(5) 当該会計年度内に発行した医療機関債
　　注）医療機関債の発行総額、申込単位、申込期間、利率、払込期日、資金使途、償還の方法及び期限を記載すること。なお、発行要項の写しの添付に代えても差し支えない。
　　　　医療機関債を医療法人が引き受けた場合には、当該医療法人名を全て明記すること。

(6) 当該会計年度内に購入した医療機関債
　　注）１．医療機関債を購入する医療法人は、医療機関債の発行により資産の取得が行われる医療機関と同一の二次医療圏内に自らの医療機関を有しており、これらの医療機関が地域における医療機能の分化・連携に資する医療連携を行っており、かつ、当該医療連携を継続することが自らの医療機関の機能を維持・向上するために必要である理由を記載すること。
　　　　２．購入した医療機関債名、発行元医療法人名、購入総額及び償還期間を記載すること。なお、契約書又は債権証書の写しの添付に代えても差し支えない。

(7) 当該会計年度内に開設（許可を含む）した主要な施設
　　令和○○年○○月○○日　　　○○病院開設許可（令和○○年開院予定）
　　令和○○年○○月○○日　　　○○診療所開設

令和○○年○○月○○日　　訪問看護ステーション○○開設

(8) 当該会計年度内に他の法律、通知等において指定された内容
　　　令和○○年○○月○○日　　　公害健康被害の補償等に関する法律の公害医療機関
　　　令和○○年○○月○○日　　　小児救急医療拠点病院
　　　令和○○年○○月○○日　　　エイズ治療拠点病院
　　注）全ての指定内容について記載しても差し支えない。

(9) その他
　　注）当該会計年度内に行われた工事、医療機器の購入又はリース契約、診療科の新設又は
　　　　廃止等を記載する。（任意）

様式2

法人名 _____　※医療法人整理番号 ☐☐☐☐☐
所在地 _____

財　産　目　録
（令和　　年　　月　　日現在）

1．資　　産　　額　　　　　　　　×××　千円
2．負　　債　　額　　　　　　　　×××　千円
3．純　資　産　額　　　　　　　　×××　千円

（内　　訳）　　　　　　　　　　　　　　　　　　　　　　　　　　（単位：千円）

区　　　　　　　　　　分	金　　額
A　流　動　資　産	×××
B　固　定　資　産	×××
C　資　産　合　計　　　　　　　　（A＋B）	×××
D　負　債　合　計	×××
E　純　　資　　産　　　　　　　　（C－D）	×××

（注）財産目録の価額は、貸借対照表の価額と一致すること。

土地及び建物について、該当する欄の□を塗りつぶすこと。 　　　土　　　　地　（□ 法人所有　□ 賃借　□ 部分的に法人所有(部分的に賃借)） 　　　建　　　　物　（□ 法人所有　□ 賃借　□ 部分的に法人所有(部分的に賃借)）

第5章　▶ 取引報告書の記載　233

様式３－１

法人名 _____

所在地 _____

※医療法人整理番号 ☐ ☐ ☐ ☐ ☐

貸 借 対 照 表

（令和　　年　　月　　日現在）

（単位：千円）

資　産　の　部		負　債　の　部	
科　　目	金　　額	科　　目	金　　額
Ⅰ　流　動　資　産	×××	Ⅰ　流　動　負　債	×××
現 金 及 び 預 金	×××	支　払　手　形	×××
事 業 未 収 金	×××	買　　掛　　金	×××
有　価　証　券	×××	短 期 借 入 金	×××
た な 卸 資 産	×××	未　　払　　金	×××
前　　渡　　金	×××	未　払　費　用	×××
前 払 費 用	×××	未 払 法 人 税 等	×××
その他の流動資産	×××	未 払 消 費 税 等	×××
Ⅱ　固　定　資　産	×××	前　　受　　金	×××
1 有 形 固 定 資 産	×××	預　　り　　金	×××
建　　　　物	×××	前　受　収　益	×××
構　　築　　物	×××	○ ○ 引 当 金	×××
医 療 用 器 械 備 品	×××	その他の流動負債	×××
その他の器械備品	×××	Ⅱ　固　定　負　債	×××
車 両 及 び 船 舶	×××	医 療 機 関 債	×××
土　　　　地	×××	長 期 借 入 金	×××
建 設 仮 勘 定	×××	繰 延 税 金 負 債	×××
その他の有形固定資産	×××	○ ○ 引 当 金	×××
2 無 形 固 定 資 産	×××	その他の固定負債	×××
借　地　権	×××	負　債　合　計	×××
ソ フ ト ウ ェ ア	×××	純　資　産　の　部	
その他の無形固定資産	×××	科　　目	金　　額
3 そ の 他 の 資 産	×××	Ⅰ　基　　　　金	×××
有　価　証　券	×××	Ⅱ　積　立　金	×××
長 期 貸 付 金	×××	代　替　基　金	×××
保有医療機関債	×××	○ ○ 積 立 金	×××
その他長期貸付金	×××	繰越利益積立金	×××
役職員等長期貸付金	×××	Ⅲ　評価・換算差額等	×××
長 期 前 払 費 用	×××	その他有価証券評価差額金	×××
繰 延 税 金 資 産	×××	繰延ヘッジ損益	×××
その他の固定資産	×××		
		純　資　産　合　計	×××
資　産　合　計	×××	負債・純資産合計	×××

（注）１．表中の科目について、不要な科目は削除しても差し支えないこと。また、別に表示することが適当であると認められるものについては、当該資産、負債及び純資産を示す名称を付した科目をもって、別に掲記することを妨げないこと。

　　　２．社会医療法人及び特定医療法人については、純資産の部の基金の科目を削除すること。

　　　３．経過措置医療法人は、純資産の部の基金の科目の代わりに出資金とするとともに、代替基金の科目を削除すること。

234

様式３－２

法人名＿＿＿＿＿＿＿＿＿＿＿＿＿＿＿＿＿＿＿＿＿　※医療法人整理番号 ☐☐☐☐☐
所在地＿＿＿＿＿＿＿＿＿＿＿＿＿＿＿＿＿＿＿＿＿

貸　借　対　照　表
（令和　　年　　月　　日現在）

（単位：千円）

資　産　の　部		負　債　の　部	
科　　目	金　　額	科　　目	金　　額
Ⅰ　流　動　資　産	×××	Ⅰ　流　動　負　債	×××
Ⅱ　固　定　資　産	×××	Ⅱ　固　定　負　債	×××
1　有形固定資産	×××	（うち医療機関債）	（×××）
2　無形固定資産	×××	負　債　合　計	×××
3　その他の資産	×××	純　資　産　の　部	
（うち保有医療機関債）	（×××）	科　　目	金　　額
		Ⅰ　基　　　　　金	×××
		Ⅱ　積　　立　　金	×××
		（うち代替基金）	（×××）
		Ⅲ　評価・換算差額等	×××
		純　資　産　合　計	×××
資　産　合　計	×××	負債・純資産合計	×××

（注）経過措置医療法人は、純資産の部の基金の科目の代わりに出資金とするとともに、代替基金の科目を
　　　削除すること。

様式４－１

法人名 _____　　※医療法人整理番号 ⬚⬚⬚⬚⬚
所在地 _____

損　益　計　算　書
（自　令和　　年　　月　　日　至　令和　　年　　月　　日）

（単位：千円）

科　　　　　　目	金	額
Ⅰ　事　業　損　益		
A　本来業務事業損益		
1　事　業　収　益		××××
2　事　業　費　用		
（1）事　　業　　費	××××	
（2）本　　部　　費	××××	××××
本来業務事業利益		××××
B　附帯業務事業損益		
1　事　業　収　益		××××
2　事　業　費　用		××××
附帯業務事業利益		××××
C　収益業務事業損益		
1　事　業　収　益		××××
2　事　業　費　用		××××
収益業務事業利益		××××
事　業　利　益		××××
Ⅱ　事　業　外　収　益		
受　取　利　息	××××	
その他の事業外収益	××××	××××
Ⅲ　事　業　外　費　用		
支　払　利　息	××××	
その他の事業外費用	××××	××××
経　常　利　益		××××
Ⅳ　特　別　利　益		
固定資産売却益	××××	
その他の特別利益	××××	××××
Ⅴ　特　別　損　失		
固定資産売却損	××××	
その他の特別損失	××××	××××
税　引　前　当　期　純　利　益		××××
法人税・住民税及び事業税	××××	
法　人　税　等　調　整　額	××××	××××
当　　期　　純　　利　　益		××××

（注）　1．利益がマイナスとなる場合には、「利益」を「損失」と表示すること。
　　　　2．表中の科目について、不要な科目は削除しても差し支えないこと。また、別に表示することが適当で
　　　　　あると認められるものについては、当該事業損益、事業外収益、事業外費用、特別利益及び特別損失を
　　　　　を示す名称を付した科目をもって、別に掲記することを妨げないこと。

様式4－2

法人名 _____　※医療法人整理番号 ⬚⬚⬚⬚⬚
所在地 _____

損　益　計　算　書
（自　令和　　年　　月　　日　至　令和　　年　　月　　日）

（単位：千円）

科　　　　　　　　　目	金　　　額
Ⅰ　事　業　損　益	
A　本来業務事業損益	
1　事　業　収　益	××××
2　事　業　費　用	××××
本来業務事業利益	××××
B　附帯業務事業損益	
1　事　業　収　益	××××
2　事　業　費　用	××××
附帯業務事業利益	××××
事　業　利　益	××××
Ⅱ　事　業　外　収　益	××××
Ⅲ　事　業　外　費　用	××××
経　常　利　益	××××
Ⅳ　特　別　利　益	××××
Ⅴ　特　別　損　失	××××
税　引　前　当　期　純　利　益	××××
法　　人　　税　　等	××××
当　　期　　純　　利　　益	××××

（注）　1．利益がマイナスとなる場合には、「利益」を「損失」と表示すること。
　　　　2．表中の科目について、不要な科目は削除しても差し支えないこと。

第5章　▶ 取引報告書の記載　　237

様式5

法人名 _____
所在地 _____

淀医様法人整理番号 [　][　][　]

関係事業者との取引の状況に関する報告書

（1）法人である関係事業者

種類	名称	所在地	総資産額 （千円）	事業の内容	関係事業者 との関係	取引の内容	取引金額 （千円）	科目	期末残高 （千円）

（取引条件及び取引条件の決定方針等）

（2）個人である関係事業者

種類	氏名	職業	関係事業者 との関係	取引の内容	取引金額 （千円）	科目	期末残高 （千円）

（取引条件及び取引条件の決定方針等）

様式6

監 事 監 査 報 告 書

医療法人○○会
理事長　○○　○○　　殿

　　私（注1）は、医療法人○○会の令和○○会計年度（令和○○年○○月○○日から令和○○年○○月○○日まで）の業務及び財産の状況等について監査を行いました。その結果につき、以下のとおり報告いたします。

監査の方法の概要
　　私たちは、理事会その他重要な会議に出席するほか、理事等からその職務の執行状況を聴取し、重要な決裁書類等を閲覧し、本部及び主要な施設において業務及び財産の状況を調査し、事業報告を求めました。また、事業報告書並びに会計帳簿等の調査を行い、計算書類、すなわち財産目録、貸借対照表及び損益計算書（注2）の監査を実施しました。

記

監査結果
(1) 事業報告書は、法令及び定款（寄附行為）に従い、法人の状況を正しく示しているものと認めます。
(2) 会計帳簿は、記載すべき事項を正しく記載し、上記の計算書類の記載と合致しているものと認めます。
(3) 計算書類は、法令及び定款（寄附行為）に従い、損益及び財産の状況を正しく示しているものと認めます。
(4) 理事の職務執行に関する不正の行為又は法令若しくは定款（寄附行為）に違反する重大な事実は認められません。

令和○○年○○月○○日
医療法人○○会
監事　○○　○○
監事　○○　○○

（注1）監査人が複数の場合には、「私たち」とする。
（注2）関係事業者との取引がある医療法人については、「財産目録、貸借対照表、損益計算書及び関係事業者との取引の状況に関する報告書」とし、社会医療法人債を発行する医療法人については、「財産目録、貸借対照表、損益計算書、純資産変動計算書、キャッシュ・フロー計算書及び附属明細表」とする。

第5章 ▶ 取引報告書の記載　239

5-3

関係事業者との取引報告書の記載方法について教えてください

ポイント

○「関係事業者との取引の状況に関する報告書」の記載様式は、定められている。

○取引条件及び取引条件の決定方針の記載内容によっては、特別の利益提供として指導を受けることがある。

1 「関係事業者との取引の状況に関する報告書」の様式

　事業報告書とともに提出する「関係事業者との取引の状況に関する報告書」の様式は、次のとおり定められています。

様式5

法人名 _____　　　※医療法人整理番号 ☐☐☐☐☐

所在地 _____

関係事業者との取引の状況に関する報告書

(1) 法人である関係事業者

種類	名称	所在地	資産総額 (千円)	事業の 内容	関係事業者 との関係	取引の 内容	取引金額 (千円)	科目	期末残高 (千円)

(取引条件及び取引条件の決定方針等)

(2) 個人である関係事業者

種類	氏名	職業	関係事業者 との関係	取引の 内容	取引金額 (千円)	科目	期末残高 (千円)

(取引条件及び取引条件の決定方針等)

2 「関係事業者との取引の状況に関する報告書」の記載方法

(1) 記載すべき事項

　関係事業者との取引の状況に関する報告書の作成方法は、関係事業者が法人である場合と、関係事業者が個人の場合によって異なります。

　記載内容は、次のとおりです。

「医療法人の計算に関する事項について」

（医政支発0420第7号　平成28年4月20日ほか）

　2　関係事業者との取引に関する報告について

（1）　報告内容について

　関係事業者との取引に関する報告については、次に掲げる事項を関係事業者ごとに記載しなければならない。

① 当該関係事業者が法人の場合には、その名称、所在地、直近の会計期末における総資産額及び事業の内容

② 当該関係事業者が個人の場合には、その氏名及び職業

③ 当該医療法人と関係事業者との関係

④ 取引の内容

⑤ 取引の種類別の取引金額

⑥ 取引により発生した債権債務に係る主な科目別の期末残高

⑦ 取引条件及び取引条件の決定方針

⑧ 取引条件の変更があった場合には、その旨、変更の内容及び当該変更が計算書類に与えている影響の内容

---

(2) 関係事業者が法人である場合の記載例

　ＭＳ法人など、関係事業者が法人の場合の取引の状況に関する報告書は、次のように記載します。

(1) 法人である関係事業者

種類	名称	所在地	資産総額（千円）	事業の内容	関係事業者との関係	取引の内容	取引金額（千円）	科目	期末残高（千円）
①	②	③	④	⑤	⑥	⑦	⑧	⑨	⑩

（取引条件及び取引条件の決定方針等）
⑪

① 関係事業者の種別を、次の区分ごとに記載します。

【関係事業者の種別】

① 当該医療法人の役員又はその近親者が代表者である法人

② 当該医療法人の役員又はその近親者が株主総会、社員総会、評議員会、取締役会、理事会の議決権の過半数を占めている法人

③ 他の法人の役員が当該医療法人の社員総会、評議員会、理事会の議決権の過半数を占めている場合の他の法人

④ ②の法人の役員が他の法人（当該医療法人を除く。）の株主総会、社員総会、評議員会、取締役会、理事会の議決権の過半数を占めている場合の他の法人

② 関係事業者の名称を記載します。

名称は、登記事項証明書などで確認した正式名称とします。

③ 関係事業者の所在地を記載します。

所在地は、登記事項証明書などを確認します。

医療法人とMS法人の所在地が同一であるなど、医療法人がMS法人に事務所を貸し付けていないか確認します。

④ MS法人の直近の会計期末における総資産額を、千円単位で記載します。

⑤ MS法人の直近の会計期末における主たる事業内容を記載します。

⑥ MS法人と医療法人との事業関係を記載します。

⑦ MS法人と医療法人との取引内容を記載します。

⑧　医療法人の直前事業年度における、ＭＳ法人と医療法人との取引金額を、千円単位で記載します。

⑨　取引により発生した、医療法人の直前事業年度末日における債権債務を、主な科目ごとに記載します。

⑩　取引により発生した、医療法人の直前事業年度末日における債権債務の期末残高を記載します。

⑪　取引条件を、ＭＳ法人への不当な利益供与が行われていないことがわかるよう記載します。

【具体的記載例】

種類	名称	所在地	資産総額（千円）	事業の内容	関係事業者との関係	取引の内容	取引金額（千円）	科目	期末残高（千円）
医療法人の役員が近親者(配偶者)である法人	株式会社Ａ	東京都○○区………	500,000	医薬品卸業	医薬品の購入	医薬品の購入	13,800	買掛金	1,150

（取引条件及び取引条件の決定方針等）
株式会社Ａからの医薬品の購入に関する取引価格は、市場実勢を勘案して決定し、支払条件は翌月末現金払いとなっております。

（3）関係事業者が個人の場合

　理事など関係事業者が個人の場合の取引の状況に関する報告書は、次のように記載します。

(2)　個人である関係事業者							
種類	氏名	職業	関係事業者との関係	取引の内容	取引金額（千円）	科目	期末残高（千円）
①	②	③	④	⑤	⑥	⑦	⑧

（取引条件及び取引条件の決定方針等）
⑨

①　関係事業者と、医療法人の役員との親族関係を記載します。

②　関係事業者である個人の氏名を記載します。

③　関係事業者である個人の職業を記載します。

第5章　▶取引報告書の記載　｜　243

④ 関係事業者である個人と医療法人との事業関係を記載します。

⑤ ＭＳ法人と医療法人との取引内容を記載します。

⑥ 医療法人の直前事業年度における、関係事業者である個人と医療法人との取引金額を、千円単位で記載します。

⑦ 取引により発生した、医療法人の直前事業年度末日における債権債務を、主な科目ごとに記載します。

⑧ 取引により発生した、医療法人の直前事業年度末日における債権債務の期末残高を記載します。

⑨ 取引条件を、ＭＳ法人への不当な利益供与が行われていないことがわかるよう記載します。

【具体的記載例】

種類	氏名	職業	関係事業者との関係	取引の内容	取引金額（千円）	科目	期末残高（千円）
医療法人の役員の近親者（父）	△△　△△	当法人の理事	不動産の賃借	賃借料の支払	18,000	前払費用	1,500

（取引条件及び取引条件の決定方針等）
月額家賃は1,500千円、当月分を前月末に振込にて支払、家賃の設定は周辺取引事例を参考に決定いたしました。

3　不動産賃貸の取引条件

(1) 不動産を賃借する場合の指導例

　医療法人がＭＳ法人から不動産を賃借するに際して、主務官庁より適正地代の指導がなされている場合があります。

　ただし、この地代の考え方は一例であり、すべての都道府県においてこの指導のように対応しなければならないものではありません。

【兵庫県通知　医療法人関係者と医療法人の間の取引について】

1　利益相反取引の理事会承認等について

　医療法人理事は、医療法人と競業する取引や、自己又は第三者のためにする医療法人との取引（自己の所有物を医療法人と売買・賃貸借する等）など利益相反する取引を行う場合は、理事会の承認を受ける必要があるとともに、これらにより医療法人に損害が発生した場合は損害を賠償する責任が発生します。（詳細は、平成28年３月25日付医政発0325第３号厚生労働省医政局長通知「医療法人の機関について」を参照のこと）

　定款変更等の際に上記の取引を行う場合は、必要な理事会の承認を得るとともに申請書に議事録を添付してください。

2　医療法人関係者との取引額について

　医療法人が、理事本人や理事の３親等以内の親族から不動産の賃借・購入等の取引を行う場合は、利益剰余金の配当とならないよう（医療法第54条）、取引額は以下の基準額以下としてください。

　また、申請書に評価額を証明する書類を添付ください。

(1)　基準額

　〈不動産の賃借〉

　　・土地の場合　年額：評価額の６％又は賃料に係る不動産鑑定評価額以下

　　・建物の場合　年額：固定資産税課税標準額の10%又は賃料に係る不動産鑑定評価額以下

　〈不動産の購入〉

　　・評価額以下

(2)　評価額

　○土地の評価額（下記のいずれか）

　　・不動産鑑定士による不動産鑑定評価書（様式任意）による金額〈購入の場合〉

　　　不動産鑑定士による賃料に係る不動産鑑定評価書（様式任意）による金額〈賃借の場合〉

・税理士等による路線価方式又は倍率方式による金額（別紙様式に記入のこと）
・市町発行の固定資産税評価証明書による評価額
○建物の評価額（下記のいずれか）
・不動産鑑定士による不動産鑑定評価書（様式任意）による金額
・市町発行の固定資産税評価証明書による評価額

　なお、その他の取引についても取引内容が剰余金の配当禁止に該当するおそれのあるものは、事前に健康福祉事務所または県庁医務課までご相談ください。

(2) 不動産を賃借する場合の記載例

　医療法人がＭＳ法人から不動産を賃借する場合、賃料などの契約内容を、取引条件及び取引条件の決定方針等に記載しなければなりません。

　例えば、医療法人はＭＳ法人から土地を賃借する場合、次のような記載が考えられます。

> 　月額地代は●●千円であり、１平米当たりの地代額●●円となり、親族関係等のない者から賃借している土地に対する１平米当たりの月額地代額である●●円を下回る。

> 　年額地代は●●千円であり、賃借している不動産の相続税評価額●●●万円の６％相当額である。

> 　月額地代は●●千円であり、不動産鑑定士の意見に基づいた価格である。

(3) 不動産鑑定士による賃料の鑑定

　ＭＳ法人との取引に特別の利益を与えないために、賃料相当額を不動産鑑定士に算定してもらう方法も有効です。

令和　年　月　日

不動産鑑定評価書

（御依頼者）
医療法人●●会　御中

（ご依頼者以外の提出先）
ご依頼者主務官庁

　先般、ご依頼いただきました不動産鑑定評価の鑑定評価額を、次の通りご報告いたします。

公益社団法人日本不動産鑑定士協会連合会会員

不動産鑑定業国土交通大臣登録(3)第999号

東京都千代田区千代田1丁目1番1号

株式会社●●

不動産鑑定士　△△△△

　本件鑑定評価に当たっては、自己又は関係人の利害の有無その他いかなる理由にかかわらず、公正妥当な態度を保持し、専門職業家としての良心に従い、誠実に不動産の鑑定評価を行った。

Ⅰ．鑑定評価額

月額　金３００，０００円

令和　年　月　　日時点における、月額継続支払賃料（継続地代）

Ⅱ．対象不動産の表示

所在及び地番	地　　目	公簿地目	評価数量
東京都千代田区 ●●町２丁目	２番２	雑種地	５００．００㎡

Ⅲ．鑑定評価の基本的事項等

1．**対象不動産の種別及び類型**

権利の種類	令和　年　月　　日時点における月額継続支払賃料 （土地の継続地代）
類型	継続賃料（継続地代）
価格の種類	後記依頼に基づく成城賃料
価格時点	令和　年　月　　日
鑑定評価を行った日	令和　年　月　　日

2．**鑑定評価の条件**

（1）対象確定条件

対象不動産の現実の利用状況を所与とした鑑定評価を行う。

（2）地域要因又は個別的要因についての想定上の条件

なし

（3）調査範囲等条件

　　方位　　　　　東側

　　幅員　　　　　６メートル

　　舗装状況　　　簡易舗装

　　道路種類　　　建築基準法上道路でない

（4）その他の条件

なし

5－4

関係事業者との取引報告書の様々な記載例について教えてください

ポイント

○大阪府が提供している記載例が参考となる。
○債務の保証も記載対象となる。

1 金銭貸借の事例

　大阪府が提供してる関係事業者との取引の状況に関する報告書作成例（http://www.pref.osaka.lg.jp/iryo/hojin/kessan.html）を参考に、記載例を紹介します。

(1) MS法人からの借入の事例

- MS法人が、医療法人に資金を無利子で貸し付けている。
- 借入総額100,000千円、期末借入残高は90,000千円である。

(1) 法人である関係事業者

種類	名称	所在地	総資産額(千円)	事業の内容	関係事業者との関係
役員の近親者が代表者である法人	(株) A	XX府○○市	800,000	医薬品卸売不動産賃貸	医薬品の購入

(取引条件及び取引条件の決定方針等)
1. 当法人理事長○○○○の配偶者が代表取締役である法人。
2. A社と当該医療法人で金銭消費貸借契約書締結し、無利息の借入れとしている。

取引の内容	取引金額(千円)	科目	期末残高(千円)
資金の借入	100,000	長期借入金	90,000

医療法人から見た関係を記載

医療法人との取引内容等を記載

各種取引内容や内容決定時の決定方針等を記載

(2) 役員からの借入の事例

- 理事が、医療法人に資金を有利子で貸し付けている。
- 借入総額100,000千円、当期10,000千円返済し、期末借入残高は90,000千円である。

(2) 個人である関係事業者

種類	氏名	職業	関係事業者 との関係	取引の内容	取引金額 (千円)	科目	期末残高 (千円)
役員	千代田太郎	医師	当法人理事長 資金借り入れ	借入金の返済	10,000	長期借入金	90,000

(取引条件及び取引条件の決定方針等)
1. 当法人理事長千代田太郎と当該医療法人が前年度に契約した金銭消費貸借契約の返済金。
2. 金銭消費貸借契約は理事会の承認を受けている。
3. 借入利率は、〇〇銀行借入金と同一している。

(※ 注釈: 「関係事業者から見た関係を記載」「各種取引内容や内容決定時の決定方針等を記載」)

(3) 従業員への貸付の事例

- 当該法人が理事長の子である、事務職員に対して一般職員と同一基準により貸付けている。
- 貸付は、福利厚生として従業員に広く行われており、従業員貸付規程が設けられている。
- 貸付総額8,000千円、当期1,500千円を返済した。

(2) 個人である関係事業者

種類	氏名	職業	関係事業者との関係	取引の内容	取引金額(千円)	科目	期末残高(千円)
役員の親族	千代田一郎	病院職員	当法人理事長の子資金貸付	貸付金の返済	8,000	長期貸付金	6,500

(取引条件及び取引条件の決定方針等)
1. 当法人理事長の子・千代田一郎と医療法人が締結した金銭消費貸借契約に基づく返済金。
2. 福利厚生の一環として行われている。従業員貸付規程に基づき他の職員と同様の条件により貸し付けている。

→ 医療法人から見た関係を記載

→ 各種取引内容や内容決定時の決定方針等を記載

252

(4) 理事長への貸付の事例

・医療法人の運営上、適切でない可能性のある理事長への仮払を行っている。
・理事長に対する貸与であり、利息を徴収していない。
・仮払総額100,000千円、返済は行われていない。

(2) 個人である関係事業者

種類	名称	職業	関係事業者との関係
役員	千代田太郎	医師	当法人理事長 資金仮払

(取引条件及び取引条件の決定方針等)
1．当法人理事長に、仮払を行っている。

医療法人から見た関係を記載

取引の内容	取引金額(千円)	科目	期末残高(千円)
資金の貸付	100,000	仮払金	100,000

各種取引内容や内容決定時の決定方針等を記載

2 資産売買の事例

(1) MS法人からの購入の事例

- MS法人から、医療法人が医薬品を購入した。
- 当該会計年度での購入総額は2,500,101千円であり、期末買掛金残高は、150,000千円。

(1) 法人である関係事業者

種類	名称	所在地	総資産額(千円)	事業の内容	関係事業者との関係	取引の内容	取引金額(千円)	科目	期末残高(千円)
役員の近親者が代表者である法人	(株) A	XX府○○市	800,000	医薬品卸売 不動産賃貸	医薬品の購入	医薬品の購入	2,500,101	買掛金	150,000

(取引条件及び取引条件の決定方針等)
1. 当法人理事長○○○○の配偶者が代表取締役である法人。
2. A社との医薬品の購入に関する取引価格は市場価格を勘案して決定し、支払条件は翌月末である。

＜注記＞
- 医療法人からみた関係を記載
- 医療法人からみた取引内容等を記載
- 各種取引内容や内容決定時の決定方針等を記載

(2) 理事長から2か所の土地を別の月に取得した場合

・理事長から土地を、5月と9月に別々に購入した。
・売買金額は、それぞれ12,000千円と50,000千円であり、引渡しと同時に支払った。
・購入した不動産を職員用駐車場として賃借していた土地である。

（2）個人である関係事業者

医療法人から見た関係を記載

種類	名称	職業	関係事業者との関係	取引の内容	取引金額（千円）	科目	期末残高（千円）
役員	千代田太郎	医師	理事長 不動産の譲渡	土地の購入	12,000	土地	0

（取引条件及び取引条件の決定方針等）

1. 譲渡対価は、不動産鑑定評価による。
2. 取引対価は、引渡しを受けた時点に全額支払った。
3. 購入した土地は、これまで職員駐車場として賃借していた土地であり、引き続き職員駐車場として使用する。

（2）個人である関係事業者

種類	名称	職業	関係事業者との関係	取引の内容	取引金額（千円）	科目	期末残高（千円）
役員	千代田太郎	医師	理事長 不動産の譲渡	土地の購入	50,000	土地	0

（取引条件及び取引条件の決定方針等）
1. 譲渡対価は、不動産鑑定評価による。
2. 取引対価は、引渡しを受けた時点に全額支払った。

各種取引内容や内容決定時の決定方針等を記載

3 資産賃借の事例

(1) MS法人からの賃借の事例

- MS法人から、診療所家屋を賃借している。
- 当該会計年度の賃料総額は21,000千円
- 前家賃契約のため、期末において次月分の賃料を支払い済みである。

(1) 法人である関係事業者

種類	名称	所在地	総資産額 (千円)	事業の内容	関係事業者 との関係	取引の 内容	取引金額 (千円)	科目	期末残高 (千円)
役員の近親者が 代表者である法人	(株) A	XX府 ○○市	800,000	医薬品卸売 不動産賃貸	不動産の 賃借	家賃の 支払い	21,000	前払 費用	1,750

(取引条件及び取引条件の決定方針等)
1. 当法人理事長○○○○の配偶者が代表取締役である法人。
2. 不動産賃料は、近隣事例比較法により決定している。
3. 家賃は、当月分を前月末に支払う契約。

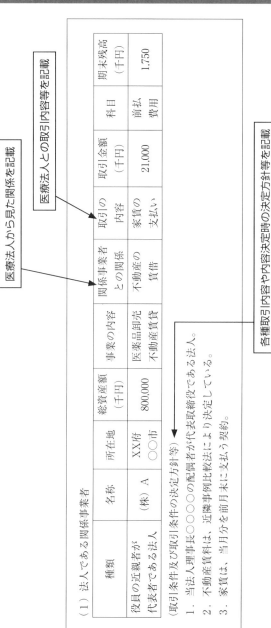

(2) 理事の親族から土地を賃借している場合

・理事長の母から、職員用駐車場として賃借している。
・当該会計年度の賃料総額は2,400千円
・当月分、当月末において賃料を支払う契約。

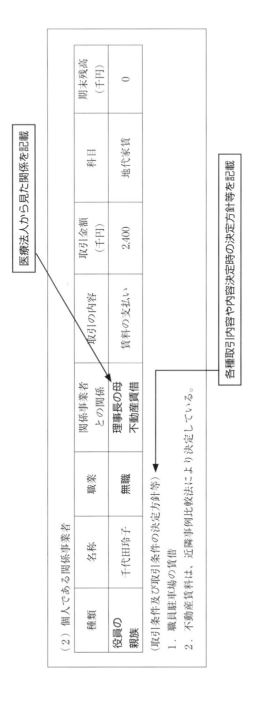

(2) 個人である関係事業者

種類	名称	職業	関係事業者との関係	取引の内容	取引金額（千円）	科目	期末残高（千円）
役員の親族	千代田玲子	無職	理事長の母不動産賃借	賃料の支払い	2,400	地代家賃	0

(取引条件及び取引条件の決定方針等)
1. 職員駐車場の賃借
2. 不動産賃料は、近隣事例比較法により決定している。

5－5

関係事業者との取引報告書の開示について教えてください

ポイント

○医療法人の経営透明性確保のために、誰でも提出された事業報告書等の閲覧ができる。
○事業報告書等の閲覧を通じて、他の医療法人のMS法人の活用状況を把握できる。

1 事業報告書等の閲覧可能となった改正経緯

　毎会計年度終了後３か月以内に、都道府県知事に届け出た「関係事業者との取引の状況に関する報告書」を含む事業報告書等は、だれでも閲覧をすることができます（医療法52②）。

　関係事業者との取引状況に関する報告書には、取引条件などが記載されているため、他の医療法人の事業報告書等を閲覧することによって、他の医療法人とMS法人との取引内容や報告状況を確認、参考にすることができます。

　現在の事業報告書等の閲覧制度が創設されたのは平成19年４月１日施行の改正医療法後であり、それまでも知事へ決算届の提出義務はあったものの（旧医療法51）、決算届の閲覧は認められていませんでした。

　閲覧が認められるようになったのは、規制改革・民間開放推進３か年計画（平成16年３月19日閣議決定）において、医療機関においては、より高いレベルでの経営の透明性が確保される必要があり、財務・会計資料などの開示を一層推進することを求められたことが理由と考えられます。

　ただし、閲覧に供する書類は、平成19年４月１日以降に開始される会

第5章 ▶ 取引報告書の記載　259

計年度に係る事業報告書で、一般的には過去3期分までとなっています。

また、事業報告書のほかに、社団の医療法人の場合は定款を、財団の医療法人の場合は寄附行為を閲覧することができます。

2 MS法人を検索する方法

他の医療法人において取引のあるMS法人が存在しているかどうか調べることは困難ですが、次のような方法で、手がかりをつかむことは可能です。

① 住宅地図を利用する方法

MS法人の存在を調べたい医療法人があった場合、その医療法人の開設する地域の住宅地図を入手し、MS法人らしき法人の有無を確かめる方法があります。

また、対象となる医療法人が近隣でなく、住宅地図の入手が困難の場合でも、登記情報提供サービス（https://www1.touki.or.jp）の地番検索サービスを利用し、住宅地図を閲覧する方法があります。

【地番検索サービスの画面イメージ】

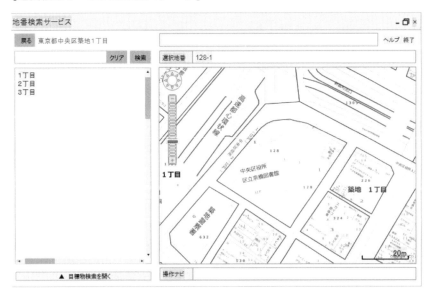

②　登記事項証明書の取得による方法

　医療法人がＭＳ法人から不動産を賃借することが見込まれる場合、登記事項証明書を取得することによって、不動産を所有しているＭＳ法人の所在地及び名称を確認することができます。

　また、ＭＳ法人の所在地及び名称が確認できた場合、法人の登記事項証明書を取得することにより、ＭＳ法人の役員や資本金などがわかります。

③　法人番号公表サイトの利用

　すべての法人には、１法人１つの法人番号が付されています。

　また、法人番号は原則として公表され、法人番号公表サイト（https://www.houjin-bangou.nta.go.jp/）により誰でも自由に確認することができます。

　ＭＳ法人の所在地は、医療法人と同一所在地、あるいは近隣にある場合が多く、医療法人の所在地から法人番号公表サイトを通じて、ＭＳ法人の有無を確認することができます。

【検索によりＭＳ法人の所在が確認できた例】

3 閲覧の方法

(1) 事業報告書の電子閲覧制度

　事業報告書等の閲覧は、これまでは都道府県庁などに出向き、提出されている事業報告書等を閲覧する方法や、情報公開制度を通じて事業報告書等の写しの交付を受ける方法がありました。

　しかし令和3年度以降（令和4年3月31日以降終了事業年度、自治体によっては令和4年度以降）、行政政情報提供システムなどを通じて、電子的に事業報告書を閲覧やダウンロードができるようになりました。

　これは、事業報告書等の紙による提出や紙資料の閲覧について事務負担が生じている点と、事業報告書等について一覧的に把握できる仕組みが無いことから、国や都道府県において医療法人の経営実態を把握しにくい点が理由といわれています（第82回社会保障審議会医療部会　令和3年11月2日）。

【閲覧請求の手順、注意事項について（広島県）】

医療法人事業報告書等の閲覧について

🖨 印刷用ページを表示する　掲載日：2023年1月24日

- 医療法（第52条第2項）の規定により，都道府県は医療法人からの届出に係る書類について請求があった場合には，これを閲覧に供しなければならないとされています。
- 広島県が所管する医療法人から届出のあった書類は，令和2年度分までを広島県庁南館1階の行政情報コーナーに配架していますので，ご覧になることができます。
- 行政情報コーナーには，コピー機が設置されていますので，セルフサービスで資料の複写ができます。
- 令和3年度以降（令和4年3月31日以降に会計年度を終了）分については，順次「広島県行政情報提供システムに掲載しています。
  次のページを開き，検索条件「書名（TI）」欄に，キーワード「令和〇年度医療法人事業報告書」と入力してください。（医療法人の主たる事務所の所在する市町ごとに掲載しています。）
  行政情報提供システム(行政資料検索) (hiroshima.lg.jp)
- 配架している書類は，過去3年間に届けられた事業報告書・財産目録・貸借対照表・損益計算書・監査報告書です。

(2) 電子閲覧の問題点

制度の改正によって事業報告書の閲覧が行いやすくなった点はありますが、医療法人の経営状況を把握するための電子化という点では、まだまだ足りていないと考えられます。

医療法が改正され、医療法人に関する情報の調査及び分析等に関する条項が追加され（医療法69の2、69の3）、医療政策のために医療法人の経営状況の把握が行えるようになりました。

また、医療法人の経営情報等その他の情報をデータベース（MCDB）として一元管理したうえで、厚生労働大臣から委託を受けた独立行政法人福祉医療機構が、データベースを活用した分析等を行うことになります（医療法69の4）。

しかし、紙により提出された事業報告書も認めることが前提の制度であり、PDFでは集計に直接利用できないことや、医療機関等情報支援システム（G-MIS）により提出するエクセルは、自由に様式や科目などを変更できることなどにより、横断的な医療法人の経営状況の把握ができるまでは、もうしばらく時間がかかりそうです。

(3) データベースの概要

医療・介護の置かれている現状と実態を把握するために、政策の企画・立案に活用するとことが、医療法人情報のデータベース（ＭＣＤＢ）の創設理由です。現状においては、医療法人の経営状況を横断的に集計・調査することは行われていないため、医療法人の経営状況が実際には好調なのか、困難なのか横断的に把握することができませんでした。

そこで、医療法人・介護サービス事業者の経営情報の収集及びデータベースの整備をし、収集した情報を国民に分かりやすくなるよう属性等に応じてグルーピングした分析結果を公表し、医療法人に関するデータベースの情報を研究者等へ提供する制度が設けられました。

【医療法人の経営情報に関するデータベース(ＭＣＤＢ)の施行（令和５年８月分）について（報告）　厚生労働省医政局】

> 医療・介護の置かれている現状と実態を把握するために必要な情報を収集し、政策の企画・立案に活用するとともに、国民に対して丁寧に説明していくため、①医療法人・介護サービス事業者の経営情報の収集及びデータベースの整備をし、②収集した情報を国民に分かりやすくなるよう属性等に応じてグルーピングした分析結果の公表、③医療法人に関するデータベースの情報を研究者等へ提供する制度を創設する。
> 〔施行日：①及び②（医療）令和５年８月１日（介護）令和６年４月１日　③は公布日から三年以内に政令で定める日〕

【データベースの概要】
- 対象：原則、**全ての医療法人**・介護サービス事業者
- 収集する情報：病院・診療所及び介護施設・事業所**における収益及び費用**並びに、**任意項目として職種別の給与（給料・賞与）及びその人数**
  収集する内容は省令以下で規定　※病床機能報告・外来機能報告等と連携させるとともに、データの活用に当たっては、公立医療機関の経営情報などの公開情報及び、必要に応じて統計調査も活用した分析等に取り組む。
- 公表方法：国民に分かりやすくなるよう**属性等に応じてグルーピングした分析結果の公表**

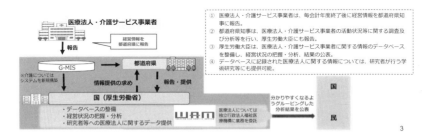

(4) 医療法人の経理処理の統一化

　医療法人の経営情報のデータベースの基礎となる事業報告における営情報の具体的な項目は、「病院会計準則」をベースにし、科目の一覧が公表されています。医療法人の会計を担当する者は、早めに事業報告書にそのまま利用できるよう、科目の訂正、整理が必要です。

【「医療法人の経営情報のデータベース」の在り方に関する報告書　令和４年11月９日】

```
（経営情報　病院の項目）
　　医業収益
　　　入院診療収益
　　　　保険診療収益（患者負担含む）※、公害等診療収益※
　　　室料差額収益
　　　外来診療収益
　　　　保険診療収益（患者負担含む）※、公害等診療収益※
```

その他の医業収益

保健予防活動収益※

医業費用

材料費

医薬品費、診療材料費・医療消耗器具備品費、給食用材料費

給与費

給料、賞与、賞与引当金繰入額、退職給付費用、法定福利費

委託費

給食委託費

設備関係費

減価償却費、器機賃借料

研究研修費

経費

水道光熱費

控除対象外消費税等負担額

本部費配賦額

医業利益（又は医業損失）

医業外収益

受取利息及び配当金※、運営費補助金収益、施設設備補助金収益

医業外費用

支払利息※

経常利益（又は経常損失）

臨時収益

臨時費用

税引前当期純利益（又は税引前当期純損失）

法人税、住民税及び事業税負担額※

当期純利益（又は当期純損失）

※ 任意記載の項目。

第6章

MS法人による
医療関連業務

6 - 1

保険薬局を開設するにあたり
どのようなポイントがありますか

ポイント

○保険医療機関と保険薬局は、特別の関係を持ってはならない。
○消費税率の引上げにより収益性が落ちているものの、引き続き
　事業としては優位である。

1 薬局の概要

(1) 保険薬局の定義

　ＭＳ法人は、基準を満たした上で、所定の手続きを経ることによって
薬局を開設することができます。

　薬局は、いわゆるドラッグストアといわれる医薬品販売店と、保険医
療機関から交付された処方箋に基づいて薬を販売する保険薬局（調剤薬
局）に分かれます。

　保険薬局は、その収入の大部分を公費である調剤報酬により賄われて
いることから、一定の制限がなされています。

(2) 保険医による特定の薬局への誘導の禁止

　保険医療機関の医師又は歯科医師は、処方箋の交付にあたり、特定の
保険薬局に調剤を受けるような指示を行うことは許されません（保険医療
機関及び保険医療養担当規則２の５）。

　これに反して特定の薬局に誘導する事実があった場合、保険医の取消
しを受ける可能性もあります。

　また、保険薬局から接待や贈答を受けることも問題があることから、
顧問税理士は交際費勘定の支払い状況によって、規則に反するような疑
義がある場合には、指導をすべきです。

268

> **保険医療機関及び保険医療養担当規則**
>
> （特定の保険薬局への誘導の禁止）
>
> 第2条の5　保険医療機関は、当該保険医療機関において健康保険の診療に従事している保険医（以下「保険医」という。）の行う処方せんの交付に関し、患者に対して特定の保険薬局において調剤を受けるべき旨の指示等を行ってはならない。
>
> 2　保険医療機関は、保険医の行う処方せんの交付に関し、患者に対して特定の保険薬局において調剤を受けるべき旨の指示等を行うことの対償として、保険薬局から金品その他の財産上の利益を収受してはならない。

(3) 保険薬局による利益供与の禁止

　保険薬局側においても同様に、保険医療機関などに財産上の利益を提供し、処方箋のあっせんを受けることが禁止されています。

　財産上の利益とは、金銭や物品の提供のほか、労務の提供、きょう応、患者負担金の減免など幅広く考えられます。

> **保険薬局及び保険薬剤師療養担当規則**
>
> （経済上の利益の提供による誘引の禁止）
>
> 第2条の3の2　保険薬局は、患者に対して、第4条の規定により受領する費用の額に応じて当該保険薬局における商品の購入に係る対価の額の値引きをすることその他の健康保険事業の健全な運営を損なうおそれのある経済上の利益を提供することにより、当該患者が自己の保険薬局において調剤を受けるように誘引してはならない。
>
> 2　保険薬局は、事業者又はその従業員に対して、患者を紹介する対価として金品を提供することその他の健康保険事業の健全な運営を損なうおそれのある経済上の利益を提供することにより、患者が自己の保険薬局において調剤を受けるように誘引してはならない。

　保険薬局においても、交際費勘定の支出の内容などを確認し、通知に反した支出がないかチェックすべきです。

【禁止されている利益誘導の例】

患者の誘引の禁止（在宅医療の不適切事例への対応）

□　保険薬局等が、事業者等に対して、金品を提供し、患者を誘引することを禁止

例　保険薬局が、事業者等と患者紹介に関する契約書を取り交わす等して、紹介料として診療報酬の中から一定の金額を支払う。

契約書

＋

事業者等から、同一建物の居住者を独占的に紹介してもらい、患者の状態等にかかわらず、一律に訪問診療を行う。

一律に訪問診療

➡ 禁止

（平成26年度調剤報酬改定及び薬剤関連の診療報酬改定の概要　厚生労働省保険局医療課）

(4) 保険薬局の独立性の確保

　保険薬局は、医療機関から、構造的、機能的、経済的に独立していることが求められます。

広島県薬局業務運営ガイドライン
平成30年3月30日改正

　第2　薬局のあり方について

　1　医療機関、医薬品製造販売業者及び卸売販売業者からの独立

（1）　薬局は、医療機関から構造的、機能的、経済的に独立していること。また、総合的に判断して医療機関の調剤所と同様であると疑われる行為や、かかりつけ薬局の推進を妨げると思われる行為を行わないこと。

　ア　構造的な独立について

（略）

　イ　機能的、経済的な独立について

　　薬局は、医療機関から機能的、経済的に独立していること。

　　医療機関と処方箋の斡旋について、約束を取り交わさない等、機能的に独立する必要がある。

また、経済的な独立のためにも、医療機関と一体的な経営を行ってはならない。一体的な経営を行う場合とは、医療機関と薬局が一定の近接的な位置関係にあり、かつ、次の（ア）から（エ）までに規定するような経営主体の実質的同一性が認められる場合又は機能上医療機関とのつながりが強いとみなされる場合を指すものであること。

（ア）薬局の開設者（法人たる薬局の役員を含む。）が医療機関の開設者（法人の場合にあっては、当該法人の役員を含む。）又は開設者と同居又は生計を一にする近親者であるもの

（イ）薬局の開設者と医療機関の開設者の間の資本関係が実質的に同一であるもの（法人の場合にあっては当該法人の役員が経営するものを含む。）

（ウ）職員の勤務体制、医薬品の購入管理、調剤報酬の請求事務、患者の一部負担金の徴収に係る経理事務等が医療機関と明確に区分されていないもの

（エ）特定の医療機関との間で、いわゆる約束処方、患者誘導等が行われているもの

（2）　薬局は、医療機関に対し、いかなる方法によっても、金銭、物品、便益、労務、供応その他経済上の利益の提供を行わないこと。

（3）　薬局は、医薬品の購入を特定の製造販売業者、卸売販売業者又はそれらのグループのみに限定する義務を負わないこと。

　また、ＭＳ法人の役員を生計を別にする者にするなど、独立性を確保したＭＳ法人が保険薬局を開設する場合もあり得ますが、医療機関から不動産のを買い受ける方法や、不動産を賃借する方法により保険薬局を開設した場合には、調剤報酬は通常の場合より低くなることに注意が必要です。

第6章 ▶ ＭＳ法人による医療関連業務　271

【令和4年度調剤報酬改定の概要　厚生労働省保険局医療課】

令和4年度診療報酬改定　Ⅳ-8 効率性等に応じた薬局の評価の推進－①

調剤基本料の見直し

大規模グループ薬局の調剤基本料の見直し

> 調剤基本料3のロの対象となる薬局に、同一グループの店舗数が300以上であって、特定の保険医療機関からの処方箋受付割合が85%を超える薬局を追加するとともに、85%以下の場合の評価を新設する。

		要件		点数
		処方箋受付回数等	処方箋集中率	
調剤基本料1		調剤基本料2・3、特別調剤基本料以外		42点
調剤基本料2		① 処方箋受付回数が月2,000回超～4000回 ② 処方箋受付回数が月4,000回超 ③ 処方箋受付回数が1,800回超～2,000回 ④ 特定の医療機関からの処方箋受付回数が4,000回超	① 85%超 ② 70%超 ③ 95%超 ④ －	26点
調剤基本料3	イ	同一グループで処方箋受付回数が**月3万5千回超～4万回**	95%超	21点
		同一グループで処方箋受付回数が**月4万回超～40万回**	85%超	
	ロ	同一グループで処方箋受付回数が**月40万回超又は同一グループの保険薬局の数が300以上**		16点
	(新)ハ	同一グループで処方箋受付回数が月40万回超又は同一グループの保険薬局の数が300以上	85%以下	32点

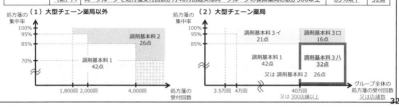

令和4年度診療報酬改定　Ⅳ-8 効率性等に応じた薬局の評価の推進－②

特別調剤基本料の見直し

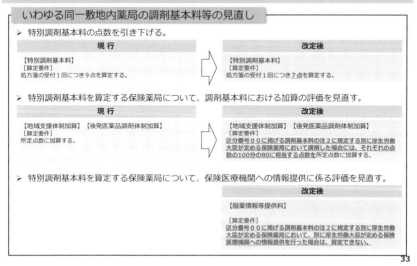

(5) MS法人が保険薬局に建物を賃貸させる場合

　医療施設開設者と関係の深いMS法人が、薬局建物を建設し、当該薬局建物に医療施設開設者と関係のない保険薬局が借り受けるという方法もあります。

　広い意味では、このような関係も特定の薬局からの利益供与とも言えなくはありませんが、従来からこのような取引は一定の制限下において認められます。

2　保険薬局の開設

(1) MS法人で保険薬局を開設するメリット

　前述のとおり、保険医療機関を開設している者の親族などが代表者となって、保険薬局を開設することは認められません。しかし、保険医療機関と一定の物理的距離を保って駅前に開設することや、他の医療機関の近隣に開設することなどは一考すべきと考えます。

　特に、新たな医療機関の開設の情報を得やすい医師などが、その情報をもとに一つの事業として保険薬局を開設するということは大いに考えられます。

　また、子弟が医師でない場合などは、薬局事業で活躍を行うこともあり得ることから、開設する保険医療機関との関係性が薄い保険薬局を、法人が開設することもあります。

　ただし、開設する法人の代表者が薬剤師でない場合には、『非薬剤師開設者に関する確認書』の提出が求められ、その適否に関して慎重に判断されます。

第6章　▶MS法人による医療関連業務　273

非薬剤師開設者に関する確認書

1 薬剤師でない方が開設許可（更新許可）を求める理由は何ですか。

ア 薬局を経営するための資本の大部分を開設者が負担しているから

イ 開設者は薬局経営に適しているから

ウ 開設者となるに適当な薬剤師がいないから

エ その他 ｛　　　　　　　　　　　　　　　　　　　　　　　　　｝

2 将来、薬剤師を開設者とする計画がありますか。

ア ある

イ ない

3 （2の質問に「ア　ある」と答えた方のみにうかがいます。）

計画の実施時期はいつごろの予定ですか。

ア 令和　　　年　　　月ごろ

イ 未定

上記のとおり相違ありません。

令和　　年　　月　　日

薬局の名称：＿＿＿＿＿＿＿＿＿＿＿＿＿＿＿＿＿＿＿＿＿＿＿

薬局開設の場所：＿＿＿＿＿＿＿＿＿＿＿＿＿＿＿＿＿＿＿＿＿

開設者の住所：＿＿＿＿＿＿＿＿＿＿＿＿＿＿＿＿＿＿＿＿＿＿
（法人にあっては、主たる事務所の所在地）

開設者氏名：＿＿＿＿＿＿＿＿＿＿＿＿＿＿＿＿＿＿＿＿ ㊞
（法人にあっては、名称及び代表者の氏名）

(2) 薬局の開設手続き

　薬局の開設許可を受ける場合は、次の要件を満たし、店舗ごとに保健所などへ開設許可申請を行う必要があります。

①薬局の構造設備基準が、厚生労働省の基準を満たしていること。
②調剤及び調剤された薬剤の販売又は授与の業務を行う体制が、厚生労働省令で定める基準を満たしていること。
③申請者が厚生労働省の基準に反していないとともに、管理する薬剤師が適切に配置されていること。
④薬局の名称は、誇大なもの又は誤解を与えやすいものでないこと。
⑤医療機関から経済的、機能的、構造的に独立していること。　　など

　薬局の開設を行うためには、次のような流れを経て行います。

事前相談（内装構造や人員配置の相談）⇒　内装工事等着工・完成　⇒薬局開設許可申請　⇒　実地調査　⇒　薬局の開設許可・薬局開設許可証の交付　⇒　保険薬局の申請　⇒　薬局の開設

　保健所などに行う薬局の開設許可手続きとは別に、各厚生局又は各厚生局事務所において保険薬局指定申請手続きが必要ですので、注意が必要です。

(3) 保険薬局の開設手続き

　許可を受けて開設した薬局が、公的医療保険の適用を受ける調剤を行うためには、開設者が各厚生局又は各厚生局事務所に保険薬局指定申請を行い、厚生局長より保険薬局の指定を受ける必要があります。

　保険所長からの薬局開設許可を受けた後に保険薬局の指定申請を行いますが、保険薬局として活動するには1か月程度の時間を要し、その間は薬局として業務を行えても、保険医療機関の処方箋に基づいて、医療保険を使った調剤を行うことはできません。

第6章　▶MS法人による医療関連業務　275

【薬局開設許可申請例】

様式第一（第一条関係）

記入例

薬 局 開 設 許 可 申 請 書

薬 局 の 名 称	○○薬局
薬 局 の 所 在 地	埼玉県○○市××一丁目2番地3
薬局の構造設備の概要	別紙、構造設備の概要のとおり （又は　別紙1のとおり）
調剤及び調剤された薬剤の販売 又は授与の業務を行う体制の概要	別紙、薬局体制省令への適合を示す書類のとおり （又は　別紙2のとおり）
医 薬 品 の 販 売 又 は 授 与 を 行 う 体 制 の 概 要	別紙、薬局体制省令への適合を示す書類のとおり （又は　別紙3のとおり）
（法 人 に あ っ て は） 薬 事 に 関 す る 業 務 に 責 任 を 有 す る 役 員 の 氏 名	○○　太郎、○○　花子 （又は、別紙4のとおり）
通常の営業日及び営業時間	月～金10：00～20：00 土10：00～18：00 書ききれない場合は、別紙、薬局体制省令への適合を示す書類のとおり（又は　別紙3のとおり）と記載
相 談 時 及 び 緊 急 時 の 連 絡 先	電話番号：000－111－2222 メールアドレス：○○○＠×××.ne.jp
薬 剤 師 不 在 時 間 の 有 無	有　・　無
特 定 販 売 の 実 施 の 有 無	有　・　無
健 康 サ ポ ー ト 薬 局 で あ る 旨 の 表 示 の 有 無	有　・　無

申請者（法人にあっては、薬事に関する業務に責任を有する役員を含む。）の欠格条項	(1)	法第75条第1項の規定により許可を取り消され、取消しの日から3年を経過していない者	全員なし
	(2)	法第75条の2第1項の規定により登録を取り消され、取消しの日から3年を経過していない者	全員なし
	(3)	禁錮以上の刑に処せられ、その執行を終わり、又は執行を受けることがなくなった後、3年を経過していない者	全員なし
	(4)	法、麻薬及び向精神薬取締法、毒物及び劇物取締法その他薬事に関する法令で政令で定めるもの又はこれに基づく処分に違反し、その違反行為があつた日から2年を経過していない者	全員なし
	(5)	麻薬、大麻、あへん又は覚醒剤の中毒者	全員なし
	(6)	精神の機能の障害により薬局開設者の業務を適正に行うに当たつて必要な認知、判断及び意思疎通を適切に行うことができない者	全員なし
	(7)	薬局開設者の業務を適切に行うことができる知識及び経験を有すると認められない者	全員なし

備　　　　　考	

上記により、薬局開設の許可を申請します。

　　　　　年　　　月　　　日

（宛先）
埼玉県○○保健所長

住所　**埼玉県○○市××一丁目2番地3**
氏名　**○○株式会社**
　　　代表取締役　○○　○○

連絡先：048-000-0000
担当者：○○　○○

立入調査の日程調整等連絡を行う為に
必要なので、記載してください。

（埼玉県記入例）

【保険薬局指定申請例】

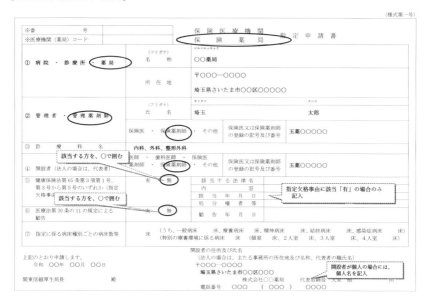

3 保険薬局の税務

(1) 法人税・法人住民税・事業税

保険薬局を開設しているMS法人の法人税の計算において、一般的な営利法人と大きな差異はありませんが、次の2点に注意を要します。

① 期末棚卸高の把握

保険薬局においては、紛失のリスクが高い医薬品の特徴から、他の小売業と比較して厳格な在庫管理が行われています。

薬局においては医薬品の入出庫の都度、製薬会社名、規格、単価、発注単位、納入会社名、入庫年月日、入庫数量などを記載した医薬品管理帳簿が存在するため、帳簿棚卸が可能な業種といえます。

また近年では、ソフトウェアとバーコードによる在庫管理が一般的となっています。

単価の高い薬剤もあることから、棚卸の制度は法人税の申告において注意すべき点といえます。

第6章 ▶ MS法人による医療関連業務 | 277

医薬品の納入価は、2年に1回行われる薬価の改定に伴って、見直しの交渉がなされることが一般的であり、この見直しの交渉が数か月かかることも珍しくないことから、期末棚卸の時点では、仕入原価が未確定となっている場合があります。

このような場合は、合理的な方法で仕入額を見積もり、期末棚卸高を算定します。

後日、仕入れ単価が確定した場合は、その差額を確定した事業年度において損益に反映させますが、合理的な仕入れ単価で行っている限り、前期以前の期末棚卸高を遡って修正する必要はありません（法基通5-1-2）。

② 事業税の計算

個人で薬局を開設している薬剤師の事業税の計算において、保険調剤にかかる所得金額に対して、事業税は課されません。また、診療所や病院を開設する医療法人も、保険診療にかかる所得金額に対して、事業税は課されません。

しかし、保険薬局を開設している法人の事業税に関しては、通常の株式会社と同様に、すべての所得に対して事業税が課され、保険薬局にかかる事業税の計算の特例はありませんので、注意が必要です。

この点に関して、日本薬剤師会は税制改正を望む要望を提出していますが、改正はなされていません。

【令和6年度税制改正に関する要望事項】（令和5年6月　日本薬剤師会）

【重点】⑤ 法人事業税の取扱い（地方税）

保険薬局の保険調剤報酬（社会保険診療報酬）に係る法人事業税の非課税措置（特別措置）を創設することを要望する。

【理由、背景】

　医師や医療法人については、高い公共性に鑑み、社会保険診療報酬による所得に係る事業税は非課税である。一方、法人である保険薬局において、調剤報酬による所得に係る除外措置は存在せず、事業税が課せられている。

保険調剤は、医療機関と同様に診療報酬点数および薬価基準という国が定めた公定価格に基づいて地域住民へ社会保険診療（調剤）サービスを提供する、極めて公共性が高い事業である。

　良質な薬剤師サービスが安定して維持できるよう、保険薬局の調剤報酬による所得に関して、法人事業税の非課税措置（特別措置）の創設が求められる。

(2) 消費税

　保険薬局収入の多くは、保険診療による調剤収入であり、この収入金額は消費税において非課税売上げとなります。

　したがって、保険薬局における課税売上割合はたいへん低く、法人税の計算において資産にかかる控除対象外消費税の計算が必要とされることも多いと考えられます。

　また、非課税売上げの割合が高いといっても、マスクや湿布薬など課税売上げも一部あることが一般的なことから、消費税の仕入税額控除の計算において、一括比例方式を採用することによって、医薬品にかかる仕入税額控除が行えることが多く見受けられます。

薬品の仕入れについての仕入税額控除

【照会要旨】

　病院において、仕入税額控除について個別対応方式を採用する場合、薬品の仕入れについて課税売上げにのみ要するものと非課税売上げにのみ要するものとに分ける必要があるのでしょうか。

　また、その必要がなく、薬品の仕入れのすべてを共通用とした場合、課税売上割合に準ずる割合としてどのようなものが認められるのでしょうか。

【回答要旨】

　保険診療でも自由診療でも、同一の薬品を用いることが多いことから、仕入れた薬品を仕入れの段階で、非課税売上げである保険診療に使用する薬品と、課税売上げである自由診療に使用する薬品とに区分することは困難であると認められます。したがって、このようにその区分することが困難な場合、その薬品や機材等の仕入れについては、課税・非課税共通用として区分することになります。

　この場合、課税売上割合に準ずる割合としては、例えば、保険診療と自由診療との患者数の比率や使用薬価の比率（使用実績による薬価の比率）などによることができます。

【関係法令通達】

　消費税法第30条第2項、第3項、消費税法基本通達11-5-7

（出典：国税庁「質疑応答事例」）

　ただし、一括比例方式ではなく、個別対応方式が有利とされた事例もあることから、どのような場合も自動的に一括比例方式を採用するのではなく、経理実務とのバランスを考えながら個別対応方式も検討すべきです（平18.2.28裁決、裁決事例集No.71　719頁　個別対応方式における課税仕入れが認められた事例）。

6 - 2

コンタクトレンズ販売を開始するにあたり どのようなポイントがありますか

ポイント

○コンタクトレンズ販売は、保険薬局のような特別の関係規制はない。
○コンタクトレンズ販売管理者の登録研修は、年1回しかない。

1 医療機器販売業の概要

医療機器の販売を事業として開始するには、「届出が不要のもの」と「届出が必要なもの」、「許可が必要なもの」の3つに手続きのレベルが分類されています。

リスク分類	区分	販売手続き	種類の例
小	一般医療機器	不用	メスやピンセットなどの鋼製小物類、救急絆創膏、X線フィルム、副木、歯科用ワックスなど
中	管理医療機器	届出が必要	家庭用電気治療器、家庭用マッサージ器、補聴器、歯科用金属など
大	高度管理医療機器	許可が必要	コンタクトレンズ、輸液ポンプ、人工心肺装置、人工呼吸器、除細動器、縫合糸、人工骨、人工関節、歯科用インプラント材、電気手術器、レーザー手術装置、自己検査用グルコース測定器など
大	特定保守管理医療機器	許可が必要	X線撮影装置、シンチレーションカメラ、超音波画像診断装置、MR装置、CT装置、心電計、ベッドサイドモニタ、リアルタイム解析型心電図記録計など

（参考：東京都福祉保健局資料）

第6章 ▶MS法人による医療関連業務 | 281

コンタクトレンズは指定視力補正用レンズといわれ、「高度管理医療機器」に該当するため、その販売には高度管理医療機器等販売業許可を得なければなりません。

2 高度管理医療機器販売業の許可申請

(1) 許可申請の概要

高度管理医療機器や特定保守管理医療機器の販売及び貸与を行うためには、事前に許可を得なければなりません。許可には、構造設備の基準を満たした営業所の設置と、要件を満たした営業管理者の設置が必要です。

(2) 販売所の構造基準

コンタクトレンズ販売所は、次の構造設備基準を満たしていなければなりません。

---

①採光、照明及び換気が適切であり、かつ、清潔であること。
②常時居住する場所及び不潔な場所から明確に区別されていること。
③取扱品目を衛生的に、かつ、安全に貯蔵するために必要な設備を有すること。

また、隣接診療所とは別の入り口を設け、壁などで区切るなど、明確に区分した構造が求められます。

構造基準は、以下の福岡県の事例のように細かく定められており、実際に開設する場合は、内装工事を行う前に図面などを通じて、保健所と綿密な打ち合わせを行うことになります。

特に、独立した動線の確保と、確実に保管できる棚の設置が重要な審査項目となります。

福岡県高度管理医療機器等販売業及び賃貸業許可審査基準（抜粋）

1　換気は、自然換気又は強制換気（換気扇、クーラー、エアコン等による換気をいう。）により、医療機器の管理に支障を来さないものであること。

2 床は、清潔を確保するため、板張り、コンクリート、タイル又はこれに準じる不浸透性材料とすること。

3 高度管理医療機器又は特定保守管理医療機器(以下「高度管理医療機器等」という。)の販売業及び賃貸業(以下「販売業等」という。)の営業所と常時居住する場所及び便所等の不潔な場所とは、隔壁(ドア、壁、板戸又はガラス戸による仕切りをいう。以下同じ。)により明確に区別されていること。紙障子、ふすま、カーテン及びアコーデオンカーテンは、隔壁とは認めない。

4 高度管理医療機器等の販売業等と理容所、美容所、クリーニング所、フィルム現像所、厨房・調理場を有する飲食店・魚介類販売所・食肉販売所その他衛生的な保管管理に支障を生じるおそれがある場所(以下「理容所等」という。)とは、隔壁又は陳列台・ショーケースにより明確に区別し、かつ、医療機器売場及び医療機器倉庫を理容所等への通路とするような構造ではないこと。

5 デパート、スーパーマーケット等で、その店舗の一部を利用し高度管理医療機器等の販売業等の営業所を開設する場合は、原則として他の売場と隔壁により明確に区別されていること。隔壁により区別できない部分は、陳列台・ショーケースを固定するか、高度管理医療機器等の販売業等の営業所と他の売場との境の床面に着色すること等により当該営業所部分を明示すること。

6 湿気、じんあい及び日光の曝射、経年変化、変質、変負等を防ぐため、戸棚、ケース等の医療機器の貯蔵設備を有すること。大型のもので戸棚等に保管することができないものにあっては、ビニールカバー等で覆うことで差支えないこと。医療機器の現品を取り扱わない営業所であっても、医療機器の販売及び賃貸契約(ファイナンスリース取引後において、医療機器を販売又は授与する場合を含む。)を行う場合は、戸棚、ケース等の貯蔵設備又は医療機器倉庫を設けること。

7 天井は床上2.1m以上とすること。

8 医療機器倉庫を設ける場合は、次の設備構造を備えること。

(1) 常時適切な医療機器の保管条件を維持するため、必要に応じて、温度計、遮光設備、空調設備等を設置すること。

(2) 医療機器等を直接床におかないための保管棚及びすのこ等を備えること。

(3) 適正な保管と出入荷作業に支障のない広さの倉庫を確保し、事務室等と明確に区別されていること。

(4) 大型倉庫の一画を利用し、医療機器倉庫とする場合は、原則として当該区画を隔壁により明確に区別すること。隔壁により明確に区別できない部分は、陳列台・ショーケースを固定するか、医療機器倉庫に係る区画と他の区画との境の床面に着色すること等により当該区画を明示すること。

(5) 倉庫の分置は、営業所と同一県内に存在する当該営業所専用の倉庫であって、かつ、当該倉庫の管理及び出入庫が営業所において実地に管理できる場合において、一営業所に対して一倉庫に限り認める。

(6) 貸倉庫等を利用する場合、医療機器の管理を倉庫業者及び運送会社に委託することは認めない。

(3) 販売所の管理者基準

コンタクトレンズのみを販売する高度管理医療器の販売所の管理者は、次表の者でなければなりません。

【コンタクトレンズのみを販売する高度管理医療機器販売所の管理者要件】

(1) 高度管理医療機器等の販売又は賃貸に関する業務に1年以上従事した後、厚生労働大臣の登録を受けた者が行う基礎講習を修了した者

(2) 厚生労働大臣が上記(1)と同等以上の知識及び経験を有すると認めた者

①医師、歯科医師、薬剤師の資格を有する者

②医療機器の第一種製造販売業の総括製造販売責任者の要件を満たす者

③医療機器の製造業の責任技術者の要件を満たす者

④医療機器の修理に関する業務に3年以上従事した後、厚生労働大臣の登録を受けた者が行う基礎講習を修了した者

⑤薬事法改正前の薬種商販売業許可を受けた店舗の適格者で販売従事登録を受けた者

⑥公益財団法人医療機器センター及び日本医科器械商工団体連合会が共催で実施した医療機器販売適正事業所認定制度「販売管理責任者講習」を修了した者

MS法人でコンタクトレンズを販売する場合は、眼科診療所に隣接した販売所を設けることが一般的ですので、隣り合う診療所の医師が販売管理者でも販売所の許可を受けることは可能です（薬食機発第0709001号平成16年7月9日）。

薬食機発第0709001号
平成16年7月9日
厚生労働省医薬食品局
審査管理課医療機器審査管理室長

薬事法及び採血及び供血あつせん業取締法の一部を改正する法律等の施行に関する医療機器の販売業及び賃貸業に係る運用等について

記

（一部略）

第1　高度管理医療機器等販売業及び賃貸業について

　3．営業所の管理者について

　(2) 管理者の兼務について営業所の管理者は、原則、営業所ごとにおかなければならないものであること。

　兼営事業を行う場合であって兼営事業の管理の責任を有する者（医薬品販売業における管理薬剤師等）との兼務については、医療機器販売・賃貸に係る営業所の管理を実地に行うことに支障のない範囲内において認めることとする。

　また、医療機器販売業及び賃貸業の営業所と隣り合う診療所の医師が、営業所の管理者となることを妨げるものではないこと（隣り合う眼科診療所の医師によるコンタクトレンズ販売店の営業所の管理者等）。

　また、資格などを有しない者がコンタクトレンズの販売管理者となるには講習を受けることが必要ですが、この講習は年に1回しか行われず、毎年定員となることから、計画的な受講が必要です。

3 高度管理医療機器販売業の許可申請

(1) 高度管理医療機器販売業の許可申請書の事例

　コンタクトレンズを含む高度管理医療機器若を販売しようとする場合、営業所ごとに営業所の所在地の知事などの許可を受ける必要があります。

　具体的には、内装工事の事前相談の際に、管理者の資格適格性とともに申請書の内容を保健所担当者などに確認してもらい、内装工事が完了した時点で正式に提出することになります。

　また、申請書には、以下の書類を添付することが一般的です。

《添付書類の例》

①貯蔵設備を明示した営業所の平面図
②申請者が法人の場合の登記事項証明書
③代表権を有する役員及び薬事の業務を行う役員の診断書
④役員の業務分担の組織図等
⑤雇用関係を証明する書類
⑥管理者の資格証明書　　　　など

様式第八十七（第百六十条関係）

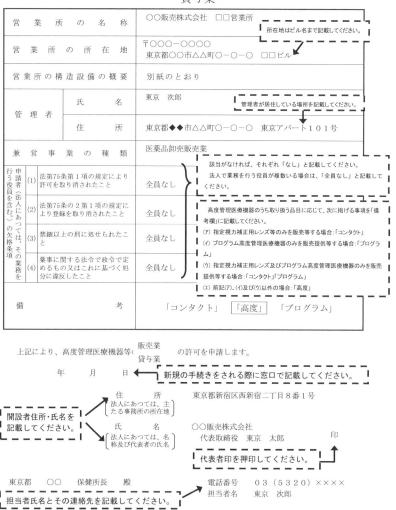

（東京都福祉保健局 記載例）

第6章 ▶ MS法人による医療関連業務

4 コンタクトレンズ販売業者の税務

(1) 広告宣伝費の負担

コンタクトレンズ販売業者が、関係の深い眼科診療所と共同して広告を掲示する場合があります。この場合、コンタクトレンズ販売業者と眼科診療所は、それぞれ相応の広告宣伝費の負担をする必要があります。

仮にその広告内容が、コンタクトレンズの販売に関する意味合いが強く、医療サービスの優越性を訴える宣伝的効果が薄い場合は、眼科診療所が負担した広告宣伝費は、寄附金と認定されその一部を損金とすることができない場合があります。

また、対価制のある広告宣伝費でなく、対価制のない寄附金と認定されることから、消費税の計算においても仕入税額控除を受けることはできないので注意が必要です。

平成21（行ウ）492等　法人税更正処分取消等請求事件
平成24年1月31日　東京地方裁判所　判決

眼科診療所の経営を目的とする医療法人が負担した、眼鏡及びコンタクトレンズの販売を目的とする関連法人の広告宣伝費用の一部が、法人税法37条に規定する寄附金に当たり、また、その負担が、消費税法2条1項12号所定の課税仕入れに当たらないとされた事例。

---

(2) 医療法人の事業としてコンタクトレンズを販売する場合

従来、診療所などの医療施設内においてコンタクトレンズの販売を行うことについて、都道府県においてその可否の判断が分かれていましたが、平成26年8月よりコンタクトレンズ販売が患者の療養の向上を目的として行われるものである限り、認められことになりした。

また、医療法人による物販業は目的外事業のため従来は認められませんが、コンタクトレンズの販売は診療の一環であることから物販業ではなく、医療法人においても事業として認められるようになりました。

「診療所が行えない業務のため、関連法人でコンタクトレンズを販売

する」という理屈が立たなくなりましたので、ＭＳ法人の事業としてコンタクトレンズの販売を実施するには、販売管理者を隣接する眼科医とさせないなど、ＭＳ法人の事業の実績作りが重要と考えます。

（事務連絡）
平成26年8月28日

各 ｛ 都道府県
保健所設置市　医療担当部（局）ご担当者様
特別区 ｝

医療機関におけるコンタクトレンズ等の医療機器やサプリメント等の
食品の販売について

厚生労働省医政局総務課

　今般、規制改革実施計画（平成26年6月24日閣議決定）において、医療機関におけるコンタクトレンズ等の医療機器やサプリメント等の食品の販売については、これが可能であることを明確化し、周知を行うこととされています（参考資料参照）。

　医療機関においてコンタクトレンズ等の医療機器やサプリメント等の食品の販売を行うことは、当該販売が、患者のために、療養の向上を目的として行われるものである限り、以前から可能ですので、適切に取扱われますよう、お願いいたします。

保医発0616第 7 号

平成27年 6 月16日

地方厚生（支）局医療課長　殿

厚生労働省保険局医療課長

（公　印　省　略）

保険医療機関におけるコンタクトレンズ等の医療機器や
サプリメント等の食品の販売について

　健康保険事業の健全な運営につきましては、平素より格段のご尽力を賜
り厚く御礼申し上げます。

　「医療機関におけるコンタクトレンズ等の医療機器やサプリメント等の
食品の販売について」（平成26年 8 月28日付け厚生労働省医政局総務課事
務連絡）により、医療機関においてコンタクトレンズ等の医療機器やサプ
リメント等の食品（以下「コンタクトレンズ等」という。）を販売するこ
とについては、当該販売が、患者のために、療養の向上を目的として行わ
れるものである場合に限り可能である旨、明確化されたところです。

　今般、保険医療機関においてコンタクトレンズ等を交付するにあたって
の取扱いを下記のとおりとするので、御了知いただくとともに、健康保険
事業の健全な運営を損なうことのないよう、下記の留意点に基づき、引き
続き適切な指導等をよろしくお願いいたします。

記

1　コンタクトレンズ等を交付する保険医療機関に対しては、以下の点を
　求めること。

　（1）当該保険医療機関においてコンタクトレンズ等の交付を受けること
　　　について、患者の選択に資するよう、当該保険医療機関外の販売店か
　　　ら購入もできること等について説明し、同意を確認の上行うこと。た
　　　だし、この同意の確認は必ずしも同意書により行う必要はなく、口頭
　　　説明により確認する方法で差し支えない。

（2）患者から徴収するコンタクトレンズ等の費用は社会通念上適当なものとすること。その際、保険診療の費用と区別した内容の分かる領収証を発行すること。

2　以前、一部の保険医療機関（特にコンタクトレンズ販売店に併設された診療所等）において、コンタクトレンズ検査料1の施設基準の不適切な届出や、不適切な診療報酬請求を行っている事例があったところなので、今後も同様の事例が生じないよう、本通知に示す保険医療機関においてコンタクトレンズ等を交付するにあたっての取扱いを周知する際、コンタクトレンズ検査料を算定する保険医療機関に対しては、適正な診療報酬請求を行うよう改めて周知するとともに、引き続き適切な指導等を行うこと。

6 - 3

介護事業を開始する手続きには
どのようなものがありますか

ポイント

○介護事業は、原則として法人でなければ指定を受けることができない。

○介護職員が事務を兼務した場合、基準を満たしているか注意が必要である。

1　介護事業の概要

(1) 介護事業の種類

　介護保険法に定める介護サービスのうち、市や県などから指定を受けてＭＳ法人が行えるものとして、次のものがあります。

【自宅で利用するサービス】

> 訪問介護・訪問看護・夜間対応型訪問介護・看護小規模多機能型居宅介護（旧・複合型サービス）・訪問入浴介護・訪問リハビリテーション・定期巡回・随時対応型訪問介護看護・居宅療養管理指導（そのほかこれら業務の一部に関する介護予防業務）

【自宅から通って利用するサービス】

> 通所介護（デイサービス）・認知症対応型通所介護・短期入所療養介護（ショートステイ）・小規模多機能型居宅介護・地域密着型通所介護（小規模デイサービス）・通所リハビリテーション（デイケア）・短期入所生活介護（ショートステイ）・（そのほかこれら業務の一部に関する介護予防業務）

【生活環境を整えるためのサービス】

> 福祉用具貸与・住宅改修・特定福祉用具販売

【生活の場を自宅から移して利用するサービス】

> 特定施設入居者生活介護(有料老人ホーム)・認知症対応型共同生活介護(認知症高齢者グループホーム)・地域密着型特定施設入居者生活介護（そのほかこれら業務の一部に関する介護予防業務）

(2) MS法人が介護事業を行うメリット

　介護保険の事業者の認定を受けるには、ほとんどの事業の場合、法人であることが求められますので、MS法人で事業を実施する必然性があります。

　また、医療法人で介護事業を実施する場合、附帯業務の条項を追加する定款変更が必要であり、その定款変更には数か月の時間を要することから、定款変更が速やかに行えるMS法人を利用して介護事業を実施することもメリットがあります。

2　指定申請の流れ

(1) 指定までのスケジュール

　介護事業者として指定を受けるには、それぞれの主務官庁に指定申請書を提出しなければなりませんが、一般的に3か月程度の期間を要し、指定日は毎月1日付で行われます。

【指定申請までのスケジュール例】

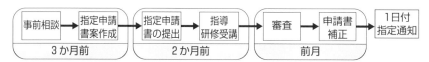

(2) 指定申請を受けられる要件

　介護保険事業者の指定を受けるためには、以下の条件を全て満たしていなければなりません（介護保険法70②、79②、115の2②）。

①法人格を有すること

　介護保険の各事業を申請するには、法人格を有する必要があります。（ただし、訪問看護ステーションを除く医療系サービスについては例外があります。）

②条例で定める人員基準・設備基準を満たしている、又は満たすことが確実なこと。

　条例で定める人員が確保されていることを、雇用契約書などで明らかにしなければなりません。また、事務所や必要な備品が用意されてなければ指定申請書は受理されません。

③条例で定める運営の基準に従って適正な事業の運営ができること。

　条例によって、必要な人員数やサービス体制の基準が定められています。

④介護保険法に定める欠格事由に該当しないこと

　過去に介護保険の事業に関して取り消しを受け5年経過していないなど、一定の要件に該当する場合は、指定申請は受理されません、

3 雇用に関する規制

(1) 介護事業と労働条件の関係

　指定を受けた介護事業者が、労働基準法に違反し罰金以上の刑を受けた場合、介護保険事業者としての指定が取り消されます。

　また、介護事業の要件として、勤務時間帯や勤務場所の制限がありますので、介護事象者の指定を受けているMS法人は、次のような点にも注意が必要です。

①　専ら従事すること

　例えば、認知症対応型共同生活介護事業所（グループホーム）の管理者は常勤であり、かつ、原則として専ら管理業務に従事しなければなりません。

　この場合の「専ら従事する」とは、原則としてサービス提供時間帯を通じて当該サービス以外の職務に従事しないことを指します。

就業開始時間　⇒　訪問看護業務　⇒　就業終了時間	専ら従事に該当
就業開始時間　⇒（午前）訪問看護業務　⇒（午後）事務業務　⇒　就業終了時間	専ら従事に該当しない

② 常勤換算数

　介護サービスについては、それぞれ配置すべき人員数が定められています。

　また、介護事業所は非常勤職員も多いことから、非常勤職員を時間数で按分した「常勤換算数」の計算が重要になります。

　「常勤換算数」は、次の算式で算出します。

$$\frac{事業所の従業者の実際の勤務延時間数}{事業所等において常勤の従業者が勤務すべき時間数} = 常勤換算数$$

　なお、常勤従業員の勤務時間数が32時間未満の場合は、32時間を分母とします。

　また、分子となる実際の勤務時間数は、常勤の時間数が限度となり、多く残業したからといって、常勤換算数が上昇することはありません。

　労働基準法に定める１週間当たりの労働時間の限度は40時間ですので、40時間を超える常勤の時間数の設定も認められません。

　介護職員が、経理事務を行っていた場合、経理事務の時間は介護に関する勤務時間数に含めることができませんので注意が必要です。

6-4

不動産賃貸業を開始するにあたり どのようなポイントがありますか

ポイント

○賃料が適正であるなど契約内容の妥当性が求められる。
○自己所有建物の賃借人募集は、宅建業者でなくてもかまわない。

1 不動産の賃貸を行う場合

(1) 概要

　病院や診療所などを開設している医療法人などが、ＭＳ法人が所有する建物を賃借することはよく行われています。

　建物所有者をＭＳ法人にするメリット、デメリットとして次のようなことが考えられます。

【メリット】

○ＭＳ法人に、賃料の支払いを通じて利益を移転することができる。
○医療法人と違い、ＭＳ法人ならば幅広く不動産賃貸業が行える。
○ＭＳ法人が所有する不動産は、医療事業以外など幅広い用途に転用できる。

【デメリット】

○福祉医療機構による医療貸付を受けられない。
○固定資産税の軽減制度が受けられないことがある。
○資本的支出の負担が不明確となりやすい。

(2) 資本的支出の負担

　病院の建物を、ＭＳ法人から賃借するときに問題となるのが、修繕費・資本的支出の負担です。

296

診療所や介護老人保健施設と違い、病院は健康保険法の改正などにより、頻繁に建物の増改築を行います。そのため、その年の賃料を超える修繕や増改築をＭＳ法人が行わなければならない場合もあります。

　ＭＳ法人が、医療法人などから建物を譲り受け、新たに不動産賃貸を行う場合、その病院が過去にどのような増改築を行ってきたかを過去に提出した開設許可事項変更申請により確認し、将来の収支計画に盛り込むことが可能です。

（川崎市 第７号様式記載例）

　また、修繕費や資本的支出を負担するべきものが、賃借人である医療法人なのか、賃貸人であるＭＳ法人であるのか、問題になることもあります。

第6章 ▶ ＭＳ法人による医療関連業務

そこで、あらかじめ修繕費の負担について、賃貸借契約において次のように明確に定めておくことも有用です。

【修繕費負担契約例】

区分	項目	内容	負担者		判断事項
			賃貸人	賃借人	
建物	改築 大規模修繕 新たな設置	躯体、基礎軸組、鉄骨部分等の取替	○		構造耐力上主要な部分（建築基準法施行令１①三）は賃貸人負担
	見積額100万円以上の修繕		協議による		
	見積額100万円未満の修繕			○	本来の効用維持は、賃借人負担
構築物	新設等			○	
	見積額100万円以上の修繕		協議による		
	見積額100万円未満の修繕			○	

2 関係者からの不動産の賃貸

(1) 医療法人との取引の例外

　医療法人の理事がMS法人の役職員を兼務することは、原則として認められません。

　しかし、次の３要件を満たす契約ならば、医療法人の役員とMS法人の役職員の兼務が可能です。

①営利法人等から法人が必要とする土地又は建物を賃借する商取引であること
②営利法人等の規模が小さいことにより役職員を第三者に変更することが直ちには困難であること
③契約の内容が妥当であると認められること

(2) 妥当な契約内容の範囲

上記(1)の要件を満たす妥当な賃貸契約とは、賃貸期間、賃料、退去時の負担など一般的な内容でなければなりません。

特に賃料については、次のような比較表を用いて、近傍の賃貸事例と対象物の賃貸契約を比較し、その適正性の立証を行う必要があります。

【近傍類似比較表の作成例】

	所　在　地	月額賃料 A	延べ床面積 B	1㎡当たりの単価 A／B
当該物件	さいたま市中央区○○町二丁目1番22号	300,000円	123.45㎡	2,430円
参考物件1	さいたま市中央区○○町三丁目4番5号	1,000,000円	350.05㎡	2,857円
参考物件2	さいたま市中央区○○町六丁目7番8号	300,000円	85.00㎡	3,529円
参考物件3	さいたま市中央区○○町一丁目2番3号	325,000円	120.05㎡	2,707円

上記の場合、対象物件の1㎡当たり単価は2,430円であるのに対し、参考物件1～3の1㎡当たり平均単価は3,031円ですので、1㎡当たりの賃料単価は適正と考えられます。

また、根拠資料として賃貸情報の写しや位置関係がわかる地図の保存も忘れないようにしたいところです。

(3) 高額な賃料による契約を締結した場合

医療法人が、関係者から土地、建物等を賃貸借している場合は適正な契約がなされていることが求められ、これに反して高額な賃料の支払いを行った場合は、配当類似行為とみなされ医療法に違反することが考えられます。

【医療法人運営管理指導要綱】(抜粋)

Ⅲ　管理　2　資産管理
7　土地、建物等を賃貸借している場合は適正な契約がなされていること。

【医療法人制度について（平成19年３月30日付　医政発第0330049号）】（抜粋）

> (2)　医療法人の施設又は設備は法人が所有するものであることが望ましいが、賃貸借契約による場合でも当該契約が長期間にわたるもので、かつ、確実なものであると認められる場合には、その設立を認可して差し支えないこと。
>
> 　ただし、土地、建物を医療法人の理事長又はその親族等以外の第三者から賃貸する場合には、当該土地、建物について賃貸借登記をすることが望ましいこと。
>
> 　また、借地借家法（平成３年10月４日法律第90号）に基づき、土地、建物の所有権を取得した者に対する対抗要件を具備した場合は、賃貸借登記がなくても、当該土地、建物の賃貸借を認めても差し支えないこと。なお、賃貸料については、近隣の土地、建物等の賃貸料と比較して著しく高額なものである場合には、法第54条（剰余金配当の禁止）の規定に抵触するおそれがあるので留意されたいこと。

3　不動産の賃借を媒介する場合

(1) ＭＳ法人による媒介

　売買や賃貸の代理・媒介する場合は、宅地建物取引業の免許が必要ですが、当事者として自らの物件の売買や賃貸を行う場合は、宅地建物取引業の免許は不要です。

　ＭＳ法人が自らの所有する高齢者賃貸住宅などに関し広く賃借人を募集し、賃貸契約を締結する場合は、宅地建物取引業の免許は要しません。

　しかし、医療法人が建物を所有し自らが開設している高齢者賃貸住宅に関して、ＭＳ法人が入居者を見つけ、医療法人と入居者との賃貸を媒介した場合には、宅地建物取引業の免許が必要です。

　この場合、仲介を行ったＭＳ法人は、依頼者たる医療法人の承諾を得ることを前提に、賃料の１か月分を限度とした媒介手数料を受領することができますが、この賃料には高齢者賃貸住宅において実施される見守

り費用などのサービス費用は含みません。

(2) 宅建業者の登録

　宅地建物取引業の免許を受ける事務所には、宅地建物取引業者に専門家としての役割を十分に果たさせるため、事務所ごとに、事務の補助などの人も含めて、少なくとも業務に従事する者の5名に1名以上の割合で宅地建物取引士を設置するように義務づけています。

　そのうえで、次の図のような手続きを経て、宅地建物取引業を開始することができます。

〈宅地建物取引業免許取得の流れ〉

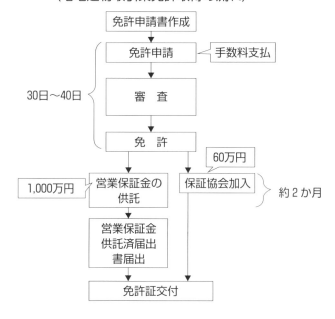

6-5

MS法人による医療施設の建築は メリットがありますか

ポイント

○医療法人が賃借する建物を建築することによって、相続税評価額を引き下げることができる。

○MS法人が建築する医療施設には、福祉医療機構の借入を受けることができない。

1 MS法人による医療施設等の建築のメリット

(1) 建築による株式評価減

医療法人の開設する病院や診療所などを、MS法人に建築させ医療法人がMS法人に賃料を支払い、不動産賃貸料を通して不動産賃貸業を行うMS法人に一定の利益移転を図れるメリットがあります。

また、建築費と相続税評価額の差額を利用した、MS法人の株式評価引下げを行うことも可能です。

【MS法人で医療施設を建築した場合の相続税評価額の例】

建築費	100
固定資産税評価額	60（建築費の60％と仮定）
相続税評価額	42（固定資産税評価額×（1－借家権割合30％）
建築によるMS法人の評価減　相続税評価額42－建築費100＝△58	

(2) MS法人による従業員寮建築

医療施設のほか職員向けアパートをMS法人が建築し、医療法人に賃貸させる方法もあります。

職員向けアパートは一般的に、医療法人に一括して貸し付けることが多く、この場合MS法人にとっては、空室リスクがなく、収益性のよい

不動産投資となります。

　また、医療法人にとっても、自ら職員向けアパートを建築した場合には、職員が利用しなくなったとしても医療法人の特性から収益事業が行えず、外部の借家人にアパートを貸すことができませんが、ＭＳ法人が所有するアパートであれば、外部の借家人に貸し付けることができるメリットもあります。

2 ＭＳ法人による医療施設等の建築のデメリット

　ＭＳ法人が医療施設を建築するデメリットに、適切な賃料の範囲内で借入金を返済しなければならないデメリットがあります。

　医療法人が、ＭＳ法人などに高額な賃料を支払うことは、配当に類似する行為として医療法に違反していると指導を受けることがあります。

【宮城県保健福祉部医療整備課医務班　指導資料】

医療法人の申請・届出丸わかりガイド

　1　医療法人の剰余金配当禁止と配当類似行為について

> 　医療法人は、剰余金の配当が禁じられています（医療法第54条）。
> 　ここでいう配当とは、利益処分としての配当だけでなく、配当に類似する行為（配当類似行為）も含まれます。

【重要】　剰余金の配当禁止に抵触するおそれのある取引（例）

・役員の勤務実態や職務内容に不相応の高額な報酬や、近隣相場よりも不当に高額の不動産賃料の支払い

　したがって、ＭＳ法人が借入金をもって、医療法人に賃貸する施設を建築する場合には、あらかじめ適切な賃料を見積もり、その額の範囲内で借入金を返済できる計画を立てるべきです。

　また、ＭＳ法人の不動産のみでは担保価値が不足している場合、たとえ医療法人が利用する施設建築のための借入金であったとしても、ＭＳ法人の借入金に対応する医療法人の不動産に抵当権を設定することは問題があり、このような抵当権設定は、医療法人から関係者への特別の利

益提供であるとみなされます。

【MS法人の借入に伴う抵当権設定が特別の利益とされる例】

> 平成26年度厚生労働省医政局委託
> 持分によるリスクと持分なし医療法人の移行事例に関する調査研究 報告書
>
> 第2節　理事等への「特別の利益を与えること」について
> 例2 医療法人の土地や建物に、理事等の個人的借入金の抵当権等が付いている。
>
> 　事実上の利益供与となります。例えば、ある理事が関与する企業もしくはいわゆるメディカルサービス法人（MS法人）の借入金のために、医療法人の土地や建物に抵当権を設定したとします。仮に、この会社が借入金を返さないとなると、抵当権を設定した金融機関等は医療法人の土地や建物を差し押さえることとなります。医療法人の土地や建物に他人や他社の抵当権を設定するということは、医療法人の財産を差し押さえて良いと承諾しているものですから、医療法人の安定的運営からも決して認められないことです。

3 福祉医療機構からの借入の可否

　医療法人が、病院や診療所、介護老人保健施設の建築に際して、独立行政法人福祉医療機構から、建築資金の借入を受けることができます。

　福祉医療機構からの借入は、低利の固定金利、かつ長期の融資であり、一般的に市中銀行からの借入に比して有利な条件で借入を受けることが可能です。

　しかし、MS法人が医療施設を建築する場合は、MS法人自らが医療事業を行うのではないことから、福祉医療機構からの借入は受けられず、市中銀行などからの資金調達によらなければないことは、MS法人による医療施設建設のデメリットと言えます。

　ただし、福祉医療機構の借入は融資額に限度があり、建築金額全額の融資が行われることはなく、また金融政策が緩和された昨今においては、

福祉医療機構よりよい条件で貸付けを行う市中銀行もあることから、福祉医療機構の借入を受けられないことは必ずしもデメリットと言えないかもしれません。

【福祉医療機構　医療貸付事業　融資制度のあらまし】

《融資対象施設》
・病院、診療所（一般診療所、歯科診療所）
・介護老人保健施設、指定訪問看護事業
・助産所
・医療従事者養成施設

《融資対象者》
個人、医療法人、一般社団法人又は一般財団法人のほか、社会福祉法人、学校法人など

《融資の内容》
＜設置・整備資金＞
●建築資金（新築、増改築、購入、賃借などに必要な資金および土地取得資金）
●機械購入資金
・新設や災害復旧時などに必要な医療機械・備品購入資金（病院は対象外）
・病院の先進医療等に使用する高額な医療機器の購入資金であって、民間金融機関が融資しない場合の資金
＜長期運転資金＞
●新設等に伴い必要な資金（病院は対象外）
●経営の安定化を図るために必要な資金など

6-6

給食事業を開始するにあたりどのようなポイントがありますか

ポイント

○MS法人が給食事業を行い、質の高い給食サービスを実施できるケースがある。

○MS法人独自の就業規則を作成するメリットがある。

1 病院給食事業の概要

(1) 患者等給食の現状

病院における患者給食の外注化はかなり進みましたが、現在でも内製化にこだわっている病院が多く見受けられます。

給食委託状況	一般病院	療養病院	精神科病院
している	407施設	137施設	77施設
していない	566施設	155施設	259施設
委託率	42%	47%	23%

(厚生労働省　医政局　医業経営資料患者給食の委託状況)

(2) 給食事業をMS法人で実施するメリット・デメリット

内製化にこだわるメリットとデメリットは、次のようなものがあります。

【メリット】

①病院事業の利益の一部を、給食事業の提供を通じてMS法人に移転できる。

②病院職員と給食職員の関係が深くなり、医療施設と連携がとれる。

③委託給食業者の食事より、内製給食の方が美味しいと言われることがある。

④急な給食のオーダーや給食内容の変更にも対応できる。

【デメリット】

①病院職員と給食職員の勤務時間が異なるため、就業規則の構築が難しい（ＭＳ法人を使わない場合）。

②一般的に委託給食業者への委託費より、内製給食の供給コストが高い。

そこで、上記のメリットを生かし、別会社であるＭＳ法人において給食事業を請け負い、勤務時間が異なるデメリットを解消させている事例があります。

2 保健所への許可申請

(1) 許可申請を要する給食事業

ＭＳ法人が給食事業を開始する場合は、営業許可申請を行わなければなりません。

病院などが自ら給食事業を行う場合で、週１回以上継続的に１回20食以上又は１日50食以上の病院給食を提供する場合は届出で済みますが、給食事業を外部委託するには、委託業者が営業許可を受ける必要があります。

従来、患者のみに給食を提供するなど限定的な提供の場合は、給食事業を外部提供しても、許可は不要でした。しかし、食品衛生法の改正により、令和３年（2021年）６月より給食の外部委託には営業許可を受けることが求められました。

これは、一般衛生管理に加え、ＨＡＣＣＰ（ハサップ）に沿った衛生管理の実施を求め、食中毒の防止に努めることが理由です。

(2) 手続きの流れ

給食事業を開始するには、次のような流れで、所轄保健所に営業許可

第6章 ▶ＭＳ法人による医療関連業務 | 307

申請書を提出します。

① 事前相談

　厨房設備や人員配置などが施設基準に合致しているかなどを事前に確認するため、厨房の図面や食品衛生管理者の資格を有する書面などを元に、保健所の担当者と事前に打ち合わせを行います。

　食品衛生管理者は、次の資格を有する者か、食品衛生責任者養成の講習を受講した者でなければなりません。

> 栄養士、調理師、製菓衛生師、と畜場法に規定する衛生管理責任者、と畜場法に規定する作業衛生責任者、食鳥処理衛生管理者、船舶料理士、食品衛生管理者、もしくは食品衛生監視員となることができる資格を有する者

② 開設許可申請

　給食業者は、食事の供給を開始しようとする日から10日以上前を目安に、営業許可申請書を保健所に提出しなければなりません。

【許可申請に必要な書類】

> 営業許可申請書
> 営業設備の大要・配置図、施設平面図及び施設周辺の見取り図
> 許可申請手数料
> 登記事項証明書（法人の場合）
> 1年以内水質検査成績書（貯水槽使用水、井戸水等を使用する場合）
> 食品衛生責任者の資格を証明する書類又は誓約書

【営業許可申請書記載例】

第1号様式（第2条関係）、第7号様式（第5条関係）

令和 元 年 5 月 8 日

豊島区池袋保健所長

〒170-0013

住　　所　　豊島区東池袋○丁目○番○号

電　　話　03（○○○○）○○○○

氏　　名　　株式会社池袋　代表取締役　池袋　太郎

明治・大正・⑲和・平成　60年　4月　7日

（法人の場合は、その名称、主たる事務所の所在地及び代表者の氏名）

営 業 許 可 申 請 書　　（①新規　2更新　3切新　4改新）

ア　食 品 衛 生 法 第 52 条 第 1 項
イ　食品製造業等取締条例第5条・第5条の3 ｝の規定により次のとおり申請します。

営 業 所 の 所 在 地	豊島区 南池袋○丁目　　○番　　○号　　豊島ビル○階
営 業 所 の 名 称 等	としま食堂　池袋店　　　電話 03（○○○○）○○○○
営 業 設 備 の 大 要	別紙のとおり

	営 業 許 可 の 番 号	営 業 の 種 類	備　　　　考
1	豊池衛食　第　　　号	飲食店営業	
2	豊池衛食　第　　　号		
3	豊池衛食　第　　　号		
4	豊池衛食　第　　　号		
5	豊池衛食　第　　　号		

申請者の欠格事項	(1) 食品衛生法又は同法に基づく処分に違反して刑に処せられ、その執行を終わり、又は執行をうけることがなくなった日から起算して2年を経過していないこと。	なし
	(2) 食品衛生法第22条から第24条までの規定により許可を取り消され、その取消しの日から起算して2年を経過していないこと。	なし

食品衛生責任者氏名	池袋　四朗
資 格 要 件	1栄　2調　3製　4食管　⑤食講　6補講　7ニ年　8管栄　9製約　10食鳥　11船舶　12食監
資 格 取 得 年 月 日	平成29年12月15日　都道府県名　東京都　　第　1234　号

（https://www.city.toshima.lg.jp/217/kurashi/ese/000458/hokenjo/004682.html）

3 外注単価の考え方

(1) 概要

　ＭＳ法人が給食事業を受託するにあたり、その対価設定は悩むところです。

　そこで、単価設定の考え方として、診療報酬からのアプローチ、上場会社の利益率からのアプローチ、人件費率からアプローチを紹介します。

(2) 診療報酬からのアプローチ

　入院患者に食事を提供した場合、１食あたり640円が健康保険組合などの保険者と患者から支払われます。これを入院時食事療養費といいます。

保険者負担額		患者負担額		合計
180円	+	460円※	=	640円

※低所得者の場合、患者負担額は申請により標準負担額の360円より減額を受けることができ、減額された額は診療報酬とともに支払われます。

　その他、病棟に食堂を備えている場合の食堂加算（50円/日）、多職種からなる栄養サポートチームが診療した場合に算定できる栄養サポートチーム加算（週１回200点）などが、診療報酬から支払われます。

　病院にとっては、自ら給食を提供した場合でも、給食業者を使って給食を提供した場合でも１食640円の入院時食事療養費を受けられます。

　そこで、ＭＳ法人に支払う給食単価も、１食640円から病院の職員として配置が求められる管理栄養士の人件費を控除した額を、委託給食単価とする考え方は検討に値します。

　なお、給食の質が高いなど入院時食事療養費の額を超える契約は、食材費や人件費などから適正であることが明確であれば、問題はありません。

(3) 上場会社の利益率からのアプローチ

　給食市場の縮小と新たな資金需要が乏しいことから、給食事業会社の上場廃止が平成20年ごろに相次ぎました。過去に上場していた会社の有価証券報告書から、売上利総益率を調べたのが、次の数字です。

（単位：百万円）

会社名	ＬＥＯＣ	ＬＥＯＣ	日清医療食品	日清医療食品
年度	平成18年度	平成19年度	平成20年度	平成21年度
売上	53,363	62,732	167,859	168,144
売上原価	46,291	54,166	139,696	134,977
売上利益	7,072	8,566	28,163	33,166
売上利益率	13.6%	13.6%	16.7%	19.7%

　この表によると、給食事業の売上利益率は、10％台であることが、読み取れます。

　そこで、給食材料費や給食職員の給料などの原価額から売上総利益率を10％台で設定した額を、ＭＳ法人と医療法人との給食外注費の額として計算する方法があります。

（4）人件費率からのアプローチ

　病院給食における人件費率が、20％台という資料があります。

表5　地域による人件費率の違い

計算基礎病床区分 （床）	人件費率（％）[a]	地域別最低賃金 時間額（円）[b]
全体（n＝37）	23.1±5.0	642.7±30.8
北海道・東北（n＝7）	19.1±5.6	616.0±11.4
関東・甲信越（n＝6）	22.5±4.5	673.4±26.6
東海・北陸（n＝2）	19.8±3.5	661.1±14.8
近畿（n＝8）	25.3±3.9	671.2±20.8
九州・沖縄（n＝14）	24.6±4.0	613.4±13.1

（M±SD）

（出典：特定給食施設（病院）における人件費率、食材料費の実態」　生活科学研究誌　大阪市立大学）

　そこで、給食職員の人件費から人件費率20％台で設定した額をもとに、ＭＳ法人と医療法人との給食外注費の額を計算する方法があります。

6-7

医療機器リース業を開始するにあたり
どのようなポイントがありますか

ポイント

○医療機器リースにより、消費税の還付を受けられることがある。
○高額のリース料の設定は、税務調査で問題になることがある。

1 医療機器リース業をMS法人で実施するメリット・デメリット

　MS法人において医療機器のリースを行っている事例が多く見受けられますが、そのメリットとデメリットには、次のようなものがあります。

【メリット】

①病院事業の利益の一部を、リース料の支払いを通じてMS法人に移転できる。
②課税売上割合の高いMS法人が、医療機器の消費税の還付が受けられる。

【デメリット】

①医療機器によっては、管理医療機器販売業・貸与業届が必要
②医療機器によっては、高度管理医療機器販売業・貸与業許可が必要
③医療機器を取得する資金の調達が必要

2 管理医療機器貸与業の届出

(1) 医療機器の種類と販売許可

　医療機器を賃貸するにあたり、「管理医療機器」と「高度管理医療機器」「特定保守管理医療機器」は、主務官庁への届出又は許可が必要です。

　一般医療機器の賃貸業を開始するにあたり、届出は不要ですが、一般医療機器には消耗品のようなものが多く、一般医療機器をリースによる

借り受ける事例は稀でしょう。

医療機器の区分については、**6-2**（281ページ）をご参照ください。

3 高度管理医療機器貸与業の許可申請

(1) 許可申請の概要

高度管理医療機器及び特定保守管理医療機器の賃貸を行うために事前に許可を得なければならない点は、医療機器販売業と同様です。

許可を受けるには、構造設備の基準を満たした営業所の設置と、要件を満たした営業管理者の設置が必要です。

(2) 営業所の構造基準

高度管理医療機器の賃貸を行う営業所は、次の構造設備基準を満たしていなければなりません。

> ①採光、照明及び換気が適切であり、かつ、清潔であること。
> ②常時居住する場所及び不潔な場所から明確に区別されていること。
> ③取扱品目を衛生的に、かつ安全に貯蔵するために必要な設備を有すること。

また、隣接診療所とは別の入り口を設け、壁などで区切るなど、明確に区分した構造が求められており、内装工事を行う前に図面などを通じて、保健所と綿密な事前打ち合わせを行うことになります。

特に、独立した動線の確保と、確実に保管できる棚の設置が重要な審査項目となります。

(3) 営業所の管理者基準

高度管理医療機器の営業所の管理者は、次の者でなければなりません。

> 【高度管理医療機器営業所の管理者要件】
> (1) 医療機器の販売又は貸与に関する業務に3年以上従事した後、厚生労働大臣の登録を受けた者が行う基礎講習を修了した者
> (2) 厚生労働大臣が上記(1)に掲げる者と同等以上の知識及び経験を有すると認めた者

①医師、歯科医師、薬剤師の資格を有する者
②医療機器の第一種製造販売業の総括製造販売責任者の要件を満たす者
③医療機器の製造業の責任技術者の要件を満たす者
④医療機器の修理業の責任技術者の要件を満たす者
⑤平成18年改正薬事法附則第7条の規定により法第36条の4第1項に規定する試験に合格したとみなされた者のうち、同条第2項の登録を受けた者
⑥公益財団法人医療機器センター及び日本医科器械商工団体連合会が共催で実施した医療機器販売適正事業所認定制度「販売管理責任者講習」を修了した者

(4) 許可申請の流れ

高度管理医療機器を賃貸しようとする場合、営業所ごとに営業所の所在地の知事などから許可を受ける必要があります。

具体的には、内装工事の事前相談の際に、管理者の資格適格性とともに申請書の内容を保健所担当者などに確認してもらい、内装工事が完了した時点で正式に許可申請書を提出することになります。

申請書には、以下の書類を添付することが一般的です。

《添付書類の例》

①貯蔵設備を明示した、営業所の平面図
②申請者が法人の場合の登記事項証明書
③代表権を有する役員及び薬事の業務を行う役員の診断書
④役員の業務分担の組織図等
⑤雇用関係を証明する書類
⑥管理者の資格証明書　　　　など

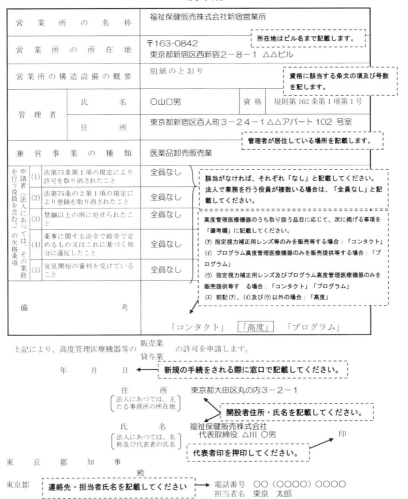

第6章 ▶ MS法人による医療関連業務

4 管理医療機器賃貸業の届出

(1) 届出制度の概要

　管理医療機器（特定保守管理医療機器を除く）を販売若しくは貸与する場合、営業所ごとに届出が必要です。

　ただし、高度管理医療機器等の販売業若しくは貸与業の許可を受けている場合は、届出を行う必要はありません。

(2) 許可と届出の違い

　許可とは、許可を得ようと考えるものの申請に基づき、行政庁が定めた基準に基づき審査をし、基準を満たしている場合に下される行政庁の処分です。すなわち、申請を受けて行う行政庁のアクションが、許可です。

　一般的に許可事項は、許可を受けた後でなければその業務を実施することはできません。

　対して届出は、行政庁に報告をすることであり、一般的には届出書を提出することをもって終了する手続きで、行政庁のアクションは不要です。

　一般的に届出事項は、事業を開始した後に、一定の期間内に届出を行います。

(3) 営業所の構造基準

　管理医療機器の賃貸を行う営業所は、高度医療機器と同様に次の構造設備基準を満たしていなければなりません。

---

①採光、照明及び換気が適切であり、かつ、清潔であること。
②常時居住する場所及び不潔な場所から明確に区別されていること。
③取扱品目を衛生的に、かつ、安全に貯蔵するために必要な設備を有すること。

---

(4) 営業所の管理者基準

　管理医療器の営業所の管理者は、取扱い医療機器により、それぞれ次

の者でなければなりません。

分類		医療機器	許可届出	管理者設置	管理者の要件		管理者が取扱可能な範囲
					従事年数	基礎講習	
管理医療機器	特定管理医療機器	管理医療機器	届出必要	義務	3年	必要	管理医療機器
		補聴器			1年		補聴器のみ
		家庭用電気治療器					家庭用電気治療器のみ
		プログラム			不要		プログラム特定管理医療機器のみ
		家庭用管理医療機器 ・磁気治療器 ・家庭用マッサージ器 ・アルカリイオン整水器等	不要	不要	不要	不要	

第6章　▶ＭＳ法人による医療関連業務　317

様式八十八（第百六十三条関係）

管理医療機器 　販売業　／　貸与業　届書

営 業 所 の 名 称		福祉保健販売株式会社新宿営業所
営 業 所 の 所 在 地		〒163-0842 東京都新宿区西新宿2-8-1　△△ビル
管 理 者	氏　　　名	○山□男
	住　　　所	東京都新宿区百人町3-24-1　△△アパート102号室
営業所の構造設備の概要		別 紙 の と お り
兼 営 事 業 の 種 類		
備　　　　　考		「管理」「補聴器」「電気治療器」「プログラム」「家庭用」 「検体測定室用」「補聴器・電気治療器」　　「補聴器・プログラム」 「電気治療器・プログラム」「補聴器・電気治療器・プログラム」

上記により、管理医療機器の　販売業／貸与業　の届出をします。

　　　　　　年　　　月　　　日

　　　　　　　　　　　　住　　　所
　　　　　　　　　　　　〔法人にあつては、主
　　　　　　　　　　　　 たる事務所の所在地〕　東京都大田区丸の内3-2-1

　　　　　　　　　　　　氏　　　名
　　　　　　　　　　　　〔法人にあつては、名
　　　　　　　　　　　　 称及び代表者の氏名〕　福祉保健販売株式会社　　　　　印
　　　　　　　　　　　　　　　　　　　　　代表取締役　△川○男

東京都　　　　　保健所長　殿　　　　　電話番号 ○○○（○○○）○○○
　　　　　　　　　　　　　　　　　　　担当者名

（東京都福祉保健局　記載例）

5 消費税の取扱い

(1) 医療法人の消費税の計算

消費税の納付税額は、課税売上げに係る消費税額から課税仕入れに係る消費税額を控除し、計算します。

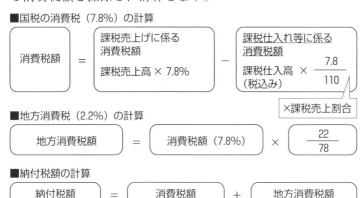

一般的に医療法人は、消費税の課税売上割合が10％程度しかなく、課税売上割合に対する部分しか仕入税額の控除ができないため、支払った消費税のほとんどが控除できません。

しかし、課税売上割合が高いＭＳ法人が支払った消費税は、ほぼ全額控除できます（インボイス発行事業者からの仕入れを前提）。

【事例】

1,100の医療機器を購入した場合のイメージ

○課税売上割合10％の法人の場合

仕入控除税額　10（仕入額1,100 × $\dfrac{10}{110}$ × 課税売上割合10％）

○課税売上割合100％の法人の場合

仕入控除税額　100（仕入額1,100 × $\dfrac{10}{110}$ × 課税売上割合100％）

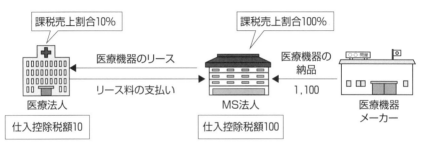

(2) ＭＳ法人を使った消費税の還付

　一般的に、ＭＳ法人の課税売上割合は100％に近くなります。

　そこで、医療機器をＭＳ法人が仕入れ、その医療機器を医療法人にリースにより貸し付けることによって、医療機器の仕入れにかかる消費税は、高い率で控除することができます。

　ただし、高額特定資産の仕入れ等を行った場合に、高額特定資産の仕入れ等の事業年度から３年を経過するまでは、免税事業者制度や簡易課税制度などが適用できませんので注意が必要です。

6　リース料の設定

(1) リース料の設定

　ＭＳ法人と医療法人のリース契約を締結するにあたり、適正なリース料の算定がポイントです。

　また、リース期間が終了した後の再リース料の設定も、適切でなければ税務調査で否認されます。

【高額な再リース料の否認事例】

〔平14−12−20裁決〕【裁決事例集第64集207頁】

　しかしながら、一般の賃貸業者においては、医療機器等を賃貸するとした場合、賃貸借期間経過後の賃貸料の金額を当初の契約に定められた金額の10分の1の金額としていることが認められるにもかかわらず、請求人が医療機器等の耐用年数を超えても、賃借料を減額することなく継続して当初の契約に定められた賃借料を支払っていることは、同族会社とその関係人であるがゆえになしえた経済的合理性を欠く行為又は計算であり、その結果、請求人の所得税の負担を不当に減少させていると認められるので、医療機器等の賃貸借契約がレンタル方式であるかリース方式であるかにかかわらず、所得税法第157条の規定を適用し、医療機器等ごとに、一般の賃貸業者が同種の医療機器等を賃貸する場合に賃貸借期間中に支払いを受ける賃貸料総額を月額賃貸料で除して賃貸料総額を回収する期間を算出し、当該回収期間経過後の賃貸料を当初の契約に定められた金額の10分の1に減額して請求人が支払うべき適正な賃借料を算出するのが相当と認められる。

(2) リース料率

　リース料は、医療機器の価額にリース期間中の金利、固定資産税や保険料を加えて計算されます。また、月額リース額をリース資産の価額で除した割合を「リース料率」と言い、この率が1％台であるリース取引をしばしば見かけます。

　例えば、1,000万円の医療機器を月額リース料18万円で契約を行えば、リース料率は1.8％になります。

【リース料率の考え方】

リース資産の価額	1,000万円
法定耐用年数	6年
リース期間	5年
月額リース料	180,000円
リース料率	1.8％（月額リース料÷リース資産価額）
リース料総額	180,000円×60か月＝10,800,000円

(3) 適正リース料

　リース料算定に際して、一般的なリース契約事例を収集し、そのリース料率に合わせることも一つです。例えば、次のようなリース契約事例を参考にするならば、リース期間が5年の場合、リース料率は1％後半から2％前半であることがわかります。

【リース料率の例】

リース資産	購入金額	月額リース料	リース料総額	リース期間	リース料率
画像管理システム	11,550,000	195,300	11,718,000	5年	1.69％
特殊浴槽	6,930,000	147,000	8,820,000	5年	2.12％
透析装置	2,625,000	55,650	3,339,000	5年	2.12％
CT装置	19,425,000	291,375	20,979,000	6年	1.50％

　一般的に、リース期間が長い方が、金利負担・固定資産税負担がかかるため、リース料率が高くなる傾向にあります。

6-8
クリーニング業を開始するにあたりどのようなポイントがありますか

> **ポイント**
> ○クリーニング業を通じて、病院の収益の移転を図る。
> ○特例子会社を通じて、障害者雇用率を維持する。

1 クリーニング事業の概要

(1) クリーニング事業をMS法人で実施するメリット・デメリット

MS法人が、基準を満たした上でクリーニング事業を開始した場合、次のようなメリットとデメリットがあります。

【メリット】

①病院事業の利益の一部を、クリーニング事業の提供を通じてMS法人に移転できる。
②入院セットのレンタルを実施し、患者の入院用品の用意が不要となる。
③特例子会社を使って、障害者の雇用促進が行える。

【デメリット】

①要件を満たした上で、保健所への開設届が必要となる。
②クリーニング事業を実施する職員の募集がたいへんである。

(2) クリーニング事業の開設手続き

クリーニング所を新たに開設する場合には、所轄保健所へ開設の届出が必要です。

【開設手続きの流れ】

① クリーニング師の雇用

　クリーニング所を開設するには、クリーニング所ごとに、1人以上の
クリーニング師を置かなければなりません。

　クリーニング師とは、クリーニング業法に基づき、都道府県知事の行
う試験に合格し、免許を取得した人です。クリーニング師試験は、都道
府県ごとに実施されますが、合格した都道府県と従事する都道府県が異
なっていても問題ありません。

　都道府県知事の行うクリーニング師試験に合格し、クリーニング師の
免許申請を行い、クリーニング師原簿に登録され、はじめてクリーニン
グ師となります。

　クリーニング師の試験の難易度は都道府県によって異なり、実技試験
の内容が容易な都道府県で受験するという方法もあります。

② 保健所への事前相談

　クリーニング所を開設するに際して、図面を作成した後に所轄保健所
に相談をし、基準等を満たしているか確認をしてもらいます。

【クリーニング所基準（東京都の事例）】
①営業者は、クリーニング所ごとに、1人以上のクリーニング師を置かなければならない。 ②洗たく物の洗たくをするクリーニング所に、業務用の機械として、洗たく機及び脱水機をそれぞれ少なくとも1台備えなければならない。ただし、脱水機の効用をも有する洗たく機を備える場合は、脱水機は備えなくてもよい。 ③洗い場については、床が、不浸透性材料（コンクリート、タイル等汚水が浸透しないものをいう。）で築造され、これに適当な勾配と排水口が設けられていること。 ④区分処理・格納設備に関して次の要件を満たすこと 　・洗たく物を洗たく又は仕上げを終わったものと終わらないものに区分しておくこと。 　・洗たく物をその用途に応じて区分して処理すること。

・洗たく物は、その受渡し及び運搬においても、洗たく又は仕上げを終わったものと終わらないものに区分して取り扱うこと。

・消毒を要する洗たく物を取り扱う場合においては、その洗たく物を他の洗たく物と区分して処理するための容器を備えること。

⑤クリーニング所内は、換気、採光及び照明を十分にすること。

⑥伝染性の疾病の病原体による汚染のおそれのあるものとして厚生労働省令で指定する洗たく物を取り扱う場合においては、その洗たく物又は他の洗たく物と区分しておき、これを洗たくするときは、その前に消毒すること。ただし、洗たくが消毒効果を有する方法によってなされる場合においては、消毒しなくてもよい。また、伝染性の疾病の病原体による汚染のおそれのあるものの洗たく物は、次に掲げる洗たく物で営業者に引き渡される前に消毒されていないものとする。

a）伝染性の疾病にかかっている者が使用した物として引き渡されたもの

b）伝染性の疾病にかかっている者に接した者が使用した物で、伝染性の病原体による汚染のおそれのある物として引き渡されたもの

c）おむつ、パンツその他これらに類するもの

d）手ぬぐい、タオルその他これらに類するもの

e）病院又は診療所において療用のために使用された寝具その他これに類するもの

⑦他の施設との併設をする場合は次の要件を満たすこと

・食品の販売、調理等を行う営業施設その他相互に汚染の可能性のある営業施設と同一施設内に、洗たく物の受取り及び引渡しのための施設を設ける場合は、当該施設の境界に、壁、板、その他適当なものにより障壁を設けること。

・障壁は移動できないものとすること。

・洗たく物と食品を同一人が扱う場合は手指の消毒その他清潔を保つよう措置すること。

③　開設届の届出

　営業する場所を管轄する保健所に、検査手数料を添えて営業開始予定日の７日前までに開設届を提出します。その際、クリーニング師免許証の原本が確認されます。

第1号（第3条関係）

〈記入例〉

クリーニング所開設届出書

令和○○年 4月 1日

大阪府 ○○ 保健所長 様

届出者 住 所 大阪市中央区大手前2丁目○-○

氏 名 株式会社 ○○
代表取締役 大阪 太郎

[法人にあっては、名称
及び代表者の氏名]

クリーニング業法第5条第1項の規定により、次のとおりクリーニング所の開設の届出をします。

フリガナ 名 称		○○クリーニング所			
所 在 地		池田市五月丘○丁目-○-○　××ビル2階			
電 話 番 号		072-751-○○○○	開設予定日	令和 ○○年 4月 15日	
Ｆ Ａ Ｘ		072-752-○○○○	メールアドレス	○○○@○○．co．jp	
営 業 者 （届出者）	フリガナ 氏 名	株式会社 ○○　オオサカ タロウ　代表取締役 大阪 太郎			
	本 籍 （都道府県）		生年月日	年 月 日	
	住 所				
管 理 人	フリガナ 氏 名	ヨドハナコ　淀 花子			
	本 籍 （都道府県）	大阪府	生年月日	昭和○○年○○月○○日	
	住 所	箕面市温泉町○-○			
従 事 者 数		（ 5 ）人（内クリーニング師数（ 1 ）人）			
営 業 種 別		1 ドライ　2 ランドリー　3 リネンサプライ　4 仕上げ　5 取次のみ　6 その他（　　　　　　　　　　　）			
消毒洗濯物の 取扱の有無		有・無	（品目）おしぼり・タオル・おむつ・パンツ・病院診療寝具類　その他（　　　　　　）		
洗濯物の処理 を行うクリー ニング所	名 称	○○クリーニング所			
	所在地	池田市五月丘○丁目-○-○　××ビル2階			

営業者（届出者）が個人の場合は本籍、生年月日、住所を記入してください。

指定洗濯物を取扱わない場合は、無としてください。

（大阪府 記入例）

〈記入例〉

構造設備	営業面積　　　（１３７．２）㎡		仕上品置場　棚（　２　）個　パイプ（　４　）本			
	未洗濯置場（　２　）個		ボイラー　卓上（　０　）台　据付（　１　）台			
	水洗洗濯機（　１　）台		脱水機　　（　１　）台			
	プレス機　　カウス（　１　）台：胴（　１　）台：万能（　１　）台　　　　　　　袖　　（　１　）台：肩（　１　）台					

ドライ機	・溶　剤　名・機　能（ﾎｯﾄ・ｺｰﾙﾄﾞ・その他）	能　力（Kg）	製造年	排液処理装置	排気回収装置
1	テトラクロロエチレン（ホットタイプ）	２０	2008	活性炭	有・無
2	石油系（コールドタイプ）	１５	2010		有・無
3					有・無

クリーニング師

フリガナ氏　　名　ヨドハナコ淀　花子	住　所　箕面市温泉町○－○		
	生年月日　　　　昭和○○年○○月○○日	本　籍（都道府県）　大阪府	
	免許　都道府県（大阪府）登録番号（　9999　）登録日　　平成○○年１２月１日		

フリガナ氏　　名	住　所		
	生年月日　　　　年　　　月　　　日	本　籍（都道府県）	
	免許　都道府県（　　　　）登録番号（　　　　　）登録日　　　　年　　月　　日		

他のクリーニング所の開設又は無店舗取次店の営業の有無（詳細については別添一覧のとおり）	有　・　無

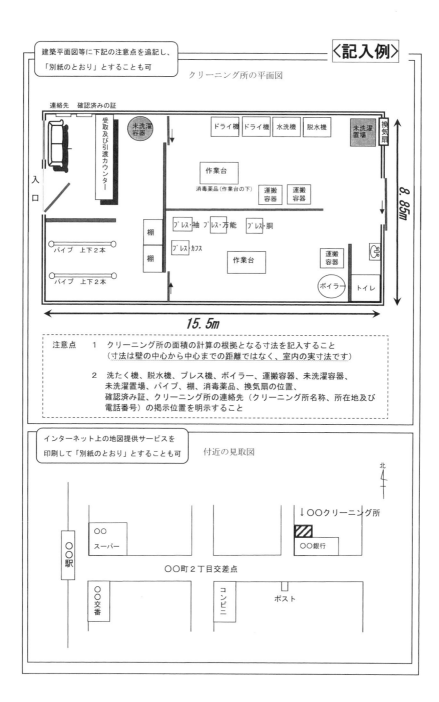

開設届を提出した後、保健所の環境衛生監視員による施設の検査を受け、関係法令に基づく基準に適合しているなど問題がない場合には、「確認済証」が交付され、営業を開始することができます。

2 特例子会社を利用した障害者雇用

(1) 障害者雇用制度

常時43.5人（令和6年4月以降40.0人、令和8年7月以降37.5人）以上の労働者を雇用する企業等は、2.3％（令和6年4月以降2.5％、令和8年7月以降2.7％）を超える数の障害者を雇用する義務があります（障害者の雇用の促進等に関する法律43）。

【障害者雇用率の算定方法】

$$\frac{障害者である常用雇用者数}{雇用する常用雇用労働者の数} \geq 2.3\% \quad (2.5\%〜2.7\%に段階的に引上げ)$$

この際、短時間雇用者は、1人を0.5人としてカウントし、重度身体障害者、重度知的障害者は1人を2人としてカウントします。

障害者雇用の法定率を充足することは、雇用現場においては、困難と思われることもあります。

そこで、特例子会社による法定繰入率の算入特例があります。

(2) 特例子会社制度

障害者の雇用の促進を目的として、事業主が子会社を設立し、一定の要件を満たす場合には、特例としてその子会社に雇用されている労働者を親会社に雇用されているものとみなして、障害者法定雇用率を算定することができます。

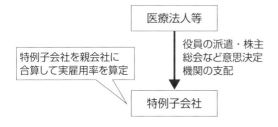

特例子会社として認められるには、子会社が次の要件を満たす必要があります。

> ①親会社から役員の派遣を受けるなど人的関係が緊密であること。
> ②雇用される障害者が5人以上で、全従業員に占める割合が20％以上であること。
> ③雇用される障害者に占める重度身体障害者、知的障害者及び精神障害者の割合が30％以上であること。
> ④障害者の雇用管理を適正に行うため、障害者のための施設の改善、専任の指導員を配置するなど、雇用管理の能力を有していること。
> ⑤その他、障害者の雇用の促進及び安定が確実に達成されると認められること。

(3) 特例子会社においてクリーニング業の実施

クリーニング所において、1名以上のクリーニング師の資格を有する者を雇用しなければなりませんが、業務に従事する従業員は資格を求められません。

また、クリーニング業の作業工程は多岐にわたり、洗い、乾燥、アイロンがけなどのクリーニング作業のほかに、伝票入力貼付、検品、たたみ、納品など反復する業務も多く、これら業務を障害者に担当してもらうなどの方法により、特例子会社を使った障害者雇用の促進が可能となります。

6-9

労働者派遣業を開始するにあたり
どのようなポイントがありますか

ポイント

○MS法人による労働者派遣業は、実態を作りやすい。
○労働者派遣は、適切な許可又は届出が必要。

1 労働者派遣業をMS法人で実施するメリット・デメリット

　MS法人が、基準を満たした上で労働者派遣業を開始するメリットと
デメリットには、次のような点があります。

【メリット】

①医療事業の一部を、派遣事業の提供を通じてMS法人に移転できる。

②労働者の派遣という実態が作れ、契約書だけの関係とはならない。

③社会保険料の負担が軽減できる場合がある。

④医療法人に直接雇用されている職員と、派遣により受け入れている職員
　と、労働条件を分けることができる。

【デメリット】

①労働者派遣事業の許可や届け出が必要。

②適切な契約内容でなければ、派遣料の経費性が否定される。

③同じ職場で働く者が、職種によって雇用形態が異なってしまう。

④派遣会社がそのグループ法人に派遣する割合は全体の8割以下に制限さ
　れる。

第6章 ▶ MS法人による医療関連業務

2 労働者派遣業の許可の届出

(1) 出向と派遣の違い

　従業員を特定の職場に出向かせ、出先で労働に就く方法として、出向と派遣があります。

　出向とは、出向者が出向先法人に対して労務の提供を行い、出向元法人における役員又は使用人としての身分を有しながら、同時に出向先における身分も維持していることをいいます。

　対して労働者派遣とは、自己の雇用する労働者を、雇用関係の下に、かつ他人の指揮命令を受けて、当該他人のために労働に従事させることをいいます（労働者派遣法2）。

	出向	派遣
労働契約	出向元又は出向先	派遣元
業務指揮命令権	出向先	派遣先

(2) 出向と派遣の違い

　出向と派遣の違いが大きく出るのは、消費税の取扱いです。

　出向の場合、事業者が使用人を出向させたとき、その対価は出向元が出向先に負担金を支払っても、給与として消費税の課税取引にはなりません。

　これに対して、人材派遣は派遣先への役務の提供であり、人材派遣の対価は、消費税上課税取引となります。

　そのため、出向と派遣の取引内容を分けて考えなければ、消費税の処理を誤る可能性が出てきます。

【裁決事例集No.78・488ページ　支払った外注費が給与と認定された事例】

　請求人は、本件派遣労働者に対する業務上の指揮命令権はすべて本件派遣先にゆだねられており、また、労働者派遣法において派遣先にも一定の義務を課しているのは、請求人が本件派遣労働者に対してすべての責任を

負うものではないことを裏付けたものであるから、請求人と本件派遣労働者との関係は、雇用として認識するより業務請負と考えるべきであり、本件金員は外注費（本件派遣労働者からのサービスの提供に対する対価）である旨主張する。

しかしながら、請求人と本件派遣労働者との間には雇用関係が成立しており、本件派遣労働者は、請求人との雇用関係の下に、請求人の指揮命令に従うほか、本件派遣先の指揮命令を受けて、当該派遣先のために労働に従事していたものと認められ、本件金員は、請求人と本件派遣労働者との雇用契約又はこれに類する原因に基づき、請求人の指揮命令に服して提供した労務の対価として請求人から本件派遣労働者に支給されたものであり、所得税法第28条第1項に規定する給与等に該当するものと認めるのが相当である。

なお、労働者派遣とは、自己の雇用する労働者を、当該雇用関係の下に、かつ、他人の指揮命令を受けて、当該他人のために従事させることとされているところ（労働者派遣法2）、請求人は、本件課税期間において、労働者派遣法第2条に則した事業を行っていることが認められ、本件派遣先が本件派遣労働者に対する指揮命令権を持っていたとしても、そのことは、労働者派遣の性質上当然であって、請求人が本件派遣労働者を雇用したという認定を妨げるものではない。したがって、請求人の主張は、独自の見解というべきであって、採用することはできない。（平21.10.14　熊裁（諸）平21-2）

3 適切な派遣料の目安

(1) 派遣会社のマージン率等の公開

　平成24年10月の派遣法の改正により、労働者インターネットなどを通じてマージン率を公開することが派遣会社に義務付けられました。

　マージン率とは、派遣先から受け取る派遣料金と派遣労働者に支払う賃金の差額であるマージンの割合をいいます。

派遣料金（派遣先が派遣会社へ支払う料金）	
賃金（派遣会社が労働者に支払う賃金）	マージン

$$マージン率 ＝ \frac{平均派遣料金－平均派遣労働者賃金}{平均派遣料金}$$

　マージン率の公表は、搾取の多い派遣会社を派遣市場から排除することが目的と考えられます。

　令和3年4月より、厚生労働省のホームページにおいて、派遣会社ごとのマージン率が公表されるようになりました。

　派遣会社のマージンには、次のような費用が含まれており、マージ率が高い派遣は、派遣会社の利益が大きい可能性のほかに、派遣会社の負担する教育訓練費や福利厚生費が高い法人という可能性もあります。

○派遣会社が負担する、派遣職員の社会保険料
○有給休暇に関する給与相当負担額
○派遣会社での教育訓練費・福利厚生費
○派遣会社の事務処理や営業に関する人件費
○派遣会社の営業利益

　したがって、マージン率が高い法人が派遣労働者の処遇が低い法人とは必ずしも言えません。

(2) 一般的なマージン率

　公表されているマージン率に関する資料によると、派遣料金の70％が

派遣労働者に支払う給与とし、残り30%がマージンとなる派遣契約が多いとされる資料があります。

【厚生労働省　第197回労働力需給制度部会　資料】

(4)（(3)でマージン率を選択した場合）マージン率

総数	20％未満	20～25％未満	25～30％未満	30～35％未満	35～40％未満	40％以上
160	11	30	49	46	13	11
100.0%	6.9%	18.8%	30.6%	28.8%	8.1%	6.9%

【厚生労働省　グループ企業間で労働者派遣を行う事業所に関する調査】

	派遣料金（平均）	派遣労働者への賃金（平均）	マージン率
全体	16,791	11,441	31.9%
グループ企業内の人事管理のみを行う場合（労働者派遣をグループ企業内のみに行い、かつ他の事業を行う事業所を含む）	15,669	10,746	31.4%
グループ企業内だけでなく、グループ企業外にも労働者派遣を行う場合	16,917	11,500	32.0%

労働者派遣事業における全体平均（平成18年度事業報告）			
一般労働者派遣事業	15,577	10,571	32.1%
特定労働者派遣事業	22,948	14,156	38.3%

(3) マージン率を利用した派遣料の設定

　公表されているマージン率を利用し、実際にＭＳ法人が派遣している従業員に支払う給与から、マージン率を30％程度に設定した派遣料金をもって、医療法人とMS法人が人材派遣契約をする方法も考えられます。

第6章　▶ＭＳ法人による医療関連業務　335

■著者紹介

佐々木 克典（ささき かつのり）

昭和44年生まれ

平成5年　税理士登録（登録番号78052）

平成9年　宅地建物取引主任者　登録

平成17年　行政書士登録（登録番号05080205）

大手資産税事務所、大手監査法人などを経て、平成13年1月税理士佐々木克典事務所を開設。併設として、ひいらぎパートナーズ有限会社、一般社団法人ひいらぎパートナーズ、行政書士ひいらぎパートナーズがある。

主な著書

『医療法人の法務と税務』（法令出版　共著）、『税理士が勧める院長の事業承継』（大蔵財務協会　共著）、『相続税の鉄則50』（中央経済社　共著）、『実務家のための医療法人法逐条解説』（中央経済社）、『会社法の法務・会計・税務』（清文社　共著）、『病院経営事務マニュアル』（第一法規　共著）、『介護サービス事業の経営実務』（第一法規　共著）、その他『旬刊速報税理』（ぎょうせい）など雑誌寄稿多数

四訂版　メディカルサービス法人をめぐる法務と税務
―医療法人・MS法人間取引の実務ガイド―

2023年10月30日　発行

著　者　　佐々木 克典 ©

発行者　　小泉 定裕

発行所　　株式会社 清文社

東京都文京区小石川1丁目3-25（小石川大国ビル）
〒112-0002　電話03(4332)1375　FAX03(4332)1376
大阪市北区天神橋2丁目北2-6（大和南森町ビル）
〒530-0041　電話06(6135)4050　FAX06(6135)4059
URL https://www.skattsei.co.jp/

印刷：大村印刷㈱

■著作権法により無断複写複製は禁止されています。落丁本・乱丁本はお取り替えします。
■本書の内容に関するお問い合わせは編集部までFAX（06-6135-4056）又はメール（edit-w@skattsei.co.jp）でお願いします。
■本書の追録情報等は、当社ホームページ（https://www.skattsei.co.jp/）をご覧ください。

ISBN978-4-433-74703-9